SAUTTER

VERLAG FÜR
SYSTEMISCHE
KONZEPTE

W0181095

Geschwis

Christiane Sautter

GESCHWISTERLIEBE

Verlier deine Zukunft
oder stell dich der Vergangenheit

Sautter, Verlag für Systemische Konzepte

Die Deutsche Bibliothek verzeichnet diese Publikation in der Deutschen Nationalbibliographie.

Christiane Sautter, **Geschwisterliebe, verlier deine Zukunft oder stell dich der Vergangenheit**

1. Auflage 2017

Lektorat: Sonja Möhrle
Redaktion: Anni Heine
Cover: Martin Burger mit einem Foto von Sabine Kunzer
Fotos: Sabine Kunzer
Satz: Verlag für Systemische Konzepte

ISBN 978-3-943239-08-9

Diese Geschichte ist wirklich passiert.
Nicht genauso und vor allem nicht in Ravensburg.
Dieses Buch erzählt von einer tapferen Familie,
die vieles von dem erlebt hat
und der es trotz der Katastrophen gelungen ist,
die Liebe zueinander zu bewahren,
und die damit beweist,
dass Heilung durch Wahrhaftigkeit und Liebe möglich ist!

Inhalt

Sid oder David

2005

Wieso musste eigentlich jeder Morgen in dieser Hektik enden? Mias siebzehnjähriger Sohn David rannte wie von der Tarantel gestochen durchs Haus und brüllte verzweifelt:

„Wo sind meine scheiß Turnschuhe?" Mia hörte, wie er Schranktüren aufriss und wieder zuknallte, Kleidungsstücke klatschten auf den Boden. Irgendetwas Schweres flog an die Wand. Ein Buch? Schließlich tauchte er wie ein Racheengel in der Küche auf, in der sie in stoischer Ruhe die Pausenbrote für ihre Kinder strich und diese zusammen mit geschnittenen Äpfeln und Gurken in farbige Plastikdosen legte: die grüne Dose für David, die rosafarbene für Nina.

„Ich will wissen, wo meine Turnschuhe sind", fauchte er. Mia sah ihren Ältesten an. Sein Benehmen ließ mal wieder zu wünschen übrig. War das die Pubertät? Ruhig sagte sie:

„Deine Turnschuhe sind da, wo du sie hingelegt hast", und riskierte damit einen erneuten Wutausbruch ihres Sprösslings. Sie sah jedoch überhaupt nicht ein, sich von ihrem Sohn herumkommandieren zu lassen. Um seiner Reaktion zuvorzukommen, rief sie:

„Nina, der Bus fährt in fünf Minuten."

„Bin ja schon da", antwortete die Dreizehnjährige und steckte den Kopf durch die Tür.

„Dein Pausenbrot", sagte Mia und reichte ihr die Dose. Nina griff sich ihre Schultasche aus der Ecke und packte die Dose ein.

„Danke, Mama", sagte sie und lächelte ihre Mutter an. Mia nahm sich die Zeit und lächelte zurück.

„Meine Turnschuhe", schrie David, „wir haben Sport und ich brauch sie jetzt!"

„Was krieg ich, wenn ich sie finde?", fragte seine Schwester.

„Ein Eis", versprach David. „Weißt du denn, wo sie sind?"

„Ich glaub schon", antwortete sie, ging hinaus und kam kurz darauf mit den Schuhen zurück.

„Krass!", stellte David besänftigt fest. „Wo waren sie?"

„Unter deinem Bett. Wo sonst?", entgegnete seine Schwester lächelnd.

„Woher hast du das gewusst?"

„Immer der Nase nach", antwortete sie, roch an den Schuhen und verzog angeekelt das Gesicht. „Igitt!" David schnappte die Schuhe und stopfte sie in seinen Rucksack.

„Scheiße, ich komm zu spät", schrie er, riss die Haustür auf und rannte die Dorfstraße entlang zur Bushaltestelle, die zum Glück nur wenige Meter entfernt mitten im Dorf Borkenweiler lag.

„Dein Pausenbrot", rief Mia hinter ihm her, doch darauf reagierte er nicht. Kurzentschlossen stopfte sie es in ihre Tasche, nahm ihre Jacke vom Kleiderhaken, schlüpfte beim Hinausgehen in die Schuhe und rannte hinter ihrem Sohn her in Richtung Bus. Nina, die heute als letzte das Haus verließ, knallte schwungvoll die Tür hinter sich zu.

Der Bus stand schon an der Haltestelle, der Fahrer öffnete die Tür und wie jeden Morgen wartete er, bis Familie Ritter vollzählig eingetroffen war. Lange musste er nie warten, denn die drei waren zwar spät aber schnell. Wie immer gingen sie ganz nach hinten und setzten sich nebeneinander in die letzte Reihe.

Hinter der Gardine des Nachbarhauses hatten Herr und Frau Scheffele die Szene wie immer beobachtet.

„Die krieget des it in ihren Grind nei, dass se pünktlich sin!", meinte Frau Scheffele vorwurfsvoll.

„Des wird nie mehr was mit dene", bestätigte ihr Mann.

Die Ritters stiegen in Ravensburg alle an derselben Haltestelle aus.

„Nimm dein Brot, sonst heißt es wieder, ich würde dich vernachlässigen", ermahnte Mia ihren Sohn und reichte ihm die Dose. David nahm sie widerwillig.

„Was ist denn drauf?", fragte er mürrisch.

„Leberwurst", antwortete sie.

„Du weißt doch, dass ich die nicht mag!", meckerte er.

„Dann tausch das Brot gegen etwas, was dir besser schmeckt", gab Mia missgelaunt zurück. Immer dieses Theater! Wann war diese nervige Phase endlich vorbei?

„Tschüss Mama", rief ihre Tochter, umarmte sie und drückte ihr einen Kuss auf die Wange.

„Tschüss meine Süße", antwortete sie besänftigt, „mach's gut, David!"

Obwohl Nina und David in verschiedene Schulen gingen – Nina besuchte die fünfte Klasse des Gymnasiums, David die neunte Klasse der Hauptschule – war ihr Schulweg derselbe. Mia fand das praktisch. Sie hatte Nina schon früh der Obhut ihres Bruders anvertrauen können, denn David hütete seine Schwester wie seinen Augapfel. Mia ging zur Fußgängerampel und wartete mit den vielen anderen Passanten auf grünes Licht. Sie überquerte die Bundesstraße, betrat die Altstadt durch das Frauentor und lief über den Marienplatz zu dem alten Patrizierhaus, in dem die Stiftung, ihr Arbeitgeber, untergebracht war. Ravensburg war eine schöne Stadt. Sie lebte gerne hier. Freundlich grüßend stieg sie die Treppen hoch, öffnete die Tür zu ihrem Büro, hängte ihre Handtasche an die Stuhllehne und fuhr den PC hoch. Wenig später klingelte das Telefon.

„Stiftung Schwesternhaus, Mia Ritter am Apparat", sagte sie routiniert, „was kann ich für Sie tun?"

Als sich die Geschwister in der Pause auf dem Schulhof trafen, wusste Nina gleich, dass David mal wieder einen freien Nachmittag brauchte. Schon von weitem winkte er mit dem Haustürschlüssel.

„Mensch, David, schon wieder?", fragte sie. „Und warum darf Mama das nicht wissen? Ich finde das nicht gut."

„Komm schon, Nina, Mama muss nicht alles wissen. Bitte!" Sie nahm den Schlüssel an sich.

„Mir könntest du doch sagen, was du machst!", maulte sie.

„Das könnte dir so passen", grinste er, zog den Gameboy aus der Schultasche und gab ihn ihr.

„Danke", sagte sie.

„Aber Mama erfährt nichts, versprochen?" Sie sah ihn an. Dann nickte sie.

„Versprochen, David."

Es war nicht leicht, sich in ein Dorf im Allgäu zu integrieren. Erst wenn man mindestens seit drei Generationen dort lebte, galt man als dazugehörig. Nicht, dass sich alle Alteingesessenen offen unfreundlich gegenüber den Zugezogenen verhalten würden, nein, die meisten waren freundlich, wie man zu Fremden eben freundlich ist. Aber man gehörte deshalb noch lange nicht dazu.

David, der aus Hamburg nach Borkenweiler gezogen war, sprach nicht die Sprache, die ein Kind sprechen musste, um sich mit den anderen Kindern im Dorf leicht anzufreunden. Außerdem konnte er keinen Vater vorweisen; seine Mutter zog ihn und seine Schwester Nina allein groß. Die Schuld für den Verlust eines Ehemannes wurde im Dorf traditionellerweise der Frau zugeschrieben. Und so war die kleine Familie von Anfang an misstrauisch beobachten worden, galt eine ledige Mutter doch als Bedrohung für die Moral von Familienvätern.

Da viele Kinder, die mit David in dieselbe Grundschulklasse gingen, aus seinem Dorf stammten, war die Zeit für den Jungen nicht leicht gewesen: Er fand keine Freunde. Hasan, dessen Familie aus Anatolien stammte und im Nachbardorf wohnte, teilte dasselbe Schicksal. Als die Jungen von der Grundschule in die Hauptschule wechselten, hatten nur die beiden keinen Nebensitzer gefunden. Erfreut gingen sie aufeinander zu und waren seit diesem Zeitpunkt dicke Kumpels.

Natürlich hatte David seinen Freund auch zu Hause besucht und so dessen erwachsene Brüder Hamit und Mehmet kennengelernt.

„Du könntest etwas für uns tun, Oğlum, Sohn", sagte Mehmet, als sie eines nachmittags in Hasans Zimmer saßen und Musik hörten. Er öffnete den Hahn des Samowars und goss sich Tee ein. Mit einer silbernen Zuckerzange nahm er nacheinander drei Stückchen Würfelzucker und ließ sie in den Tee plumpsen. David sah ihn erwartungsvoll an.

„Du könntest uns helfen", fuhr Mehmet fort. „Verstehst du?"

„Klar!" David nickte. „Was soll ich tun?" Hamit zog einen gepolsterten Briefumschlag aus seinem Jackett.

„Du sollst diesen Briefumschlag in einen Briefkasten werfen", erklärte er.

„Mach ich", antwortete David und versuchte, seine Enttäuschung darüber zu verbergen, dass er etwas so Einfaches tun sollte. „Ich bring den Brief auf die Post." Er nahm den Umschlag und stutzte. „Da steht ja gar keine Adresse drauf!" Mehmet tippte sich an die Stirn.

„Du bist nicht blöd, Oğlum", sagte er anerkennend. „Das ist ein geheimer Brief. Und den bringst du bestimmt nicht auf die Post." Hasan und Mehmet fingen wiehernd an zu lachen. David sah unsicher von einem zum anderen. Mehmet beruhigte sich als erster.

„Hamit holt dich mit dem Auto von der Schule ab", erklärte er. „Er fährt mit dir zu einem Haus. Dort steigst du aus und wirfst den Brief in den Briefkasten, den Hamit dir zeigt."

Auch Hamit hatte sich in der Zwischenzeit wieder gefangen und reichte David einen kleinen rechteckigen Chip.

„Ein Gameboy-Spiel", stellte David erfreut fest. „Aber das Spiel ist erst ab achtzehn."

„Zeit, dass du ein Mann wirst", grinste Mehmet. „Da

kannst du was lernen. Wenn du den Umschlag abgeliefert hast, kriegst du fünf Mark."

„So viel?", staunte David. Mehmet gab sich großzügig.

„Du bist unser Freund, verstehst du? Und wenn du uns hilfst, dann gehörst du zur Familie." Und so trug er für die beiden sozusagen die Geschäftspost aus. Zugegeben: Es war keine normale Post, ohne Adresse und ohne Absender! Außerdem durfte niemand mitbekommen, dass ein Umschlag in den Briefschlitz wanderte.

„Was wir machen, ist geheim, verstehst du?", hatte Hamit ihm erklärt, und als David jünger gewesen war, hatte er sich damit zufriedengegeben. Er war daran gewöhnt, dass die Erwachsenen den Kindern nicht alles sagten. Seine Mutter machte das nicht und als sein Vater damals die Familie verlassen hatte, war er auch vollkommen ahnungslos gewesen.

Hamit holte den Jungen einmal in der Woche von der Schule ab. Dann fuhren sie los. Der Junge warf die Briefumschläge nicht nur in die Briefkästen von Einfamilienhäusern. Oft fuhren sie in die Vorstädte, in denen es große Häuser gab, die von vielen Familien bewohnt wurden. Hamit zeigte ihm einen Zettel, auf dem der Name des Kunden stand. Diesen Namen musste er sich einprägen, damit er den Umschlag an die richtige Adresse lieferte.

„Alter, du darfst keinen Fehler machen. Verstehst du?", hatte ihm Hamit eingeschärft.

„Schon gut", sagte der Junge und befühlte neugierig das gefütterte Päckchen. Mittlerweile hätte er sehr gerne gewusst, was sich in den Umschlägen verbarg. Doch Hamit schätzte seinen Wissensdrang überhaupt nicht.

„Hör auf zu fummeln", schnauzte er ihn an.

„Wieso? Explodiert das Zeug?", fragte David frech.

„Blödsinn", antwortete Hamit kurz.

„Was ist eigentlich drin?"

„Etwas, das die Leute glücklich macht."

„Und warum ist das so geheim?"

Hamit tippte sich an die Stirn. „Du bist doch sonst nicht so langsam", bemerkte er. „Hast du noch nicht geschnallt, dass niemand will, dass du glücklich bist?"

„Das stimmt nicht", widersprach David. „Meine Mutter will, dass ich glücklich bin, und Nina auch."

„Deine Mama und deine Schwester zählen nicht", antwortete Hamit grinsend, „das ist Familie. Ich mein die anderen." Der Junge sah Hamit zweifelnd an.

„Tessa gehört nicht zu meiner Familie!", wandte er ein.

„Tessa ist die Freundin deiner Mutter. Sie gehört genauso zu deiner Familie wie du zu unserer Familie gehörst! Verstehst du?"

„Und warum macht Hasan dann nicht bei uns mit?", fragte David. „Das würde mir viel mehr Spaß machen."

„Bist du komplett verrückt?", rief Hamit entrüstet. „Mein kleiner Bruder? Der soll Bankkaufmann werden!" Er machte ein ernstes Gesicht. „Weißt du, David, das, was wir machen, ist in Deutschland nicht erlaubt."

„Was bedeutet das?", fragte der Junge.

„Dass wir uns nie von den Bullen erwischen lassen dürfen. Du auch nicht, David! Du hängst da jetzt mit drin, Alter. Wenn du die Klappe hältst, geht's dir gut. Wenn nicht …" Er bewegte seine Hand quer über den Hals. Der Junge erschrak.

„Was dann?", fragte er.

„Dann ficken dich die Bullen", fuhr Hamit fort. „Wenn du quatschst, dann ficken die uns auch. Und dann passt niemand mehr auf deine kleine Schwester auf. Verstehst du?"

Der Junge nickte ängstlich. Er hatte keine Ahnung, wie die Bullen ihn ficken würden, sorgte sich aber sehr um seine Schwester. Also machte er genau das, was Hamit von ihm verlangte: Er passte auf, dass ihn niemand dabei sah, wenn er einen Umschlag in einen Briefkasten steckte.

Als er etwa zwei Jahre dabei war, zeigte ihm Hamit die kleinen hellblaue Pillen, die die Leute glücklich machten. Als er eine davon probieren wollte, schlug der Türke ihm auf die Finger.

„Ne, Oğlum, die kriegst du nicht. Dich mach ich mit Lola Lover auf dem Gameboy glücklich genug. Ich hoffe, du weißt inzwischen, wie Ficken geht. Oder noch nicht?" Der Junge wurde rot, worüber sich Hamit köstlich amüsierte.

„Was heißt Oğlum?", fragte der Junge.

„Sohn", erklärte Hamit väterlich.

Eines Tages war David jedoch ganz aufgeregt in Hamits Wagen gestiegen.

„Heute war ʹne Frau von der Polizei in der Schule", erzählte er. „Die Pillen, die wir den Leuten geben: Das sind ja Drogen!" Hamit grinste.

„Was du nicht sagst. Wirklich?"

„Das macht die Leute süchtig. Sie brauchen immer mehr."

„Und das ist gut so", stellte Hamit fest, „sonst würden wir nicht so viel verkaufen. Weißt du, Oğlum, niemand muss die Pillen nehmen. Die Leute machen das freiwillig. Wenn sie nicht bei uns kaufen, dann bei den Russen, und die verkaufen schlechten Stoff."

„Dann beliefere ich die Leute mit Drogen?", fragte der Junge und irgendwie fühlte sich das stark an.

„Das tust du konkret", bestätigte Hamit.

„Bin ich ein Drogendealer?", fragte er. Hamit lachte.

„Noch nicht wirklich, verstehst du? Noch bist du in der Lehre, du bist sozusagen mein Azubi. Doch du bist begabt. Du darfst dich bloß nicht erwischen lassen!" Dann hatte er den Jungen angeschaut. „Weißt du, David, du siehst aus wie ein Spargel. Zeit, dass du ein Mann wirst. Meld' dich im Boxclub an. Du musst lernen, selbst auf dich aufzupassen."

„Wegen der Bullen?", fragte der Junge ängstlich.

„Auch wegen der Bullen", antwortete Hamit.

Als David seine Mutter bat, Boxen lernen zu dürfen, war sie nicht begeistert.

„David, muss es wirklich Boxen sein?", fragte sie. „Ein so brutaler Sport passt doch gar nicht zu dir. Mach doch lieber Leichtathletik oder, wenn es ein Kampfsport sein muss, dann lerne Judo." Und sie hatte Recht!

David hätte viel lieber Gitarrenunterricht genommen, doch David war kein Junge, den Hamit cool gefunden hätte. David war ein Opfer, einer, der seiner kleinen Schwester die Schultasche trug und ihr bei den Hausaufgaben half, einer der sich nicht wehrte, sondern Konfrontationen aus dem Weg ging. David hätte nie für Hamit Drogen ausgeliefert – der hätte sich vor Angst in die Hose gemacht. Doch zum Glück hieß er nicht nur David, sondern hatte eine zweiten Vornamen: Er hieß auch Sidney, nach dem durchgeknallten Punk-Rocker Sid Vicious.

Seine Mutter hatte vor seiner Geburt ihre wilde Phase gelebt, war mit seinem Vater, einem verrückten Ami aus New York in Hamburg um die Häuser gezogen und hatte ihr Geld als Serviererin in einem Punkrockclub verdient. Aus dieser Phase hatte auch seine Schwester Nina ihren

Namen – nach der Punkrocksängerin Nina Hagen. Tessa, die beste Freundin seiner Mutter, war heute noch Chefin dieses Clubs, in dem er, ihren Erzählungen nach, gezeugt worden war.

Sid Vicious, Sid, der Gemeine, der Schlimme! Dieser Name verkörperte viel mehr die Teile seiner Persönlichkeit, die Hamit cool fand. Sid fand Gitarre-Spielen doof, Boxen dagegen super und ging dreimal in der Woche zum Training. Er liebte es, in der Lage zu sein, dem Gegner in die Fresse zu hauen! Und Sid stand vor dem Spiegel und betrachtete die Veränderungen an seinem Körper mit Zufriedenheit. So, wie er jetzt aussah, wagte es kaum noch jemand, ihn zu provozieren. Das war nicht immer so gewesen.

Sid fand es cool, ein Azubi in einer türkischen Drogen-Gang zu sein. Er fand es cool, selbst Drogen zu verticken und damit Geld zu verdienen. Den Teil seiner Persönlichkeit, den David repräsentierte, fand er langweilig. Von diesem Opfer ließ er sich schon lange nicht mehr beeinflussen. Der war ein richtiges Weichei und nur dazu da, seine Mutter zu beruhigen. Keine schlechte Tarnung, fand Sid.

Seine Schwester machte er dagegen langsam aber sicher mit Sid vertraut, mit dem starken Typ, der sich nie nach den Launen eines kleinen Mädchens richten würde. Und er würde auch nicht ihre Schultasche schleppen! In der Welt von Hamit, seinem Vorbild, hatten Mädchen zu spuren. Und mit Nina machte er keine Ausnahme.

Eines Tages beschloss der Junge, dass er bei seinen türkischen Freunden Sid heißen wollte. Bevor er sich das nächste Mal mit Hamit traf, schmierte er sich Gel ins Haar, um sich auch äußerlich von David zu unterscheiden, und setzte eine Sonnenbrille auf. Hamit schaute ihn verwundert an.

„Krass, Alter, coole Frisur", sagte er schließlich.

„Weißt du eigentlich, dass ich auch Sid heiße?", fragte der Junge, als er sich in den Wagen setzte. Hamit schaute ihn erstaunt an.

„Nein, Alter, konkret?"

„Das ist mein erster Name. Sid, nach Sid Vicious. Das war ein Rockstar."

„Kenn ich nicht."

„Der war bei den Sex Pistols was Campino bei den Toten Hosen ist", erklärte Sid.

„Cool, Alter!", meinte Hamit nicht sonderlich interessiert.

„Ich finde, dass Sid besser zu mir passt", sagte der Junge. Hamit zögerte. Dann nickte er zustimmend.

„Geht klar, Sid. Dann hört man nicht gleich, dass du kein Türke bist." Und seitdem nannten ihn seine türkischen Freunde Sid. Bei seiner Familie blieb er David.

2005

Als es zum Schulschluss klingelte, sprang Sid auf, winkte seinem Freund Hasan zum Abschied zu und verschwand im Jungenklo. Er holte eine Tube Gel aus der Schultasche, gab einen Klecks in seine Hände und fuhr damit durch sein Haar. Dann setzte er eine dunkle Sonnenbrille auf und verließ die Schule durch einen Seiteneingang.

Wie jeden Mittwoch wartete Hamit Öztürk dort in seinem schwarzen BMW auf ihn. Natürlich war das Auto tiefergelegt, natürlich hatte es Ledersitze und natürlich hatte Hamit das Fenster heruntergelassen, gönnte seinem Ellenbogen frische Luft und beschallte die Umgebung mit türkischer Pop-Musik. Obwohl es nicht besonders sonnig war, trug er eine Sonnenbrille, und wie immer hatte er sein Hemd so weit aufgeknöpft, dass jeder das Silberkettchen sehen konnte, von dem er sich nie trennte. Der Junge stieg ein und Hamit fuhr los.

„Na, Oğlum?", begrüßte er ihn freundlich. „Alles klar?"

„Keine Ahnung", antwortete Sid. „Bald gibt's Zeugnisse."

„Weiß ich", antwortete Hamit. „Hasan hat ganz schön Schiss, dass er die neunte Klasse nicht schafft."

„Der spinnt doch", meinte Sid. „Hasan ist in jedem Fach besser als ich, sogar in Deutsch!" Hamit lachte.

„Weißt du", sagte er, „ich glaub, Hasan will nur hören, dass er der Klügste in unserer Familie ist, viel klüger als Mehmet und ich. Wenn er mal Bankkaufmann ist, wird er die Geldwaschanlage für unsere Geschäfte leiten." Der Junge lachte. Hamit bog in eine Seitenstraße ein und parkte den BMW in einer Parklücke.

„Nächste Straße rechts, das Haus mit dem grünen Briefkasten." Er reichte ihm einen gefütterten braunen Umschlag.

„Bis gleich!", antwortete der Junge und stieg aus dem Auto. Er bog an der nächsten Straße rechts ab. Das Haus mit dem grünen Briefkasten war das dritte auf der linken Seite. Bevor er näher heranging, sah er sich um. Am Ende der Straße tauchte eine Frau auf, die ihren Hund an der Leine führte. Sid wechselte die Straßenseite und ging langsam weiter. Der Dackel schnupperte ausgiebig an den Hinterlassenschaften eines Vorgängers, bis die Frau die Geduld verlor.

„Komm jetzt, Waldo", rief sie und zog das widerstrebende Tier hinter sich her. Der Junge wartete, bis sie um die Ecke gebogen war. Dann überquerte er die Straße, ging die wenigen Meter zurück, die er weitergelaufen war, und warf den Brief in den Kasten.

„Hat dich jemand gesehen?", wollte Hamit wissen, als er wieder in den Wagen stieg.

„Da war nur eine Frau mit Hund", berichtete der Junge. „Ich hab die Straßenseite gewechselt und gewartet, bis sie weg war."

„Nur diese Frau?", fragte Hamit.

„Sonst hab ich niemanden gesehen", bestätigte Sid.

„Das ist gut", meinte Hamit, setzte den Wagen aus der Parklücke und steuerte die nächste Adresse an. Als alle Briefumschläge verteilt waren, zog Hamit seinen Geldbeutel aus der Hosentasche und reichte ihm einen Zwanzigeuroschein.

„Danke", sagte der Junge.

„Versteckst du die Kohle immer noch?", fragte der Türke.

„Klar", antwortete Sid, „es darf doch nicht auffallen, dass ich Geld verdiene."

„Das werden wir bald ändern", versprach Hamit. Danach brachte er ihn nach Hause in sein Dorf, setzte ihn jedoch nicht vor der Haustür ab, sondern ließ ihn, wie immer, noch vor der Bushaltestelle aussteigen.

„Bis nächste Woche", sagte er, „und sei brav!"

„So brav wie du?", fragte der Junge grinsend. Dann zog er einen Kamm aus der Jackentasche und glättete sein Haar in die gewohnte Form. Er nahm die Sonnenbrille ab und verstaute sie in der Schultasche. Jetzt sah er wieder so aus wie immer: der nette, unauffällige David Ritter.

Er ging nach Hause. Zu Anfang war es ihm sehr schwer gefallen, seiner Schwester nichts zu erzählen. Mittlerweile hatte er sich daran gewöhnt. Er lebte den größten Teil seines Lebens mit seiner Mutter und seiner Schwester, doch es gab einen Teil, den kannten die beiden nicht. Und so sollte es auch bleiben.

Mehmet und Hamit Öztürk beobachteten den Markt mit wachsender Sorge. Die Russen, die früher nur in Berlin operierten, strebten neuerdings nach Oberschwaben, um sich auch dort einen Teil des Drogenmarktes zu sichern. Die Männer waren meist bewaffnet und schreckten nicht davor zurück, von ihren Waffen Gebrauch zu machen. Ganz im Gegensatz übrigens zu den alteingesessenen Clans der italienischen Mafia, der Ndrangheta, die Oberschwaben vor allem als Rückzugsraum nutzten.

Mit den Italienern hatte sich Hamit geeinigt. Sie waren sowieso mehr an glücklich machendem Pulver als an Pillen interessiert, und dieser Markt war Hamit zu heiß. Die Russen machten jedoch immer mehr Ärger, denn sie kochten selbst und verkauften die Pillen deshalb billiger als die Türken. Obwohl die Qualität viel schlechter war und das Glück viel kürzer dauerte, waren viele Kunden abgesprungen.

Hamit brachte dem Jungen bei, die Russen schon von weitem zu erkennen. Im Grunde war das nicht schwer, denn sie trugen ihre Haare kurz geschnitten und hatten hellere Haut. Wenn er einen Russen sah, lieferte David den Briefumschlag nicht ab, verhielt sich unauffällig, hoffte, dass der Russe ihn nicht beachtete und stieg nach einem gehörigen Umweg wieder zu Hamit ins Auto.

„Krasser Scheiß! Schon wieder? Hat er dich gesehen?", fragte Hamit und schüttelte besorgt den Kopf.

„Ich glaub nicht", antwortete der Junge.

„Diese Hurensöhne verderben uns das Geschäft. Wir müssen denen zeigen, wer wir sind!"

Mia und die Kinder

2005

Mia hatte mittwochs nach der Arbeit immer Teambesprechung. Danach saß sie gerne mit den Kolleginnen und Kollegen in einem der vielen kleinen Cafés auf dem Marienplatz
zusammen und weil der Bus abends nicht mehr so häufig
nach Borkenweiler fuhr, kam sie oft erst spät nach Hause.

Heute jedoch hatte sie sich nach der Teambesprechung
gleich verabschiedet. Sie musste mit ihrem Sohn unbedingt
darüber sprechen, wie er sich seine Zukunft vorstellte. Sie
hatte keine Ahnung, ob er noch ein Jahr zur Schule gehen –
was sie befürwortete – oder sich eine Lehrstelle suchen wollte. Er selbst hatte sich dazu noch überhaupt nicht geäußert.
Als sie den Schlüssel im Schloss drehte, um die Haustür zu
öffnen, hörte sie seine Stimme:

„Nina, bring mir was zu essen! Beweg deinen fetten Hintern, ich hab Hunger!" Wie erstarrt blieb sie stehen. Und
dann hörte sie die demütige Stimme ihrer Tochter:

„Was soll ich dir denn bringen, David?" Mia stockte
der Atem. Das durfte doch nicht wahr sein! Sie straffte die
Schultern und riss die Tür zum Wohnzimmer auf.

„David!", schrie sie ihn an. „Du spinnst wohl! Was fällt dir ein, so mit deiner Schwester zu reden?" Er saß im Sessel, eine Flasche Bier in der Hand und sah sie erschrocken an. Nina blickte schuldbewusst zu Boden.

„Was machst du denn schon hier?", fragte der Junge unsicher.

„Mit mir hast du wohl noch nicht gerechnet?", fuhr sie ihn an. „Ich bin früher nach Hause gefahren, weil ich was mit dir zu bereden habe." Doch Sid hatte sich wieder gefangen. Er musste sich bei seiner Mutter vorsehen: Beinahe hätte David die Regie übernommen und sich entschuldigt.

„Mama, bleib cool", sagte Sid lässig, „ich tu ihr nichts. Es hat nichts zu bedeuten, wenn ich so mit ihr rede, nicht wahr, Nina?" Nina nickte eifrig mit dem Kopf. „Was wolltest du mit mir besprechen, Mama?" Er lächelte sie so gewinnend an, dass Mias Ärger schmolz wie Butter in der Sonne.

„Ich mach dann solange was zu essen", schlug Nina vor. „Es sind noch drei Pizzen im Eisfach."

„Das wär ganz lieb von dir", antwortete Mia erleichtert.

„Siehst du", bemerkte Sid grinsend, „jetzt macht sie genau das, was ich wollte." Mia seufzte.

„Du wirst zum Macho, David", ermahnte sie ihn. „Ein bisschen Macho ist okay, aber übertreib es nicht. Denk an deinen Vater!" Der Hinweis auf Jake schien bei ihrem Sohn nie seine Wirkung zu verfehlen. Er schüttelte sich voller Abscheu.

„Worauf du dich verlassen kannst", antwortete er, „ich bin ganz sicher kein Arschloch." Sid wusste genau, was seine Mutter hören wollte. Er nannte das insgeheim „Münzen einwerfen". Und er hatte es wieder einmal geschafft. Sie sah ihn liebevoll an.

„Natürlich bist du das nicht", bestätigte sie. Am liebsten hätte sie ihm durch seine dunklen Locken gestreichelt, doch das, was er früher so gerngehabt hatte, fand er heute peinlich. Im Großen und Ganzen war sie zufrieden mit ihrem Sohn, abgesehen von seinen schulischen Leistungen und den machohaften Ausrastern, die sie aber nur ab und zu mitbekam. Das war sicher nur die Pubertät.

David fühlte sich verantwortlich für seine Schwester. Neuerdings achtete er sogar darauf, dass der Holzvorrat neben den Öfen nie ausging. Und wenn Mia etwas aus dem Schuppen brauchte, war es David, der es holte. Mia war das sehr recht. Sie mochte den dunklen, schmutzigen Schuppen nicht besonders. Ihrem Sohn schien das nichts auszumachen.

„Was wolltest du mit mir besprechen?", wiederholte Sid seine Frage.

„Ich wollte dich fragen, wie du dir deine Zukunft vorstellst. Du wirst bald die neunte Klasse beenden. Dann kannst du entweder weiter zur Schule gehen oder eine Lehre machen. Hast du dir schon was überlegt?"

„Ich hab keine Ahnung", antwortete er. „Ich hab mich noch nicht entschieden."

„Was macht Hasan?"

„Weiß ich auch nicht."

„Redet ihr nicht über so wichtige Themen?" Er überlegte.

„Doch schon, aber er weiß nicht, ob er den Schnitt schafft."

„Ach wirklich?", fragte Mia, „ich dachte, er wäre so ein guter Schüler? Soll ich dir beim Arbeitsamt einen Beratungstermin machen, damit du dich über das Angebot an Lehrstellen in Ravensburg informieren kannst?" Sid sah sie nach David-Art dankbar an.

„Das wäre total lieb von dir", sagte er. Sid hätte natürlich geantwortet, dass ihm dieser ganze bürgerliche Lehrstellenscheiß gestohlen bleiben konnte. Sid wusste nämlich längst, was er machen wollte: Ein richtiger Drogendealer werden und möglichst viel Kohle in möglichst kurzer Zeit verdienen. Es wurde langsam Zeit, dass er Hamit bewies, dass er zu mehr taugte als zum Briefträger.

Doch Mia kannte nur David. Sie hatte keine Ahnung von seinem Doppelleben und freute sich, dass er ihre Hilfe bei der Planung seiner Zukunft annahm.

„Ich sag dir dann den Termin", sagte sie, „und jetzt helf ich deiner Schwester." Der Junge nickte und stellte den Fernseher lauter. Mia ging in die Küche. Nina war dabei, Salat zu waschen. Durch das erleuchtete Fenster des Backofens sah sie die noch weißgefrorenen Pizzen. Der alte Ofen brauchte Zeit, um die erforderliche Temperatur zu erreichen. Ihre Tochter zerpflückte die Salatblätter in mundgerechte Stücke und begann, Tomaten und Gurken in Scheiben zu schneiden und zu dem Salat in die große silberne Schüssel zu schichten. Mia nahm drei Teller aus dem Hängeschrank und stellte sie auf den Esstisch.

„David fühlt sich wie der Mann im Haus", erklärte sie ihrer Tochter. „Das hängt mit seinem Alter zusammen und damit, dass euer Papa nicht mit uns lebt. Du musst trotzdem nicht tun, was dein Bruder sagt." Nina schaute sie mit großen Augen an.

„Lass mal, das geht schon in Ordnung", antwortete sie. „Ich komm klar." Dabei wirkte sie so verloren, dass Mia sie am liebsten fest an sich gedrückt hätte. Doch in diesem Augenblick klingelte das Telefon. Mia nahm das Gespräch an.

„Hallo, Tessa", sagte sie erfreut, „ja, alles klar bei uns! Wie läuft's bei dir?" Sie lief in ihr Schlafzimmer und ließ sich aufs Bett fallen.

Schweigend sah Nina ihrer Mutter nach. Dann seufzte sie, öffnete die Besteckschublade und nahm Messer und Gabeln heraus. Sie öffnete einen Schrank, griff die Flasche Olivenöl und goss einen kräftigen Schuss über den Salat, halbierte eine Zitrone, presste sie aus und gab den Saft zusammen mit Salz und frischem Pfeffer dazu.

Nina war zwar erst dreizehn Jahre alt, doch sie wusste bereits, dass es besser war, die alltäglichen Dinge zu tun, statt über etwas nachzugrübeln, das offensichtlich nicht zu ändern war. Obwohl sie schon eine Menge erlebt hatte, blieb sie unauffällig: Sie machte keinen Ärger, lernte gerne und sprach fließend schwäbisch. Aus diesem Grund schien es allen, die sie kannten, so, als sei sie ein glückliches Kind, habe viele Freundinnen und gehöre dazu.

1997

Als Nina nach der Grundschule ins Gymnasium wechselte, klagte sie plötzlich über Bauchschmerzen. Das war neu, beunruhigte ihre Mutter aber trotzdem nicht.

„Du bist elf Jahre alt", erklärte sie ihr, „und du kommst in die Pubertät. Das heißt, dass deine Gebärmutter und deine Eierstöcke wachsen. Du wirst bald eine richtige Frau sein, die Babys kriegen kann." Nina nickte schweigend. Mia kochte ihrer Tochter Kamillentee und legte ihr eine Wärmflasche auf den Bauch. Ihr fielen immer neue Erklärungen ein, wenn Nina über Bauchschmerzen klagte. Zuweilen war das Essen in der Schulkantine schuld.

„Du hast eben einen empfindlichen Magen", sagte sie.

26

„Das hast du von deiner Großmutter geerbt. Leider. Von der kommt nichts Gutes, aber das weißt du ja." Und Nina nickte.

Als die Bauchschmerzen nicht aufhörten, ließ sie Nina schließlich vom Kinderarzt untersuchen. Dieser tippte auf eine Gluten-Unverträglichkeit und empfahl, auf Weizenmehl zu verzichten. Damit konnte er Mia jedoch nicht überzeugen.

„Du hast Weizenmehl immer gut vertragen", sagte sie. „Ich glaub dem Doktor nicht. Es ist der Stress im Gymnasium. Nina, Schätzchen, bist du sicher, dass du in diese Schule gehen willst? Von mir aus brauchst du das nicht. Mach's dir doch leicht und genieße das Leben."

Doch Nina mochte ihre Schule. Sie lernte leicht und empfand die Anforderungen überhaupt nicht als stressig. In Mias Augen musste es eine Erklärung für Ninas Bauchschmerzen geben. Sie selbst hatten die Leistungsüberprüfungen in Form von Klassenarbeiten früher regelmäßig in Angst und Schrecken versetzt. Ihrer Tochter konnte es nicht anders gehen! Mia war fest davon überzeugt, dass Ninas Stress auf das Gymnasium zurückzuführen war. Denn sonst ging es ihr doch gut! Wenn sie da an ihre eigene Kindheit dachte ...

Eines Tages rief Ninas Klassenlehrer in der Stiftung an.

„Nina geht es nicht gut, Frau Ritter, können Sie sie bitte abholen." Eine Kollegin übernahm freundlicherweise Mias Telefondienst und so tauchte sie eine halbe Stunde später in der Schule auf. Nina sah verweint aus.

„Es tut mir beim Pinkeln so weh", klagte sie und Mia fuhr gleich mit ihr zum Kinderarzt. Der hatte eine Blasenentzündung diagnostiziert, ein Medikament verordnet und Bettruhe empfohlen.

„Du musst aufpassen, wenn du dir den Hintern abwischst, kleines Fräulein", sagte er. „Immer von vorne nach

hinten, nie umgekehrt. Und setz dich nicht auf kalte Steine."
Nina hatte nur genickt und gesagt:

„Ich pass ab jetzt besser auf."

„Sie hat häufig Bauchweh", meinte Mia.

„Häufig verarbeiten Kinder so ihre seelischen Probleme",
antwortete der Arzt. „Meist hat das nichts mit dem Körper
zu tun. Sie sind alleinerziehend? Hat Nina Kontakt zu ihrem
Vater? Sie wissen, wie wichtig der Kontakt zum Vater ist."

„Kontakt zu ihrem Vater?" Mia schnaubte. „Nein, sie hat
keinen Kontakt zu ihrem Vater, weil ihr Vater keinen Kontakt wünscht." Sie konnte es nicht fassen. Warum waren alle
Spießer so fest davon überzeugt, dass Jake, ausgerechnet
Jake, der sich seit elf Jahren in Schweigen hüllte, die Lösung
aller Probleme sein würde? Wie oft hatte sie dies in letzter
Zeit gehört! Sie spürte, wie der Ärger in ihr hochkochte.

„Sie sollten sich mehr um Ihre Tochter kümmern", sagte
der Arzt, „dann kriegen sie mit, was ihr wirklich fehlt." Mia
schaute ihn fassungslos und wütend an. Genau das hatte sie
gebraucht, um zu explodieren.

„Was Sie nicht sagen", gab sie sarkastisch zurück. „Meine Tochter hat eine Blasenentzündung und Bauchweh
und sie glauben, dass es ihr besser ginge, wenn ihr Vater,
ein sex- und heroinsüchtiger Junkie, ihr zeigt, dass Frauen
nur als Matratze taugen? Oder soll ich jeden Abend mit ihr
‚Mensch ärgere dich nicht‘ spielen? Oder meinen Job an den
Nagel hängen und mich vom Staat versorgen lassen, damit
ich noch mehr Zeit mit meinen Kindern verbringen kann?
Wie hätten Sie's denn gern?" Sie nahm Nina an die Hand,
die ihre Mutter ängstlich beobachtete.

„Ich glaub, ich schaff das auch ohne Ihre heißen Tipps!",
fauchte Mia und stolzierte erhobenen Hauptes aus der Praxis.

„Mama, was warst du sauer", stellte Nina unsicher fest. Mia atmete tief durch.

„Dieser Klugscheißer will mir die Welt erklären", brummte sie. „Das hab ich heute noch gebraucht. Doch jetzt nehmen wir uns ein Taxi, damit du schnell ins Bett kommst. Ich glaube, du hast dir die Blasenentzündung auf der Schultoilette gefangen. Es gibt immer kleine Schweinchen, die auf die Brille pinkeln. Wenn du dich nicht draufsetzt, kannst du dich nicht infizieren!"

Ninas Bauchschmerzen gaben sich. Ab und zu bekam sie eine Blasenentzündung, doch Mia hatte vorsorglich eine Großpackung des dagegen wirksamen Antibiotikums beschafft. Warum den Ärzten das Geld in den Rachen werfen, die immer wieder dieselbe Diagnose stellen würden? Es war sowieso klar, woran ihre Tochter litt und was dagegen half.

Nina bediente sich selbst und so fielen ihre Infektionen nicht mehr auf.

2005

Mia liebte ihre Kinder. Wenn sie gefragt wurde, antwortete sie stets: „Meine Kinder sind das Beste, was mir in meinem Leben passieren konnte!" Und das sagte sie nicht nur, sondern das fühlte sie von ganzem Herzen.

Sie gab alles für sie und beschränkte sich selbst auf die Tätigkeiten, die David und Nina brauchten, um sich gut entwickeln zu können. Sie verdiente genug Geld, um ihnen ein Dach über dem Kopf zu ermöglichen, und sie gab ihnen liebevolle Zuwendung. Dass sie keine Zeit für ein eigenes Leben hatte, störte sie nicht. Ihre Freundin Tessa fand das bedenklich.

„Du hast jetzt schon Jahre lang keinen Sex mehr gehabt", sagte sie. „Wie hältst du das aus?" Mia lachte.

„Das macht mir gar nichts", antwortete sie leichthin.

„Aber gibt's in diesem Nest niemanden, der auf dich steht, Mia, Schätzchen? Du siehst toll aus, wirst immer schöner, und die Kinder brauchen dich immer weniger. Ist da kein Platz für einen netten Mann? Oder will dich keiner?" Mia war plötzlich ernst geworden.

„Doch, da gibt es einige Kollegen, die mich gerne treffen würden, aber ich trau mich nicht mehr", sagte sie verlegen. „Weißt du, Tessa, ich hab mich so in Jake getäuscht. Ich hab Angst, dass mir das nochmal passiert."

„Schätzchen", rief Tessa in gespieltem Entsetzen. „Damals warst du noch ein Kind, als du Superman in die Fänge geraten bist. Du hattest keine Chance. Sei froh, dass du sein Leben nicht mehr teilst. Er ist jetzt Vollzeitjunkie, schnupft, schnüffelt, spritzt, schluckt alles, was er kriegt."

„Und was ist mit Lizzy?", fragte Mia. Lizzy war die Frau gewesen, wegen der Jake sie damals verlassen hatte.

„Keine Ahnung", antwortete Tessa trocken. „Sie ist mit ihrer Band nach Berlin gegangen. Du warst mit Abstand seine längste Beziehung. Vergiss den Typen. Andere Mütter haben viel nettere Söhne." Mia musste lachen.

„Ich weiß nicht, Tessa", sagte sie, „ich lass mir Zeit damit."

„Von unterdrücktem Sex wird man krank", warnte die Freundin.

„Von unüberlegten Beziehungen wird man kränker", gab Mia zurück. Und damit war das Thema für sie erledigt.

Die Kinder entwickelten sich prima. Dass David im Dorf bis heute keine Freunde gefunden hatte, fand Mia nicht besonders schlimm. Ihr selbst ging es mit den dort ansässigen

Spießern ja nicht anders! Als er noch in Ravensburg in den Kindergarten gegangen war, hatte er dort mit den Kindern gespielt. Dass er, als er ein Jahr später in die Schule kam, auch hier keinen wirklichen Freund gefunden hatte, war ihr gar nicht aufgefallen.

Nina war eine selbstbewusste junge Dame. Sie hatte ihr nie Kummer bereitet. Schon im Kindergarten war sie gut integriert. Wenn Mia sie in ihrer Mittagspause dort besucht hatte, fand sie sie jedes Mal vertieft in irgendein Spiel mit anderen Kindern.

„Nina kommt mit allen Kindern bestens aus", bestätigten die Erzieherinnen und Mia freute sich. Dass auch Nina keine „beste Freundin" hatte, merkte Mia nicht, da sie sich nie beklagte.

Außerdem hatten die Geschwister eine sehr enge Beziehung. Mia fand es wunderbar, wie vertraut die beiden waren. Wenn sie da an Jochen, ihren eigenen Bruder, dachte! Seit ihrem überstürzten Auszug aus dem Elternhaus vor achtzehn Jahren hatte sie nichts mehr von ihm gehört. Nina dagegen vergötterte ihren Bruder. Er war mit ihr auf den Spielplatz gegangen, hatte ihre Schaukel angeschoben und sie vom Klettergerüst gerettet, wenn sie sich zu viel zugetraut hatte. Wenn sie sich die Knie aufschlug, lief sie zu ihm und er klebte Pflaster auf die Wunden.

Eines Tages hatte Nina ihr Bettzeug aus dem Schlafzimmer ihrer Mutter, in dem ihr Bett stand, in Davids Zimmer geschleppt. David freute sich und gemeinsam räumten sie das Zimmer um, damit auch Ninas Bett Platz hatte.

Dass die Lehrer mit Davids Leistungen schon in der Grundschule nicht zufrieden gewesen waren, hatte sie persönlich nicht gestört. Sie liebte ihren Sohn, auch wenn er Fehler beim Schreiben machte und nicht gut rechnen konnte.

„Warum schauen Sie immer nur darauf, was er nicht kann", fragte sie seine Klassenlehrerin. „Es ist doch viel wichtiger, dass es ihm gut geht." Wie genau sie sich an dieses Gespräch erinnerte!

„Wissen Sie, Frau Ritter", hatte die Lehrerin damals geantwortet, „da bin ich mir eben nicht so sicher. Mich stört es auch nicht, dass David keine so guten Leistungen bringt. Manche Kinder brauchen eben etwas länger und David musste schon viel verarbeiten. Hat er Kontakt zu seinem Vater?" Mia lachte trocken.

„Als ob es seinen Vater interessieren würde, wie es ihm geht! Seit vier Jahren hat er sich nicht bei uns gemeldet." Die Lehrerin sah sie verständnisvoll an.

„Das tut mir leid, Frau Ritter. Aber ein Junge braucht seinen Vater."

„Diesen Vater braucht er nicht", antwortete Mia hitzig. „David hat alles, was er braucht. Als männliches Vorbild taugt sein Vater sowieso nicht, oder soll mein Sohn lernen, sich Frauen gegenüber wie ein Arschloch zu benehmen? Er hat regelmäßig Kontakt zu seinem Großvater und der ist ihm ein viel besseres Vorbild, als sein Vater es je sein könnte."

„Ich wollte sie nicht angreifen", antwortete die Lehrerin ruhig. „Sie sind sicher eine gute Mutter. Mir fällt jedoch auf, dass David Schwierigkeiten hat, sich auf andere Kinder einzulassen. Er ist fast immer allein, auch in den Pausen." Mia erschrak.

„Das wusste ich nicht", sagte sie unsicher.

„Deshalb sage ich es Ihnen. Vielleicht hat er die Trennung vom Vater doch nicht so gut verarbeitet wie Sie meinen."

„Er will seinen Vater nicht sehen, ich hab es ihm angeboten. Außerdem ist sein Vater drogensüchtig. Glauben Sie mir, es ist ein Segen, dass der tausend Kilometer weit entfernt lebt. David ist viel mit seiner Schwester zusammen. Die beiden sind unzertrennlich."

„Entschuldigen Sie", bat die Lehrerin, „ich wusste nicht, dass Davids Vater drogensüchtig ist. Ich will mich auch nicht einmischen. Fragen Sie Ihren Sohn, warum er keine Freunde findet. Es sind nette Kinder in seiner Klasse und einige wohnen auch in Borkenweiler."

Dass diese Kinder nett sein sollten, konnte Mia nicht wirklich glauben. Jeden Morgen im Bus erlebte sie, wie sich die netten Kinder in kleine Monster verwandelten, die brüllten und schlugen und sich nach Kräften bemühten, die Jüngeren zu quälen. Wie oft waren kleine Mädchen in Tränen ausgebrochen, wie oft hatten kleine Jungen tapfer versucht, sich gegen die Großen zu wehren, um schließlich heulend aufzugeben, worauf die Großen in triumphierendes Gelächter ausgebrochen waren. Sie war froh, dass sie ihre Kinder schützen konnte. An David und Nina wagten sie sich nicht heran. Sie glaubte jedoch nicht, dass die kleinen Monster in der Schule plötzlich nette Kinder wurden, auf die sich ein sensibler Junge wie David einlassen konnte.

Was in der Schule tatsächlich passierte, wusste sie nicht. David erzählte nur wenig, doch das hatte sie selbst früher auch nicht getan. Schule war ganz einfach nicht interessant.

Nachdem sie Nina an diesem Abend ins Bett gebracht hatte, setzte sie sich mit ihrem Sohn aufs Sofa. Gleich sprang der Kater neben sie und fing an zu schnurren.

„Deine Lehrerin sagt, dass du in der Schule keine Freunde hast", begann Mia. David verzog keine Miene.

„Ich brauch keine Freunde", antwortete er. „Ich hab Nina und ich hab dich." Und er kuschelte sich an sie. Mia seufzte.

„Deine Lehrerin macht sich aber Sorgen", wiederholte sie.

„Die soll sich um ihren eigenen Kram kümmern", antwortete er trotzig. Und danach schwieg er eisern. Als er in die Hauptschule gewechselt und Hasan kennengelernt hatte, war alles anders geworden. Ihr Vater hatte Recht behalten.

„Das wächst sich aus. Hab Geduld", hatte er ihr immer wieder empfohlen. Und jetzt war es so weit: David schien sich gefangen zu haben. Von seinen Lehrern kamen in der letzten Zeit keine Klagen mehr. Sie war fest davon überzeugt, dass er den Notenschnitt erreichen würde, der für die zehnte Klasse notwendig war.

„Endlich", dachte Mia, „endlich läuft es mit den Kindern glatt. Jetzt kann ich auch mal wieder an mich denken." Sie musste nicht mehr jeden Abend zu Hause die Kinder hüten. Sie waren alt genug, alleine zu bleiben.

Es gab eine wirklich gute Diskothek in Ravensburg, das CLASH, etwas außerhalb der Stadt gelegen, aber mit dem Bus gut zu erreichen. Wenn sie sich nicht irrte, hatte Mehmet Öztürk, der älteste Bruder von Davids Freund Hasan dort eine alte Fabrikhalle zur Diskothek umgebaut. Tessa hatte wahrscheinlich Recht. Es wurde langsam Zeit, dass sie sich wieder um ihr eigenes Leben kümmerte. Und gegen einen Mann hatte sie auch nichts mehr einzuwenden. Aber es musste der Richtige sein, Mr. Right, wie Tessa das nannte.

Heute Abend würde sie den Laden ausprobieren, und wenn die Freundin demnächst zu Besuch käme, würde sie den Kleidersack mit ihren alten Klamotten holen, die sie als Serviererin im Punkrockclub „Milzbrand" getragen hatte, und probieren, was von den Sachen noch passte. Sie lachte leise, wenn sie an den Spaß dachte, den sie mit Tessa dort haben würde.

Sie ging ins Bad und zog sich aus. Dann nahm sie eine Dusche, trocknete sich ab und cremte sich ein, zog den engen schwarzen Lederrock und das rote tief ausgeschnittene T-Shirt an und schminkte sich. Sie ging in den Flur, nahm die rote Lederjacke vom Haken, streifte die grünen Highheels über, warf die Handtasche über die Schulter und verließ das Haus in Richtung Bushaltestelle.

„Kuck mal, Ewald, des ausg'schämte Weib!", meinte die Nachbarin Frau Scheffele, als sie Mia durch die dünne Tüllgardine nachsah, missbilligend zu ihrem Mann. Der schoss aus dem Sessel, um die Aussicht nicht zu verpassen.

„So wild isch des nu au it!", meinte er sehr leise und dabei sah er seine Frau nicht an, denn sonst hätte sie bemerkt, dass er den Anblick der attraktiven Nachbarin so lange wie möglich genießen wollte. Doch er hatte Glück. Luise war schon längst wieder in der Küche verschwunden.

Mia musste einmal umsteigen, und es dauerte eine Stunde, bis sie die Endstation auf dem Parkplatz der Diskothek erreichte. Sie konnte es kaum erwarten! Voller Erwartung stieg sie aus dem Bus. Die Türen des Lokals standen offen und die hämmernden Rhythmen ließen ihre Beine tanzen. Der Türsteher ließ sie lächelnd passieren und Mia stürzte sich glücklich auf die Tanzfläche. Damals hatte sie eine andere Musik geliebt, doch was heute gespielt wurde, war auch nicht zu verachten. Im Laufe des Abends wurde sie zu mehreren Getränken eingeladen, sie tanzte mit einigen Männern, mit einem sogar mehrere Male. Doch sie gab ihm ihre Telefonnummer nicht, obwohl er sie wiederholt darum bat.

„Wenn es sein soll, treffen wir uns hier wieder", sagte sie und als er ihr zur Bar folgte, tauchte plötzlich ein gutaussehender Türke in elegantem Anzug auf, begrüßte sie und ließ keinen Zweifel daran, dass er jetzt den Platz neben dieser attraktiven Frau einnehmen würde. Der andere hatte sich schmollend verzogen.

„Mehmet Öztürk", stellte sich der Türke vor. „Sie müssen Mia Ritter, Davids Mutter sein."

„Ja, das bin ich", antwortete sie erfreut. „Sieht man das?"

„Er sieht Ihnen sehr ähnlich", meinte Mehmet. „Ich mag ihren Sohn. Er ist begabt und wird seinen Weg machen, davon bin ich überzeugt. Ich wusste ja gar nicht, dass Sie mein Lokal besuchen."

„Ich bin zum ersten Mal hier", antwortete sie.

„Und, gefällt es Ihnen?" Er lächelte sehr charmant.

„Es gefällt mir ausgezeichnet", antwortete sie.

„Tanzen Sie mit mir?", fragte er. Sie atmete tief ein und aus und sagte dann:

„Warum nicht?" Er war ein guter Tänzer und sie hatte gerne den Abend mit ihm verbracht. Nachdem sie den Club verließ, um den letzten Bus nach Hause zu erwischen, trat Cafer, der Türsteher zu seinem Chef.

„Alter, auf die bist du krass scharf, oder?"

„Cafer", antwortete Mehmet, „das ist die Mutter von Sid und sie gehört zur Familie. Sie kommt wieder, verstehst du? Sie soll sich hier wie zu Hause fühlen."

„Dann hast du besser keinen Sex mit ihr", meinte Cafer.

„Wo denkst du hin? Ich bin doch nicht blöd. Sie wird ganz konkret meinen guten Ruf bezeugen." Über das Gesicht des Türstehers glitt ein verstehendes Lächeln.

„Du bist krass intelligent, Alter", sagte er bewundernd.

Be true to yourself ...

2005

Seit diesem Abend besuchte Mia das CLASH mindestens einmal in der Woche. Mit Mehmet hatte sie sich angefreundet. Besonders gut gefiel ihr, dass er keinerlei Annäherungsversuche machte. Er war eben ein Gentleman – durch und durch!

„Mia", sagte er eines Abends, „mir gefällt es nicht, dass du so spät nachts allein unterwegs bist. Ich wohn im Nachbardorf. Wie wär's, wenn ich dich ab jetzt nachts nach Hause bringe?" Das hatte sie gerne angenommen. An einem anderen Abend hatte er ihr eine Clubkarte geschenkt.

„Wir haben oft Live-Konzerte und Clubmitglieder zahlen grundsätzlich keinen Eintritt."

„Das ist sehr nett von dir", sagte Mia überrascht. „Als ich jünger war, bin ich Hunderte Kilometer für ein gutes Live-Konzert gefahren. Ich hab dafür sogar meinen ersten Job geschmissen!"

„Wirklich?", fragte Mehmet. „Das musst du mir erzählen." Er lotste sie an einen Tisch, der sich weit genug weg von den Lautsprechern befand, so dass man sich dort ungestört unterhalten konnte, winkte dem Kellner, der eilig herbeilief und wenig später einen Whiskey und für Mia ein Glas Weißwein brachte. Mehmet hob sein Glas:

„Şerefe, zum Wohl, Mia!"

„Interessiert dich meine Geschichte wirklich?"

„Klar", antwortete er. „Leg los!"

„Es ist schon achtzehn Jahre her", begann sie. „Es war ein anderes Leben in einer anderen Zeit."

1986

Mia behauptete nie, sie hätte ein Recht, sich zu beklagen. „Arbeit ist das halbe Leben", betonte ihr Vater und sie hatte Glück, denn sie hatte Arbeit – bei Wickermann & Söhne im Büro –, verdiente Geld, auch wenn es nicht für eine eigene Wohnung reichte. So wohnte sie mit ihren zwanzig Jahren immer noch bei Mama und Papa in ihrem alten Kinderzimmer.

Den Job hatte ihr der Vater besorgt. Er hatte bei Wickermann die Lehre gemacht und arbeitete seitdem als Lagerist in der Firma. Der Job war hart, nicht nur deshalb, weil er von morgens bis abends schwere Rohre vom Gabelstapler in die Regale wuchten musste. Dieselben Rohre musste er wieder hinaus schleppen, wenn eine der großen Tiefbaufirmen, die Wickermann belieferte, Bedarf anmeldete.

Das Betriebsklima im Hause Wickermann war – wenn man es freundlich ausdrücken wollte – angespannt, wobei „beschissen" das passendere Wort gewesen wäre. Doch ihr Vater hatte offensichtlich Übung, ein solches Klima zu ertragen, sonst würde er es mit ihrer Mutter keinen Tag länger aushalten. Warum sich ihr Vater nicht schon lange von ihrer Mutter getrennt hatte, die ihn nicht liebte, sondern verachtete, und die er nicht liebte, sondern ertrug, blieb ihr ein Rätsel. Und warum sie mit Wickermanns Launen – im Gegensatz zu ihrem Vater – überhaupt nicht umgehen konnte, konnte sie auch nicht beantworten.

Wieder einmal war sie die Letzte im Büro. Das lag daran, dass die Kollegen ihr – wie so oft – die Rechnungen, die sie als Buchhalterin für die Bilanz zu bearbeiten hatte, im letzten Augenblick auf den Schreibtisch gepfeffert hatten. Danach waren sie mit mehr oder weniger freundlichen Grüßen in den Feierabend verschwunden. Die Abschlussbilanz für diese Woche musste heute fertig werden, eine von Wickermanns absurden Marotten.

Der einzige Vorteil, den es hatte, die Letzte im Büro zu sein, bestand darin, dass sie bei der Arbeit Musik hören konnte. Sie hatte drei Monatslöhne geopfert, um sich einen Walkman und ein paar winzige Boxen zu kaufen. Jetzt konnte sie, wo sie auch war, die Musik hören, für die sie gestorben wäre. Im Augenblick war das Nina Hagen. Ihrer Musik konnte sie nicht widerstehen. Und dieser Song war so mitreißend, dazu musste sie einfach tanzen! Sie sprang auf, tanzte wild und streckte dabei die Zunge heraus, wie es Nina Hagen so gerne tat.

Der Refrain war zu Ende und widerstrebend ließ sich Mia wieder auf den Stuhl sinken. Sie strich sich eine widerspenstige Strähne aus dem Gesicht. Selbst ihre Haare schienen sich der Kleiderordnung des Büros zu widersetzen. Für Wickermann & Söhne musste sie ihre Mähne in einem strengen Pferdeschwanz bändigen und zum Faltenrock eine weiße Bluse tragen. Nicht, dass ihr das gefallen hätte, geschweige denn ihren Stil ausdrückte! Doch wie ihr Vater sagte: „Dienst ist Dienst und Schnaps ist Schnaps." Sie fügte sich, denn sie wollte den Job behalten. Da sie zu Hause nicht viel von ihrem kargen Lohn abgeben musste, blieb genug Geld für Klamotten und für die Eintrittskarten zu den Konzerten ihrer geliebten Bands.

Die englischen Gruppen „Sex Pistols" und „The Slits", eine Band aus verrückten Punkrockfrauen, traten ab und zu in dem Hamburger Club „Milzbrand" in St. Pauli auf, und Mia sparte eisern, um sich diese Events leisten zu können. In drei Tagen würde Nina Hagen dort ein Konzert geben! Und das Beste war: Sie hatte eine Eintrittskarte. Die Nacht, die sie im Schlafsack vor dem Ticketschalter verbracht hatte, um ihren Platz in der Schlange nicht zu verlieren, hatte sich gelohnt. Sie nahm das Ticket, das sie neben die Boxen auf den Schreibtisch gelegt hatte, und las zum hundertsten Mal die Aufschrift, die in markiger Schrift ihr persönliches Paradies verhieß:

Die Nina-Hagen-Band
im Punkrockclub „Milzbrand"
Samstag, 10. Juli 1986
Hamburg, St. Pauli

Endlich würde sie Nina erleben, die all das verkörperte, was sie sich wünschte: Die Flucht aus dem kleinbürgerlichen Mief in eine Welt, in der jeder so sein konnte, wie er wirklich war, in der vor allem auch die Mädchen tun und lassen konnten, was sie wollten! Und erst die genialen Klamotten, die Nina trug! Was hätte sie darum gegeben, ein Teil von Vivianne Westwood, der Königin der Punkbekleidung, zu besitzen, doch dazu hätte sie nach London fahren müssen und das war beim besten Willen nicht zu finanzieren.

Mia seufzte. Stattdessen hockte sie hier und hielt die kleinbürgerliche Fassade von Anstand und angepasster, sanfter Weiblichkeit aufrecht. Dabei war das wirkliche Leben – auch bei den Kleinbürgern – unter der korrekten, langweiligen Fassade kein bisschen anständig, geschweige denn angepasst. Damit die Oberfläche unbeschadet blieb, logen die Kleinbürger, dass sich die Balken bogen.

Da musste sie nur einen Blick in ihre eigene Familie werfen. Sie wusste seit langem, dass sich ihre Mutter mit diversen Männern vergnügte und die Ehe mit ihrem Vater nur besagter Fassade geschuldet war. Ihr Vater betäubte seinen Frust mit der nötigen Menge Alkohol. Er war ein lieber Kerl – Mia mochte ihren Vater – doch hatte er offensichtlich nicht die Eier in der Hose, um sich gegen seine Frau zu behaupten. Mia fand, dass er das dringend hätte tun müssen, denn nur dadurch, dass er mit seiner Arbeit die Familie ernährte, hatte ihre Mutter überhaupt die Zeit, sich mit ihren Liebhabern zu treffen.

Ihrer Mutter ging es prima, seit der „Kronprinz" – ihr jüngerer Bruder – das Licht der Welt erblickt hatte. Sie hatte alles, was sich eine Frau nur wünschen konnte: In ihrem Sohn Jochen einen jungen Mann, der nach ihrer Pfeife tanzte, Liebhaber für heißen Sex und einen Ehemann, der die Rechnungen bezahlte und sie sonst in Ruhe ließ. Dass ihre Mutter in der Ehe blieb, verstand Mia nur zu gut. Weshalb sollte sie diese Vorteile aufgeben?

Nur die Tochter störte ihre heile Welt. Mia verachtete ihre Mutter und sie zeigte dies ganz offen. Sie wusste, dass es ihrer Mutter mit ihr ähnlich ging. Einzig die heilige Fassade hielt sie davon ab, sie rauszuschmeißen. Eigentlich hatte sie nichts dagegen, endlich auszuziehen. Dass sie noch in ihrem Kinderzimmer wohnte, war eine Schande. Sie würde Wickermann um eine Lohnerhöhung bitten müssen, um endlich ihr eigenes Reich finanzieren zu können.

Mia seufzte. Gott sei Dank! Das nächste Wochenende gehörte ihr und ihrem wirklichen Leben. Sie hatte den Urlaub für die beiden freien Tage, die sie brauchte, um nach Hamburg zu fahren, früh genug eingereicht. Wickermann hatte sie zwar dazu verdonnert, die Bilanz nicht am Montag, sondern schon heute fertigzustellen, doch dann hatte er den Zettel tatsächlich unterschrieben.

Heute war Donnerstag. Den Abend würde sie dazu brauchen, um ihre Garderobe aufzupeppen. Das angepasste Landei sollte man ihr in Hamburg nicht gleich ansehen. Am liebsten hätte sie sich auch die Haare abgeschnitten und pechschwarz gefärbt – die dazu nötigen Utensilien hatte sie sich für alle Fälle schon besorgt –, doch das ließ, wie schon gesagt, die Kleiderordnung bei Wickermann & Söhne nicht zu. Es war ein Teufelskreis!

Der Job ermöglichte ihr die kurzen Ausflüge in das Leben, das so viel besser zu ihr passte als das der angepassten Tippse, die nicht nur die Buchhaltung erledigte, sondern auch die schlechte Laune ihres Chefs ertrug. Denn Wickermann Senior war ein selbstverliebtes Ekel, ein Alleinherrscher, der keinen Widerspruch duldete, auch wenn es ein fachlich berechtigter Einwand sein mochte. Sein Wort war Gesetz, er besaß die Deutungshoheit, und dieses Privileg spielte er aus, wann immer ihm danach war.

Seine Söhne – Karl-Heinz und Hans-Dieter – sahen ihre Beiträge für die Firma vor allem darin, die sexuellen Qualitäten der weiblichen Angestellten zu überprüfen und die neuen Firmenwagen auf ihre Renntauglichkeit zu testen. Deshalb gab es im Fuhrpark der Firma immer einen oder zwei der neuesten Sportwagen gehobener deutscher Automarken.

Warum bestand die Firma eigentlich nur aus Wickermann und seinen Söhnen? Was machten Wickermanns Töchter? Hatten die keine Lust, in die Firma einzusteigen – was Mia gut verstanden hätte – oder hatten sie nichts zu sagen?

Mia vermutete Letzteres, denn in einer Macho-Familie wie bei den Wickermanns waren Frauen einzig dazu da, durch ihre Schönheit den Glanz der Männer zu steigern. Eigene Ansichten zu haben oder selbst Führungsaufgaben zu übernehmen, kam den Töchtern sicher gar nicht in den Sinn.

„Du bist ja auch nicht besser", sagte eine leise Stimme, die Mia meist erfolgreich verdrängen konnte. „Auch du hast nicht den Mumm, das zu leben, wofür du eigentlich brennst. Hockst hier an deinem Schreibtisch, addierst Zahlenkolonnen und lässt dich von diesem missgelaunten Typ beleidigen." Mia strich sich über die Stirn.

„Du hast ja Recht", antwortete sie ihrem rebellischen Ich, „lange mache ich das hier nicht mehr mit. Ich muss nur den richtigen Augenblick finden."

„Das sagst du schon lange", meckerte die innere Rebellin.

„Sobald ich einen Job gefunden habe, von dem ich leben kann, bin ich hier weg", versuchte Mia sie zu beschwichtigen.

„Spießerin!", kommentierte die Rebellin. Mia seufzte.

„Lass gut sein, morgen kannst du machen, was du willst!" Sie hatte Glück, die Rebellin enthielt sich eines bissigen Kommentars und Mia beugte sich wieder über ihre Arbeit.

Diese Arbeit bestand darin, Wickermanns Rechnungen zu bilanzieren: In ein Buch mit der Aufschrift „Debitoren" schrieb sie die Beträge, die andere ihm schuldeten – dies war sein Lieblingsbuch – in das Buch mit der Aufschrift „Kreditoren" die Beträge, die er selbst bezahlen musste. Am Ende jeder Seite addierte sie die Zahlen und zum Schluss wurde Soll und Haben verglichen. So wusste Wickermann am Ende des Monats, ob er noch reicher geworden war – was ihn von einem unerträglichen Widerling in ein gerade noch erträgliches Ekel verwandelte, das ihr die Urlaubstage bewilligte – oder ob er, die Firma oder seine Söhne zu viel ausgegeben hatten. Davon bekam er augenblicklich üble Laune, die er an ihr auszulassen pflegte, wobei es ihr nichts half, wenn sie ihn darauf hinwies, dass nicht sie es war, die das Geld verschwendete. Deshalb hoffte sie inständig, sein Reichtum möge sich vermehren, denn das machte ihr Leben erheblich leichter.

Sie schaute auf ihre Armbanduhr: Gleich würde der Chef erscheinen. Sollte sie die Musik nicht lieber abstellen? Sie überlegte nicht lange.

Nur noch fünf Minütchen ...

Sie wandte sich wieder ihrer Arbeit zu. Bis jetzt sah die Bilanz noch ganz gut aus und zum Glück lag nur noch eine einzige Rechnung auf ihrem Schreibtisch.

„Hoffentlich ist das eine Einnahme", dachte sie und griff sich das Papier. Doch was zum Teufel war das? Mia erschrak. Eine Autoreparaturwerkstatt berechnete eine fünfstellige Summe für das Ersetzen von Stoßstange und Scheinwerfern, für eine neue Motorhaube plus Lackierung des Firmenporsches. In Auftrag gegeben hatte die Reparatur Karl-Heinz Wickermann.

„Mist!", entfuhr es ihr, denn ihr schwante, dass dieser Betrag die Bilanz ins Soll verschieben würde. Sie rechnete die Zahlenkolonne im Buch der Kreditoren sorgfältig zusammen und überprüfte das Ergebnis zur Sicherheit noch einmal.

„Oh, oh, das gibt Ärger!", seufzte sie resigniert, denn tatsächlich hatte Wickermann in diesem Monat durch die Reparaturkosten für den Porsche seines Sohnes, der durch seine allzu forsche Fahrweise sicher mal wieder eine schöne Frau hatte beeindrucken wollen, nichts verdient.

Im Gegenteil! Er würde den Betrag aus seiner privaten Schatulle begleichen müssen, denn das Finanzamt hatte bei der letzten Prüfung bereits angemerkt, dass es Wagen der Marke „Porsche" als Firmenfahrzeuge für eine Baufirma nicht mehr akzeptieren würde. Dass sein privater Reichtum geschmälert wurde, hasste Wickermann Senior wie die Pest. Sie wusste, dass er seine Wut an ihr auslassen würde und deshalb drehte sie die Musik – wider alle Vernunft – noch lauter.

Deshalb hatte sie das Quietschen der Bremsen nicht gehört, die das Nahen ihres Chefs ankündigten, der, wie immer, viel zu schnell in die Parkbucht gefahren war. Es war ihr auch entgangen, dass er die Autotür krachend ins Schloss geworfen hatte und, als er die laute Musik hörte, die Treppe hochstürmte wie ein wütender Stier. Sie saß deshalb nicht konzentriert über ihren Schreibtisch gebeugt, wie es sowohl ihr Job als auch der Anstand erfordert hätte, sondern tanzte mit herausgestreckter Zunge im Nina-Hagen-Stil. Wickermann brach durch die Tür und brüllte:

„Fräulein Ritter!" Mia schreckte auf, stürzte zum Schreibtisch, fummelte an ihrem Walkman herum, ohne in der

Aufregung die richtige Taste zu finden. Kurzerhand zog sie den Stecker heraus, der das Kabel der Lautsprecher mit dem Walkman verband. Plötzlich war es so still, dass sie Wickermanns wütendes Schnauben hören konnte. Sie blickte in sein vor Wut hochrotes Gesicht.

„Fräulein Ritter", zischte er, „in dieser Firma ist es absolut verboten, während der Arbeitszeit Musik zu hören. Das dürfte Ihnen bekannt sein."

„Es tut mir leid", stotterte Mia und zeigte sich schuldbewusst. „Ich bin ganz allein im Büro. Ich stör ja niemanden …" Ihre Stimme war immer leiser geworden. Wie hatte sie nur so blöd sein können, Wickermanns Auftritt zu verpassen! Wie immer trug der Chef einen seiner maßgeschneiderten Anzüge, wie immer hatte er sich eine dieser geschmacklosen Krawatten umgebunden. Diesmal zierten kleine rote Ferraris das männliche Attribut von Modebewusstsein und Stil.

„Spar dir diese blöden Vorwürfe", meckerte die innere Rebellin, die nicht im Mindesten eingeschüchtert wirkte, „wehr dich endlich!" Doch das tat Mia lieber nicht. Es war nicht klug, den Chef zu reizen, wenn er bereits wütend war.

„Das spielt überhaupt keine Rolle, Fräulein Ritter. Sie hören in meiner Firma keine Musik. Na, machen Sie schon", herrschte er sie an und streckte fordernd die Hände aus, „ich will die Bilanz sehen. Ich hab nicht den ganzen Tag Zeit!"

In diesem Augenblick wurde Mia klar, dass der Chef nichts vom Unfall seines Sohnes und den damit verbundenen hohen Reparaturkosten wusste. Sie reichte ihm wortlos die Bücher. Wickermann machte sich nicht die Mühe, die Zahlenkolonnen zu prüfen. Er schaute, wie immer, nur auf das Ergebnis. Mia zog den Kopf ein. Sie wusste, was jetzt kommen würde. Wickermann stutzte und sein Gesicht wurde noch röter.

„Im Minus?! Das kann nicht sein, bei der Auftragslage!", brüllte er. „Wie kommen Sie zu diesem verdammten Ergebnis? Sind Sie zu blöd, ein paar einfache Zahlen zu addieren?"

„Es tut mir leid, Herr Wickermann", stotterte Mia", „Engler und Seiler haben noch nicht bezahlt und Ihr Sohn hatte wohl Pech mit dem Wagen. Hier ist die Rechnung." Er riss ihr das Blatt aus der Hand, die Farbe seines Gesichts wechselte von Rot ins Violette und seine Augen schienen aus den Höhlen zu quellen.

„Das hätten Sie mir sagen müssen. Es ist Ihr Fehler, dass die Firma in diesem Monat Verluste schreibt", fauchte er.

„Aber diese Rechnung kam doch erste heute Nachmittag", wandte Mia ein, die mühsam die Ruhe behielt, „und da waren Sie schon weg ...!"

„Ich bin Ihre ständigen Ausreden leid!", unterbrach sie Wickermann. Plötzlich schien er sich zu besinnen, ein Lächeln, das seine Augen nicht erreichte, spielte um seine Mundwinkel. Dann sagte er mit ruhiger Stimme: „Ihr Urlaub für die nächsten beiden Tage ist gestrichen." Er drehte sich um und ging auf die Tür zu. Mia erschrak. Nein, das konnte er nicht tun!

„Bitte, Chef", rief sie ihm verzweifelt nach, „ich kann doch nichts dafür, wenn Ihr Sohn seinen Wagen kaputtfährt. Bitte, ich hab für Samstagabend eine Karte für ein Konzert in Hamburg!" Selbst Wickermann musste begreifen, dass sie das Konzert verpassen würde, wenn sie erst am Samstag nach der Arbeit losfahren würde.

„Wenn Sie hier morgen nicht pünktlich zur Arbeit erscheinen", rief Wickermann, ohne sich zu ihr umzudrehen, „können Sie sich gerne eine andere Stelle suchen, Fräulein Ritter." Er riss die Tür auf und knallte sie hinter sich ins Schloss. Mia zuckte bei dem Knall zusammen. Sie saß da wie betäubt.

„So ein Arschloch", meldete sich ihre innere Rebellin. „Wenn du dich jetzt nicht wehrst, kannst du nicht mehr in den Spiegel schauen. Die Nina Hagen Band! Die darfst du nicht verpassen." Mia schüttelte sich, wie um die aggressive Energie, die immer noch durch den Raum waberte, loszuwerden. Dann riss sie sich zusammen. Scheiß auf die Fassade!

„Du hast Recht", sagte sie zu ihrer inneren Rebellin. „Jetzt ist Schluss! Diesmal ist er zu weit gegangen!" Sie nahm ihre Tasche vom Boden auf, pfefferte ihren Füller hinein, den Walkman und die Boxen und ließ den Blick über die Schreibtischplatte wandern. Nein, sonst gehörte ihr nichts. Langsam ging sie zur Tür und schloss sie leise hinter sich zu. Sie hatte keine Ahnung, wie es weitergehen würde. Sie wusste nur, dass dies ihr letzter Arbeitstag bei Wickermann & Söhne gewesen war.

Ihr Fahrrad hatte sie, wie jeden Tag, an die Straßenlaterne vor dem Haus geschlossen. Sie öffnete das Schloss und legte die kunststoffummantelte Drahtschlinge um den Lenker. Dort ließ sie das Schloss zuschnappen. Dann holte sie ihren Walkman aus der Tasche, den sie mit Kopfhörern verband und setzte sich diese auf die Ohren. Besonders an einem Tag wie diesem waren die Songs von Sex Pistols wie Medizin für sie. Sie drückte auf den Startknopf. John Lydons eindringliche Stimme sprach ihr – wie so oft – aus der Seele:

„*Don't you give me any orders, for people like me, there is no order.*"

„Genau", dachte Mia, schwang sich in den Sattel und trat in die Pedale.

„Problem, problem, problem, the problem is you, what you gonna do with your problem, I leave it to you."

„Du bist das Problem, Wickermann, you wicked man, yeah, yeah", sang sie laut, „und wie du damit fertig wirst, Wickermann, you wicked man, yeah, yeah, ist dein verdammtes Problem und nicht meins."

Mia fühlte, wie die Anspannung der letzten Stunde von ihr abfiel. Jetzt war nur noch das Abendessen mit ihrer Familie zu überstehen und dann gehörte das Leben endlich wieder ihr.

2005

Sie blickte Mehmet forschend an. Er nippte an seinem Whiskey.

„Ich kann die Geschichte auch abkürzen", schlug sie vor. Er lächelte.

„Warum? Ich kann mit solchen Erinnerungen nicht dienen. Meine Kindheit war langweilig und in meiner Jugend musste ich mich in Deutschland zurechtfinden."

„Wo bist du aufgewachsen, Mehmet?"

„In Sultanhani. Das ist ein kleines Dorf ungefähr in der Mitte zwischen Ankara und Konya, der Derwischstadt", antwortete er. „Heute ist der Ort wegen der Karawanserei eine Touristenattraktion, doch als ich Kind war, gab es nur ein kleines Dorf neben der riesigen Ruine mitten in Anatolien. Sultanhani war sehr rückständig. Stell dir vor: Außer meiner Mutter hab ich dort keine Frau zu Gesicht bekommen. Die Frauen bekamen einmal im Jahr Schuhe aus Stroh und du kannst dir vorstellen, wie oft sie damit das Haus verlassen konnten."

„Du machst Witze!"

„Nein, leider nicht. Es gab nur die Moschee, einen kleinen Laden und das Gasthaus meiner Eltern für die wenigen Touristen, die dort ab und zu einkehrten, um die Karawanserei zu besichtigen. Es waren fast immer Deutsche und das brachte meinen Vater auf die Idee, nach Deutschland auszuwandern. Als ich zehn Jahre alt wurde, haben wir das gemacht. Unser jüngster Bruder Hasan ist in Deutschland geboren. Er fühlt wie ein Deutscher. Mein Bruder Hamit und ich, wir fühlen wie Türken."

„Ist das so unterschiedlich?", fragte Mia. Er sah sie an.

„Du würdest dich wundern, wie anders wir sind", sagte er. „Wir lieben unsere Frauen und ich verehre meine Mutter. Doch Gleichberechtigung, wie ihr das versteht, kommt für uns nicht in Frage." Sie wirkte erstaunt.

„Wirklich nicht?", fragte sie.

„Sicher nicht!", bestätigte er.

„Was bist du für ein Macho, Mehmet", meinte Mia.

„Da hast du wohl Recht. Erzähl weiter", forderte er sie auf.

„Aber jetzt geht's um meine kaputte Familie!", warnte sie.

„Wenn ich einen Kulturschock kriege, bestell mir einfach noch einen Whiskey", empfahl Mehmet.

1986

Mia schob das Fahrrad über den Gehweg aus grauen Betonplatten, die ihr Vater selbst verlegt hatte. Rechts und links davon wuchs in schmalen Beeten die einzige Sorte Blumen, die ihrer Mutter gefiel: Fuchsien. Dass außer den Blumen wirklich gar nichts wuchs, war der Ordnungswut ihres Vaters geschuldet. Kein Unkraut hatte die Chance, gegen den Eifer ihres Vaters anzuwachsen, keine verwelkte Blüte lag länger als den halben Tag auf der sauber geharkten Erde, bis ihr Vater von der Schicht nach Hause kam.

Auf den schmalen Rasenflächen, die den Vorgarten des Reihenhäuschens einfassten, durfte nur Gras wachsen. Verirrte sich eine andere Pflanze – Klee, Löwenzahn oder gar ein Gänseblümchen – in die grüne Ödnis, zückte ihr Vater das Unkrautmesser und stach es aus. Dieser Garten war wie eine Metapher für ihre Familie: eine Fassade, an der nichts, überhaupt gar nichts auszusetzen war.

Seufzend schob sie das Fahrrad ihres Bruders zur Seite, um Platz für ihr eigenes Rad zu schaffen. Jochen ignorierte wie immer, dass dieser Platz auch für das Rad seiner Schwester reichen musste! Sie fischte den Haustürschlüssel aus der Tasche und öffnete die Tür, trat ein und geriet ins Straucheln. Nachlässig hingeworfene Turnschuhe, die einen durchdringenden Geruch verströmten, und ein geöffneter Schulranzen, dessen überquellender Inhalt sich Platz auf dem Boden verschaffte, brachten sie zum Stolpern. Sie versetzte der Tasche einen wütenden Tritt, wodurch ein angebissenes, offensichtlich in die Jahre gekommenes verschimmeltes Pausenbrot auf der Fußmatte landete. Sie schüttelte sich angeekelt.

„Jochen!", brüllte sie verärgert, „du Widerling. Kannst du deinen Kram nicht wegräumen?" Ohne auf die Antwort zu warten, die sie sowieso nicht erhalten würde, durchquerte sie den Flur und trat ins Esszimmer, wo sich ihre Familie bereits für die Abendmahlzeit um den gedeckten Tisch versammelt hatte. Der Brotkorb war gefüllt, ein Teller mit Käse, einer mit Wurst und die geöffnete Margarinepackung standen griffbereit, doch die Eltern und ihr Bruder saßen vor leeren Tellern. Eine unumstößliche Regel der Mutter lautete: Begonnen wird erst, wenn alle da sind.

„Mia ist da, nicht zu überhören", sagte sie ironisch. Ihr Bruder grinste. Der Vater nahm einen Schluck aus seiner Bierflasche.

„Wir warten", fuhr die Mutter fort, „wegen dir! Wir haben Hunger! Warum kommst du so spät?" Mia setzte sich.

„Endlich!" Jochen schnappte sich ein Brot, begann es hektisch mit Margarine zu bestreichen, türmte eine dreifache Portion Wurst darauf und schlug die Zähne gierig hinein.

„Iss doch einfach dein Pausenbrot, dann bist du nicht so ausgehungert", zischte sie. Jochen stutzte kurz, entschied sich dann aber, den Kommentar zu überhören. Mia wartete, bis sich auch die Eltern bedient hatten. Dann griff sie sich eine Scheibe und begann, sie zu bestreichen.

„Ich musste die Bilanz für den Wickermann noch …"

„Herrn Wickermann", unterbrach die Mutter, „wo bleiben deine Manieren, Mia?"

Mia piekte mit der Gabel in eine Scheibe Käse, platzierte sie auf ihr Brot, betrachtete es und legte es mit angeekelter Miene zurück auf den Teller. Der Appetit war ihr vergangen. Sie musste nur in das feixende Gesicht ihres Bruders sehen, um zu wissen, dass dies kein guter Abend mit ihrer Familie werden würde. Sie zuckte seufzend mit den Achseln.

„Es hat eben länger gedauert", murmelte sie. „Ihr hättet ohne mich anfangen sollen."

„Mialein war mal wieder überfordert", höhnte der Bruder, der keine Gelegenheit ausließ, ihr seine gymnasiale Schulbildung vorzuhalten. „Versuch's doch mal mit Putzen, Schwesterchen." Bevor Mia auch nur Luft holen konnte, um ihrem Ärger Luft zu machen, mischte sich die Mutter ein.

„Lass den Jungen in Ruhe. Er hatte einen schweren Tag in der Schule." Jochen nickte scheinheilig. Er wusste, dass er sich keine Sorgen machen musste.

„Ein Runde Mitleid für Mamas Liebling!", fauchte Mia. Die Mutter schüttelte missbilligend den Kopf.

„Dein Ton, Mia, dein Ton …". Mia sah ihren Vater an. Der griff sich die dritte Flasche Bier, legte sie auf die Tischkante, schlug mit der Hand darauf, dass der Kronkorken absprang und genehmigte sich einen großen Schluck.

„Der Chef, Wickermann, kann wirklich, wirklich schwierig sein", murmelte er und Mia hörte am Klang seiner Stimme, dass die beiden leeren Flaschen, die neben seinem Teller standen, nicht die einzigen waren, die er bereits intus hatte. Auf ihn konnte sie heute nicht mehr bauen.

„Herr Wickermann ist ein erfolgreicher Geschäftsmann!", stellte die Mutter in einem Ton fest, der keinen Widerspruch duldete. „Wenn Mia länger arbeiten muss, dann hat sie ihr Pensum mal wieder nicht geschafft. Du kannst froh sein, Mia, dass er dich überhaupt beschäftigt. Und du", sie sah ihren Mann verächtlich an, „bist ja auch nicht der Schnellste!" In Mia begann es zu brodeln. Das Grinsen ihres Bruders wirkte wie Brandbeschleuniger, das schafige Gesicht ihres Vaters wie ein brennendes Streichholz.

„Ich hab dich mit dem Schröder im Café gesehen", sagte sie mit honigsüßer Stimme zu ihrer Mutter. „Ich wusste gar nicht, dass ihr euch so nahe steht … war das nicht ein Zungenkuss?"

Die Mutter zuckte zusammen und funkelte die Tochter wütend an. Diesen Angriff hatte sie offensichtlich nicht erwartet. Der Vater leerte mit ausdruckslosem Gesicht seine Flasche, rülpste und stellte sie neben den Teller. Der Bruder hob die Augenbrauen. Blöd war er nicht, der Kleine!

„Was?", hakte er nach. „Du mit dem Schröder? Wirklich?"

„Herr Schröder ist dein Mathelehrer, Jochen", rechtfertigte sich die Mutter. „Wir haben besprochen, wie ich dir in Mathe helfen kann."

„In Mathe?", fragte Jochen verständnislos, „das kann ich doch! Ausgerechnet du willst mir in Mathe helfen?" Dass ihre Mutter für jede noch so einfache Rechnung einen Taschenrechner brauchte, war in dieser Familie ein offenes Geheimnis. Die Mutter schnappte hörbar nach Luft. Ihr hatte es offensichtlich die Sprache verschlagen.

„Kannst du nicht einmal die Wahrheit sagen?", fragte Mia ernst.

„Wahrheit, Wahrheit! Was ist denn die Wahrheit?", schnappte die Mutter. „Das, was du dafür hältst? Du hast ja keine Ahnung!"

„Mia, sei so lieb und hol mir noch ′ne Flasche", unterbrach der Vater und er klang so resigniert, dass es ihr das Herz zusammenzog. Sie stand auf, ging in die Küche und holte die gewünschte Flasche aus dem Kühlschrank. Es war hoffnungslos.

„Gute Nacht, Papa", sagte sie und reichte ihm die Flasche, die ihn seinem Soll von einem geleerten Kasten pro Tag einen Schritt näherbrachte. Er roch nach Bier und Schweiß. Trotzdem umarmte sie ihn und drückte ihm einen Kuss auf die Wange. Ihre Mutter und ihren Bruder bedachte sie mit einem kühlen Blick.

„Mir reicht's", sagte sie, „ich hab keinen Hunger mehr. Nimm mein Brot als Pausenbrot, Jochen. Es ist frischer als das auf der Fußmatte!" Dann verließ sie das Zimmer, stieg die steile Treppe hoch und öffnete die Tür zu ihrem Reich.

2005

Mia unterbrach ihre Erzählung. Unsicher sah sie Mehmet an: „Bist du jetzt geschockt?", fragte sie. Mehmet lächelte.

„Nein, überhaupt nicht. In einer traditionellen türkischen Familie würde die Frau nicht wagen, ihren Mann zu betrügen. Aber dass der Sohn der Tochter vorgezogen wird, geschieht häufig, obwohl der Prophet das ausdrücklich untersagt hat. Ich bin sehr gespannt, wie die Geschichte weitergeht."

„Also gut", sagte Mia. „Mach dich auf einen weiteren Kulturschock gefasst!" Mehmet grinste.

„Mit dem größten Vergnügen!"

... and fuck the world!

1986

Sie hatte alles getan, um ihr Kinderzimmer punkig aufzumotzen, was nicht leicht gewesen war. Drei Wände leuchteten dunkelrot, eine schwarz, was ihren Bruder dazu verleitete, ihr Zimmer nur noch als „Mias Puff" zu betiteln. An die eine Wand hatte sie ein Poster von den Sex Pistols gepinnt, an die andere eins von Nina Hagen. Über ihrem Bett hing ein Poster mit ihrem Lieblingsspruch:

Be true to yourself and fuck the world!

Das Bett hatte einen schwarzen Überwurf bekommen. Auf den Spiegel über der Kommode hatte sie mit Lippenstift geschrieben: „Sid Vicious, be vicious with me!", und daneben mit ihren Lippen einen Kussmund aufgedrückt.

Mia hatte keinen Freund, noch keinerlei sexuelle Erfahrung, und sie war sich nicht wirklich klar darüber, was Sid Vicious, der Bassist der Sex Pistols, Schlimmes mit ihr anstellen sollte, wenn er es denn überhaupt mit ihr tun wollte. Doch es klang nach Punk, nach sexueller Selbstbestimmung, offen und ehrlich, ohne kleinbürgerliche Fassade und keinesfalls so verlogen, wie ihre Mutter ihr Liebesleben gestaltete.

Wie konnte man die Menschen, mit denen man in einer Familie zusammenlebte und die man doch eigentlich lieben sollte, belügen und betrügen? Sie drückte auf die Playtaste ihres Kassettenrekorders.

„Typical girls try to be typical girls very well. Typical girls don't create, don't rebel, can't decide", kreischten die Slits.

„Genau wie du", meckerte die innere Stimme, „du typisches Mädchen! Schau dich an. Du bist kein bisschen besser. Triffst du deine Entscheidungen? Lebst du dein Leben?"

Nachdenklich stellte sich Mia vor den Spiegel und betrachtete sich. Sie sah wirklich nicht schlecht aus, war schlank, hatte ein ebenmäßiges Gesicht und große brauen Augen mit dichten Wimpern. Der Mund war ein bisschen zu groß, doch das störte sie nicht. Sie fand, dass sie dadurch interessant aussah. Die langen Haare hatte sie zu einem Pferdeschwanz gebunden, die weiße Bluse akkurat gebügelt, zum dunkelgrauen Faltenrock trug sie flache Schuhe. Sie sah wirklich aus wie ein typisches Mädchen.

War das ehrlich?

Gerne hätte sie ihre Augenbrauen mit Piercings geschmückt, eine Sicherheitsnadel durch die eine und einen Ring durch die andere gesteckt. Die Punks in London taten das, doch bei Wickermann wären Piercings genauso schlecht angekommen wie Tattoos. Statt der Perlen hätten ihr als Ohrringe Totenköpfe oder Drachen, die das ganze Ohr schmückten, viel besser gefallen.

Sie löste das Haargummi und schüttelte die Mähne frei. Trotzdem sah sie aus wie ein typisches Mädchen.

„So bin ich nicht!", dachte sie ärgerlich. „Ich bin nicht so angepasst, wie ich aussehe!" Ärgerlich fuhr sie mit den Händen durch die Haare, verstrubbelte sie und versuchte, sich einen wilderen Ausdruck zu geben, doch ihr Haar weigerte sich beharrlich, strubbelig zu bleiben. Sie nahm eine Strähne über der Stirn und hielt sie hoch.

„Ist doch sowieso alles wurscht", dachte sie. „Ich such mir einfach einen Job, wo es egal ist, wie ich aussehe!" Mit der anderen Hand öffnete sie die Schublade ihrer Kommode, griff sich eine Schere und schnitt kurzentschlossen die Strähne nur wenige Zentimeter über dem Kopf ab. Kritisch beäugte sie das Resultat im Spiegel, nahm die nächste Strähne und schnitt auch diese ab.

„Noch kann ich mir einen Pony schneiden", dachte sie, „noch fällt es nicht auf!" Plötzlich sah sie Wickermanns kalt lächelndes Gesicht vor sich, seine Freude, ihr den Wochenendausflug zu verderben, sie sah das Gesicht ihres Bruders, der keine Gelegenheit ausließ, sie abzuwerten, das Gesicht ihrer Mutter, die auch keine Gelegenheit verpasste, ihr mitzuteilen, wie viel lieber sie ihren Bruder hatte, und das Gesicht ihres Vaters, der sich mit Alkohol betäubte, statt sich zu wehren.

Wollte sie genauso leben?

Diese Lügen teilen?

Diese Fassade aufrechterhalten?

Nein!

Sie nahm eine Strähne nahe dem Scheitel und schnitt sie ab, und dann noch eine und noch eine. Wie im Rausch säbelte Mia ihre Haare vom Kopf, bis nur noch verschieden kurze Zottel übriggeblieben waren. Tief atmend, wie nach einer heftigen Anstrengung, blickte sie in den Spiegel. Das, was sie getan hatte, ließ sich nicht mehr ändern. Wie ein typisches Mädchen sah sie jetzt tatsächlich nicht mehr aus.

Jetzt konnte sie das Werk genauso gut zu Ende bringen. Sie griff wieder in die Schublade und zog eine Tube und ein Plastikfläschchen hervor. Damit bewaffnet verließ sie das Zimmer und ging ins Bad. Sie wusch sich das Haar und registrierte erstaunt, wie anders sich ihr Kopf anfühlte, wie viel leichter ohne die lange Mähne. Sie rubbelte die Nässe aus dem Haar, rührte in einem Schälchen die Paste aus der Tube und die Flüssigkeit aus der Plastikflasche zusammen und strich sich die cremige Substanz mit einem Kamm auf den Kopf.

Sie betrachtete ihr Werk im Spiegel, ihren von der dunklen Paste bedeckten Kopf und stülpte die der Packung beiliegende Plastikhaube darüber. Dann wickelte sie ein Handtuch darum und schaute auf die Uhr. In zwanzig Minuten würden ihre Haare nicht mehr langweilig braun, sondern schwarz sein, pechschwarz!

Zufrieden musterte Mia am nächsten Morgen ihren neuen Look: Die pechschwarzen Haare hatte sie mit viel Gel zu spitzen Stoppeln geformt, die Augen schwarz umrandet und die Wimpern mit viel Mascara getuscht, die Lippen knallrot gemalt und die Fingernägel schwarz lackiert. Sie fand, dass sie fast so aussah wie Nina Hagen auf dem Poster an ihrer Wand.

Mit der Schere hatte sie ihrem Protest gegen die Kleiderordnung von Wickermann & Söhne Ausdruck verliehen, den Faltenrock beträchtlich gekürzt, zusätzlich längs der Falten aufgeschnitten und einige Bahnen mit großen Sicherheitsnadeln zusammengesteckt. Das schwarze T-Shirt brauchte nur ein paar gut platzierte Löcher, ebenso die schwarze Strumpfhose. Dazu passten die roten Lederstiefel, die sie beim letzten Ausverkauf ergattert hatte. Sie zog die Klamotten an und bewunderte ihr Werk.

„Geschafft!", sagte sie und lächelte ihrem Spiegelbild zu. „Be true to yourself and fuck the world!" Dann nahm sie ihre Tasche und atmete tief durch. Ganz wohl war ihr nicht zumute. Wie würde ihre Familie auf die neue, die ehrliche Mia reagieren?

Als sie ins Esszimmer trat, war die Familie bereits zum Frühstück versammelt. Bei ihrem Anblick entfuhr ihrer Mutter ein spitzer Schrei, ihr Vater verschluckte sich an seinem Brötchen und fing hysterisch an zu husten. Ihre Mutter gewann Zeit, indem sie ihm heftig den Rücken klopfte. Jochen starrte sie mit offenem Mund an. Dann musterte er sie von oben bis unten und ein anzügliches Grinsen umspielte seine Lippen.

„Cooles Outfit", sagte er, „vielleicht käme da ja noch ein anderer Job für dich in Frage!" Der Vater hatte seine Luftröhre von Brötchenkrümeln befreit.

„Mia, so kannst du nicht zur Arbeit gehen", heulte er, „das wird Wickermann gar nicht gefallen. Geh schnell hoch ins Bad und wasch dich, dann schaffst du es noch pünktlich ins Büro." Auch ihre Mutter hatte sich gefangen und starrte sie feindselig an.

„Es reicht mir, Mia, jetzt ist endgültig Schluss", schnaubte sie. „Du siehst aus wie eine Nutte. So eine wie du hat hier keinen Platz. Wir sind eine ordentliche Familie."

„Ach wirklich?", fragte Mia ironisch. „Ich soll die Nutte sein?" Oh, oh! Der Kommentar war ihr ganz spontan herausgerutscht. Schlagartig wurde Mia klar, dass die Mutter ihr diese Worte nicht verzeihen würde. Diese war blass geworden und blickte die Tochter hasserfüllt an.

„Verlass mein Haus! Sofort! Und lass dich hier nie wieder blicken", zischte sie.

„Gerlinde", beschwichtigte der Vater mit angsterfüllter Stimme, „du willst sie doch nicht wirklich rausschmeißen? Mia ist unsere Tochter."

„Meine Tochter ist das nicht mehr", gab die Mutter zurück. „Außerdem ist sie volljährig. Das muss ich mir mit ihr nicht länger antun. Pack deinen Kram, Mia, und geh." Auch der Bruder wirkte erschrocken.

„Das kannst du doch nicht machen, Mama!", wandte er ein. „Du kannst Mia doch nicht einfach vor die Tür setzen."

„Doch, genau das kann ich und das tu ich", zischte die Mutter erbost, die mit so viel Widerstand nicht gerechnet hatte. „Hau endlich ab, Mia!" Der Vater sackte in sich zusammen.

„Gerlinde", bat er flehend und hatte wieder diesen schafigen Gesichtsausdruck, der Mia auf die Palme brachte. Er hatte einfach keinen Mumm, ihr Vater.

War er zu lieb oder war er ganz einfach ein Feigling?

„Lass gut sein, Papa", sagte sie beruhigend, „Ich komm schon klar." Dann lief sie Treppe hoch, öffnete ihren Kleiderschrank und zog einen alten Rucksack hervor. Sie stopfte Unterwäsche, Strümpfe, Jeans, einige T-Shirts und einen Pullover hinein, füllte ihren Waschbeutel mit Cremes und Kosmetik und packte ihn ins Außenfach. Den Schlafsack schnallte sie mit einem Gurt oben auf dem Rucksack fest.

Eine Tasche war noch leer. Sie sah sich in ihrem Zimmer um. Was sollte sie mitnehmen? Sie entschied sich für den Kassettenrekorder und die Kassetten ihrer Lieblingsbands. Dann riss sie das Poster mit der Aufschrift „Be true to yourself and fuck the world" von der Wand und warf es demonstrativ auf ihr Bett. Deutlicher konnte sie nicht zeigen, wie ihr zumute war. Sie zog eine Jacke über, setzte mit geübtem Griff den Rucksack auf und warf sich die Tasche über die Schulter.

Als sie die Treppe herunterkam, saß ihr Vater allein am Tisch. Er schaute sie hilflos an:

„Warum Punk, Mia, warum ausgerechnet Punk?"

„Ich will ehrlich leben, meine Gefühle zeigen, so sein, wie ich bin. Ich halte diese Lügen nicht mehr aus!", antwortete sie leidenschaftlich.

„Und du glaubst, dass du das alles bei den Punks findest?"

„Ich weiß es!", rief sie. Der Vater schüttelte zweifelnd den Kopf.

„Mia, Punks sind auch nur Menschen und Menschen sagen nicht immer die Wahrheit."

„Du willst ja nur, dass ich hierbleibe", antwortete sie trotzig. Er schaute sie lange an.

„Da hast du wohl Recht", sagte er, „du bist meine Tochter und ich will nicht, dass du verletzt wirst."

„Warum hast du mich dann nie gegen Mama und Jochen verteidigt?", fragte sie hitzig. Er schaute beschämt zu Boden.

„Du bist so mutig, Mia", flüsterte er. „Wenn ich nur wäre wie du ... Ich bin zu schwach! Ich komm' einfach nicht gegen sie an! Verzeih mir." Mia sah ihren Vater an. Warum nur mutierte er in solchen Augenblicken immer zum Schaf? Sie ging zu ihm und umarmte ihn.

„Du bist du, Papa", sagte sie zärtlich. „Ich habe dich lieb." Er drückte sie an sich.

„Ich habe dich auch sehr lieb, mein Schatz." Er atmete tief durch, um sich zu fassen. „Was ist mit deinem Job?" Mia machte eine wegwerfende Bewegung mit der Hand.

„… ist Geschichte!", antwortete sie. Er seufzte.

„Das habe ich befürchtet. Und was hast du jetzt vor?"

„Ich fahr zu dem Konzert nach Hamburg und da such ich mir dann einen neuen Job. Ich lass dann von mir hören." Er schaute sie liebevoll an.

„Pass gut auf dich auf, mein Mädchen", sagte er leise. „Ich wünsche dir so sehr, dass du ehrliche Menschen triffst, die genau das leben, was du dir wünschst." Mia umarmte ihn, küsste ihn und rannte überstürzt hinaus. Tränen liefen ihr über die Wangen. Der Abschied von ihrem Vater tat weh.

„Jetzt hast du, was du wolltest", sagte sie zu ihrer inneren Rebellin, „wenn auch viel schneller, als ich wollte. Was machen wir als nächstes?"

„Wir gehen zu Wickermann und seinen lausigen Söhnen. Mal sehen, ob der uns in diesem coolen Outfit arbeiten lässt."

2005

„Deine Eltern haben dich rausgeschmissen?", fragte Mehmet ungläubig.

„Meine Mutter", korrigierte sie.

„Das wäre in einer türkischen Familie nicht passiert", sagte er. „Da hätte der Vater die Tochter so lange geschlagen, bis sie wieder gewusst hätte, wie sich eine ehrenhafte Frau zu verhalten hat." Mia schaute ihn ungläubig an.

„Das ist nicht dein Ernst!"

„Doch, das ist mein Ernst, Mia. In konservativen türkischen Familien wird eine Tochter, die sich unpassend verhält, heute noch von ihrem Vater oder ihren Brüdern ermordet. Das passiert sogar in Deutschland." Er sah ihr erschrockenes Gesicht und beeilte sich zu sagen: „Das lehne ich natürlich ab, verstehst du? Aber, das steht doch immer wieder in der Zeitung. Hast du das nie gelesen?"

„Doch", gab Mia zu. „Ich erinnere mich und ich finde das barbarisch!"

„Ich bin ganz deiner Meinung. Ich würde meiner Tochter nur den Arsch versohlen!" Mia schaute ihn entsetzt an und Mehmet brach in schallendes Gelächter aus. „Das war ein Spaß, Mia! Ich würde zu gerne wissen, wie du damals ausgesehen hast. Gibt es ein Foto?", fragte er. Sie sah ihn unsicher an. So ganz hatte er sie noch nicht überzeugt.

„Klar! Es gibt viele Fotos. Der Vater meiner Kinder war Fotograf", antwortete sie schließlich, kramte in ihrer Handtasche, zog ein Fotomäppchen hervor, blätterte eine Seite auf und hielt es ihm hin. „Das war zu Davids drittem Geburtstag", erklärte sie. „Jake, mein Exmann, hat jedes Jahr ein Foto von unserer Familie gemacht." Mehmet betrachtete das Bild.

„Was ist mit deinem Mann?", fragte er.

„Fand eine andere Frau cooler als mich", antwortete sie.

„Idiot", meinte Mehmet.

„Meinst du?", fragte sie.

„Mia, du bist eine tolle Frau", sagte er, „auch wenn ich keine Beziehung mit dir will. Wir leben in unterschiedlichen Welten und das würde nicht gutgehen." Sie wirkte erleichtert.

„Du bist ein attraktiver, sehr netter Mann, Mehmet, aber mir geht es genauso."

„Dann sind wir uns in diesem Punkt also einig", stellte er fest. „Und jetzt will ich wissen, warum du deinen Job verloren hast."

„Oh je", meinte sie. „Das, was ich da gebracht habe, hätte ein türkisches Mädchen bestimmt nicht überlebt."

1986

Ganz so selbstbewusst wie ihre innere Rebellin war Mia nicht, als sie die Tür zum Bürogebäude von Wickermann & Söhne öffnete. Doch eigentlich war jetzt sowieso alles egal! Sie hatte die Fahrkarte nach Hamburg schon gekauft und der einzige Grund, hier aufzuschlagen, war, fristlos entlassen zu werden. Es wurde Zeit, dass sie diesem wicked man Wickermann endlich sagte, was sie von ihm hielt. Das war sie sich schuldig. Uschi, die an der Rezeption saß, fuhr vor Schreck zusammen. Dann plusterte sie sich auf und rief:

„Sie haben hier nichts zu suchen! Verlassen Sie sofort das Gebäude, sonst hole ich den Wachdienst!" So also reagierten die Spießer auf ihr Äußeres! Und dabei war sie immer noch Mia, die nur etwas anders aussah und sich endlich so zeigte, wie sie wirklich war.

„Reg dich ab, Uschi", sagte sie, „erkennst du mich nicht?" Der Frau klappte die Kinnlade herunter.

„Mia?! Du? In diesem Aufzug? Was soll das?"

„Nichts, Uschi, ich komm' zum Arbeiten", antwortete sie, als sei das alles vollkommen normal.

„Mia, weiß dein armer Vater, wie du dich hier aufführst?"

„Ja, Uschi, mein Vater weiß Bescheid. Ich geh jetzt hoch."

„Das würde ich an deiner Stelle nicht tun. Zieh dich um

oder lass dich krankschreiben, sonst kriegt Wickermann einen Schlaganfall."

„Von mir aus gerne", antwortete sie, ließ Uschi stehen und ging die Treppe hoch. Sie sah, dass die Frau hektisch nach dem Telefonhörer griff. Wickermann würde vorbereitet sein.

Bevor sie die Tür zum Büro öffnete, zündete sie sich eine Zigarette an. Dann nahm sie einen tiefen Zug, atmete durch, gab sich einen Ruck und trat ein. Es war Zeit, den letzten Akt bei Wickermann & Söhne einzuleiten.

Die Kolleginnen und Kollegen blickten auf. Einigen blieb der Mund offenstehen, andere ließen Ausrufe des Erstaunens hören. Mia ging zu ihrem Schreibtisch, ließ den Rucksack zu Boden fallen, hängte die Tasche über die Stuhllehne und setzte sich.

„Mia, bist du das?", fragte Fräulein Hausmann unsicher, die am Schreibtisch neben ihr arbeitete und den Wickermannschen Dresscode mit einem makellosen Dutt zur Vollendung führte.

„In Person", antwortete Mia, nahm betont lässig ihren Walkman aus der Tasche, stöpselte den Kopfhörer ein und begann, im Takt auf dem Stuhl zu wippen. Dann nahm sie eine Rechnung vom Tisch und las sie aufmerksam durch. Die Asche ihrer Zigarette schnippte sie auf den Boden, was ein kollektives entrüstetes Schnaufen der Anwesenden hervorrief.

So einfach war es, die Spießer zu provozieren?

„Unterdrücken, das kannst du mich nicht, auch wenn du es immer die ganze Zeit versuchst. Du weißt, dass ich glaub', du bist nicht ganz dicht. Mir is' das jetzt zu viel und ich hab genug", tönte Nina Hagen in ihren Ohren. Wie passend. Mia

66

entschied sich, laut mitzusingen. Sie konnte davon ausgehen, dass ihr Gesang das Interesse der Kollegen steigerte, wenn das überhaupt noch möglich war. Und der Chef würde auch nicht lange auf sich warten lassen.

Wie erwartet sprang die Tür von Wickermanns Büro auf. Er stürmte wie ein angriffslustiger Stier auf Mia zu, mit hochrotem Kopf und einer zu einer wütenden Grimasse verzerrten Miene. Ihr Herzschlag beschleunigte sich. Im Gegensatz zum Torero in der Stierkampfarena war sie nur mit ihrer Musik und ihrer Wahrheit bewaffnet. Doch sie kämpfte nicht allein! Nina Hagen erwies sich als treue Verbündete.

„Du willst mich so wie alle sind, nein, nein, du altes Schwein. Du merkst nicht, dass ich anders bin, hau ab, you fool of crub!" Sie entschied sich für eine Flucht nach vorn und sang die Strophe laut mit, vom entsetzten Raunen der Kollegen begleitet. Wickermanns Gesicht verfärbte sich ins Violette.

„Sie", keuchte er, „Sie sind entlassen! Fristlos! Verschwinden Sie! Sofort! Wachmann! Wachmann!" Seine Stimme überschlug sich.

„Nicht nötig, Wickermann", antwortete Mia. Doch der Wachmann, den Uschi vorsichtshalber gerufen hatte, betrat schon das Großraumbüro und kam drohend auf sie zu. Die Kollegen ließen sie nicht aus den Augen. Sie schienen die Show zu genießen, einige suhlten sich in ihrer eigenen Rechtschaffenheit, andere in fassungslosem Entsetzen. In den Augen vieler männlicher Kollegen nahm sie ein begehrliches Funkeln wahr.

„Diese, diese Frau hat hier nichts mehr zu suchen", keuchte Wickermann am Ende seiner Kräfte und zeigte mit zitterndem Zeigefinger auf Mia. Diese stand auf, setzte ihren Rucksack auf, nahm einen letzten Zug aus ihrer Zigarette und trat die Kippe mit dem Absatz ihres roten Stiefels auf dem Boden aus. Die Kollegen seufzten. Ohne auf den Wachmann zu achten, der sich drohend vor ihr aufbaute, hängte sie ihre Tasche über die Schulter und steckte den Walkman in die Jackentasche.

Nina Hagen hatte in der Zwischenzeit eine wirklich passende Strophe erreicht, Mia blickte Wickermann tief in die Augen und sang: *„Schätzchen, wir müssen auseinander geh'n, tschau, tschau, du alte Sau."*

„Das ist unerhört!", kreischte Fräulein Hausmann. Der Wachmann griff grob ihren Arm und zerrte sie zur Tür. Sie riss sich los und stolzierte hoch erhobenen Hauptes hinaus in die Freiheit.

2005

„Krasser Scheiß, Mia", meinte Mehmet. „Du hältst nichts von Kompromissen." Sie lächelte.

„Heute ist das anders", sagte sie. „Heute bin ich erwachsen. Komm, lass uns noch mal tanzen!" Er stand langsam auf und sie war sich nicht sicher, ob er wirklich noch so gerne mit ihr tanzte wie vor ihrer Beichte.

Der Russe

2005

Hamit beriet sich lange mit seinem Bruder Mehmet. Sie gelangten zu der Überzeugung, den Russen eine Grenze setzen zu müssen.

„Die nehmen uns sonst nicht ernst!", beschwerte sich Hamit. „Der Junge wird regelrecht beschattet und stell dir vor, wenn die ihn zusammen mit Hasan sehen! Die Russen sind gefährlich. Die schießen!"

„Dann werden wir ihnen zuvorkommen", beschloss Mehmet. „Ruf Onkel Cem in Izmir an. Er hat die richtigen Verbindungen." Und genau das tat Hamit.

Einige Tage später klingelte sein Handy. Der Profi stellte sich nicht vor, sondern beschränkte sich auf die notwendigen Informationen.

„Ich brauche ein Foto der Zielperson. Überweis die Hälfte der Kohle auf mein Konto. Den Rest will ich bar, wenn der Auftrag erledigt ist. Ich schick einen Kollegen zum Abholen."

„Wo gebe ich dir das Foto?", fragte Hamit.

„Leg es auf den Handtuchhalter vom Männerklo im CLASH", sagte der Profi.

„Du warst im CLASH?", fragte Hamit vorwurfsvoll. „Du hättest dich ruhig bei uns melden können. Immerhin zahlen wir dich." Der Mann schnaufte.

„Amateur! Sei froh, dass ich Cem noch etwas schulde und stell keine blöden Fragen mehr, verstanden?" Danach unterbrach er die Verbindung und Hamit kam sich reichlich dumm vor. Der Profi hatte Recht! In dieser Liga spielte er nicht. Noch nicht.

Der Killer untersuchte das Gelände genau. Er wählte das Fenster, aus dem er schießen würde und legte die Parkbucht fest, in die die Zielperson fahren sollte. Dann maß er mit einem Lasergerät die Entfernung bis zum Parkplatz. Es waren ca. 800 Meter. Wenn er den Winkel abzog, der sich durch seinen Standort im zweiten Stock bis zum Zielobjekt ergeben würde, blieb eine Weite von 785 m. Diese Entfernung legte sowohl die Waffe als auch die Munition fest.

Er entschied sich für ein Präzisionsgewehr von Ruger, ein ausgezeichnetes Gewehr, das er deshalb bevorzugte, weil es nur 4,5 kg wog und weil der Klappschaft ermöglichte, das Gewehr in einer relativ kleinen, unauffälligen Tasche zu transportieren. Er würde creedmoor 6.5 Munition verwenden. Damit hatte er bisher die besten Ergebnisse erzielt, vor allem bei One-shot-one-kill-Aufträgen wie diesem.

Auf den Schalldämpfer verzichtete er. Er würde auf diese weite Entfernung an Präzision verlieren und er hatte nur diesen einen Schuss. Die Kugel brauchte 1,5 Sekunden, um ihr Ziel zu treffen. Der Schall war doppelt so lange unterwegs und dann war der Russe schon längst tot, wenn überhaupt jemand auf den Schuss achtete, denn es war laut vor der Disko. Wenn das Wetter gut war, ließen sie nachts die Türen offen stehen. Das hatte er bei seinem letzten Besuch herausgefunden. Das Wetter würde gut sein: kein Regen und kein Wind. Diese Faktoren musste er für den morgigen Abend nicht berücksichtigen.

Um den Russen zur Diskothek zu locken, unterbreitete er ihm ein unwiderstehliches Angebot. Er gab sich als Lieferant einer neuen synthetischen Droge aus und nannte einen so interessanten Preis, dass der Russe nicht ablehnen konnte. Um den Deal vorzubereiten, schlug der Profi das CLASH vor. Der Russe akzeptierte.

In der Nacht, in der er seinen Auftrag erledigen sollte, bereitete er den Parkplatz vor. Er hatte ein paar Jungs, die gerne in seiner Organisation arbeiten wollten, Geld gegeben. Sie besetzten die erste Reihe der Parkbuchten mit ihren Autos, und sobald sein Kollege per SMS melden würde, dass der Russe eingetroffen war, würde einer der Jungs sein Auto aus der besagten Bucht fahren. So würde der Russe genau dort parken, wo er parken sollte.

Bereits eine Stunde vorher knackte er das Vorhängeschloss, das die Tür auf der Rückseite der leerstehenden Fabrikhalle sicherte. Niemand hatte ihn beachtet, da sein Kollege vorsichtshalber mit einem der Gäste vor der Diskothek einen lautstarken Streit anzettelte, um die Aufmerksamkeit der Leute auf sich zu ziehen. Er begab sich in den Raum im zweiten Stock, öffnete das Fenster und bestimmte seine Position. Dann stellte er ein zweibeiniges Stativ auf und setzte sich auf einen Klappstuhl, weit genug vom Fenster entfernt, sodass er von unten nicht gesehen werden konnten. Kurz nach Mitternacht vibrierte sein Handy.

„Er ist da", lautete die SMS des Kollegen. Wenig später

lenkte der Junge seinen Wagen aus der Bucht und der Russe fuhr hinein. Der Profi blickte durch sein Zielfernrohr. Er visierte die Stirn seines Opfers an und dann drückte er ab. Genau 1,5 Sekunden später durchschlug die Kugel die Windschutzscheibe, traf die Zielperson mitten in die Stirn, durchschlug die Kopfstütze und das Heckfenster und blieb dreihundert Meter weiter im Stamm einer Kiefer stecken.

Der Killer klappte sein Stativ und seinen Hocker zusammen, legte die Waffe ins Futteral und verstaute alles in einer unauffälligen Sporttasche. Dann verließ er den Raum durch dieselbe Tür. Er ließ den Bügel des Vorhängeschlosses wieder zuschnappen. Sein Kollege bog mit dem Audi in die Straße ein und hielt direkt vor der Tür. Ein Briefumschlag lag auf dem Beifahrersitz. Der Profi nahm den Briefumschlag, stieg ein und tippte eine Nummer.

„Auftrag ausgeführt", sagte er und unterbrach die Verbindung. Dann zählte er die Scheine. Der Betrag stimmte. Eine Stunde später fuhren sie auf ihrem Weg nach Österreich in Lindau an eine Tankstelle. Der Profi nahm die Handys, mit denen er und sein Kollege telefoniert hatten, entnahm ihnen die Prepaid-Karten und entsorgte die Handys in einen Gulli. Die Prepaid-Karten warf er in die Toilette und zog zweimal ab. Zuletzt kaufte er eine Autobahnvignette und klebte sie an die Frontscheibe. Das fehlte noch, dass ein österreichischer Sheriff sie wegen fehlender Vignette aus dem Verkehr zog!

Wenig später fuhren sie über die Grenze. Wie praktisch, dass hier niemand mehr kontrollierte. In Wien würden sie das Flugzeug nach Istanbul besteigen und das mit anderen Pässen als denjenigen, mit denen sie eingereist waren. Ihre Spuren würden sich verlieren, wenn es der deutschen Polizei überhaupt gelang, irgendwelche Spuren zu finden. Doch er ging immer auf Nummer sicher, denn er war Profi, im Gegensatz zu seinen Auftraggebern.

Mehmet Öztürk wischte sich den Schweiß von der Stirn. Er rief seinen Onkel Cem in Izmir an.

„Onkel", sagte er, „ich hab eine Lieferung Zitronen aus Antalya bekommen. Ich hab sie schon bezahlt. Nächste Woche erhältst du eine Lieferung Waschmaschinen. Dann sind wir quitt." Dann wählte Mehmet die 110.

„Polizeinotruf", meldete sich eine weibliche Stimme.

„Hier ist Mehmet Öztürk", sagte er und achtete darauf, aufgeregt zu klingen. „Vor meiner Diskothek ist ein Mann erschossen worden." Nachdem er seine Daten hinterlassen hatte, verließ er das geheime Büro, das nur wenige Vertraute kannten, und ging hinüber in die Diskothek. Cafer, sein Türsteher, erwartete ihn schon.

„Krasser Scheiß!", sagte er. „Der ist voll tot, der Russe!"

„Halt die Fresse, Cafer", antwortete seine Chef. „Gleich kommen die Bullen. Du hast nichts gesehen, verstehst du?"

„Klar, Chef!", bestätigte Cafer.

Mehmet ging zur Bar und genehmigte sich einen Whiskey. Dann ging er hinaus, um dort auf die Polizei zu warten.

Die Kollegen von der Schutzpolizei waren als erste vor Ort. Sie schickten Mehmet Öztürk und die Gäste, die sich im Freien befanden, zurück in die Diskothek. Während Andi den Tatort mit rotweiß gestreiftem Absperrband sicherte, nahm Frank sein Funkgerät und rief:

„Frank für Zentrale, bitte kommen."

„Zentrale hört. Was gibt's Frank?", hörte er Anjas Stimme.

„Wir haben hier eine männliche Leiche, erschossen in seinem Auto, wahrscheinlich aus großer Distanz", berichtete Frank. „Kannst du uns eine Tatort-Ermittlungsgruppe zur Diskothek CLASH schicken, die liegt ..."

„Ich weiß, wo das CLASH ist", unterbrach ihn Anja. „Mach ich gleich. Soll ich Stefan anrufen?"

„Gerne", bedankte sich Frank. „Von dir lässt er sich sicher lieber aus dem Bett schmeißen als von mir." Er hörte ihr Lachen.

„Wenn du meinst. Braucht ihr Verstärkung?", fragte sie.

„Nein, hier ist alles ruhig. Ich melde mich später. Over and out!"

„Bis später, Kollege", antwortete sie.

Als sein Diensthandy klingelte, erlebte Kriminalkommissar Stefan Mangold gerade einen besonders schönen Traum. Er saß mit seiner Frau Lene eng umschlungen auf einer weißen Bank auf einer sonnigen Terrasse, und beide schauten glücklich auf ein tiefblaues Meer. Zwei Traumsekunden lang versuchte er, das Klingeln in diesen inneren Film zu integrieren, indem der Träumende sein Handy aus der Tasche zog und auf das Display schaute. Schon löste sich Lene von ihm, vergeblich versuchte er, sie festzuhalten, doch das Klingeln zog ihn unerbittlich in die Realität. Er zwang sich, die Augen zu öffnen und tastete neben sich nach dem Telefon.

„Ja?", krächzte er.

„Es tut mir leid, ich muss dich wecken", hörte er Anja. Stefan seufzte. Sie hatte keine Ahnung, wie leid es ihm tat, die so selten gewordenen glücklichen Augenblicke mit Lene einem Verbrechen opfern zu müssen. Denn etwas anderes konnte nicht geschehen sein. Er räusperte sich.

„Was ist passiert?", fragte er.

„Ein Toter vor der Diskothek CLASH. Erschossen. Andi und Frank sind vor Ort und haben abgesperrt, die Tatort-Ermittlungsgruppe ist auf dem Weg. Jetzt fehlst nur noch du!"

„Ich bin in zehn Minuten da", antwortete Stefan, unterbrach die Verbindung und schwang sich gleichzeitig aus dem Bett. Er lief ins Bad, drehte den Wasserhahn auf, hielt den Kopf darunter, griff nach dem Handtuch und trocknete sich ab. Aus dem Spiegel sah ihm ein müdes Gesicht entgegen, einsam und traurig. In der Realität, in die ihn das klingelnde Handy katapultiert hatte, musste er ohne seine Lene weiterleben. Ein betrunkener Autofahrer hatte ihr Leben vor zwei Jahren ausgelöscht. Wie hatte er den Traum genossen!

Er zog die Jeans an, einen Pulli und die Lederjacke. Es war zwar Sommer, doch wenn er lange herumstehen musste, konnte es kühl werden. Erst im Auto merkte er, dass er die Socken vergessen hatte. Egal! Er fuhr los.

Die Leute des Tatort-Ermittlungsteams waren vor ihm eingetroffen. Sie hatten ihre Lampen bereits aufgestellt und die Parkbucht, in dem der schwarze Sportwagen stand, hell erleuchtet. Schon von weitem sah er, dass die Frontscheibe des Autos geborsten war.

„Guten Abend, Stefan", begrüßte ihn Andi. Er trug Handschuhe und auch Stefan streifte sich welche über. Zu diesem Zeitpunkt beherrschten die Kriminaltechniker die Szene und er hütete sich, Anlass zur Kritik zu geben. Die Fahrertür des Porsches stand offen und er trat näher an den Mann heran, auf dessen Stirn ein roter Punkt prangte. Einige wenige Tropfen Blut waren ausgetreten.

„Hat der Dok ihn schon gesehen?", fragte Stefan.

„Ja. Er hat bestätigt, dass der Mann tot ist. Dazu hätten wir nicht wirklich einen Arzt gebraucht, deshalb ist er auch gleich wieder verschwunden. Er meinte, der Todeszeitpunkt sei durch den Notruf bekannt. Alles weitere nach der Obduktion. Du kennst den Text."

„Wer hat den Notruf abgesetzt?"

„Der Inhaber, Mehmet Öztürk. Er wartet in der Disko auf dich." Stefan nickte. Er konnte sich auf sein Team verlassen.

„Wissen wir etwas über die Identität des Mannes? Sind Papiere gefunden worden?", fragte er.

„Nein", sagte Andi. „Doch ich wette, wir haben es mit einem prominenten Mitglied der Unterwelt zu tun. Ein guter Killer ist nicht gerade billig. Da wollte jemand auf Nummer Sicher gehen! "

„Gut. Wenn ihr fertig seid, dann lasst die Leiche in die Gerichtsmedizin nach Ulm transportieren. Der Wagen bleibt bei uns. Die Spuren werten wir selbst aus, wenn es überhaupt welche gibt."

„Alle klar, Stefan. Wir haben die Personalien der Gäste und der Mitarbeiter aufgenommen. Viele waren es nicht mehr. Die meisten sind gegangen, als bekannt wurde, dass hier jemand erschossen wurde."

„Hätte ich auch gemacht", sagte Stefan. „Leichen drücken die Stimmung. Kann ich bestätigen. Ich geh dann mal rein und befrage den Inhaber. Sobald die Techniker fertig sind, könnt ihr auch abziehen." Er winkte Andi zu und verschwand in der Disko.

Soko „Diskomord"

Kriminalkommissar Stefan Mangold von der Ravensburger Polizei war gerne Polizist. Schon sein Vater war Polizist gewesen und er hatte seinen Vater bewundert. Die Leute nannten ihn „Schutzmann" und auch Stefan gefiel die Vorstellung, Menschen beschützen zu können. Die Menschen brauchten Schutz: Es gab viel zu viele, die das Recht mit Füßen traten, die sich nahmen, was sie wollten, sich an fremdem Eigentum bedienten und die Schwächeren unterdrückten. Stefan fand das überhaupt nicht in Ordnung und so war sein Berufswunsch klar gewesen: Auch er wollte Polizist werden.

Die Schule war nicht so sein Ding gewesen. Er hatte sich nicht besonders angestrengt und nach der Mittleren Reife war er bei der Streifenpolizei eingestiegen. So lernte er den Job von der Pike auf und auch nachdem er an der Polizeihochschule studiert und in den gehobenen Dienst gewechselt hatte, blieb ihm der Respekt vor den Kollegen auf der Straße. Sie mussten Situationen in Bruchteilen von Sekunden korrekt einschätzen, um richtig reagieren zu können. Wenn sie sich irrten, bezahlten sie das zuweilen mit dem Leben, wie die Kollegen, die in den siebziger Jahren

in der Zeit der RAF im Dortmunder Süden einen Kontroll-
gang durch ein Wäldchen gemacht hatten, weil sich ein Bürger über Krach im Wald beschwerte. Sie hatten nicht wissen
können, dass dort der gesuchte Terrorist Christian Klar sein
Schießvermögen trainierte und sie waren von ihm erschossen worden.

Dass er jetzt Leiter der Soko „Diskomord" war, verdank-
te Stefan sowohl seiner großen Erfahrung, als auch seiner
Fähigkeit, ein Team zu leiten. Er hatte psychologische Fort-
bildungen besucht und sich zum systemischen Berater aus-
bilden lassen, um seine Sozialkompetenz und seine Fähig-
keiten im Krisenmanagement zu erweitern. Und so wurde
er immer dort eingesetzt, wo schwierige Situationen zu befürchten waren und dies hier konnte eine extrem schwierige
Situation werden. Stefan seufzte.

Als ob sie nicht schon genug zu tun hatten mit den Kri-
minellen der Region, die sich auf Einbrüche und Diebstähle
spezialisiert hatten, vor Kapitalverbrechen jedoch glücklicherweise meist zurückschreckten! Die Mafia beherrschte
den Markt mit den harten Drogen und gefälschter Marken-
ware. Das wusste die Polizei und sie wusste auch, wer die
Geschäfte steuerte. Trotzdem verstand es die Ndrangheta,
dem Chef der „Familie" eine blütenweiße Weste zu verschaffen.

Sandro Vottari war ein ehrenwerter Geschäftsmann, der
eine Pizzeria mit Namen „Kalabrese" in der Altstadt führte.
Obwohl Stefan es schlimm fand, nichts gegen Vottari in der
Hand zu haben, war die „Familie" einschätzbar. Der italienischen Mafia ging es in Ravensburg vor allem darum, in
Ruhe das durch illegale Geschäfte verdiente Geld zu waschen. Doch jetzt drängten neue Gruppen auf den Markt:

Türken und neuerdings auch die Russen. Je mehr sich der Osten öffnete, umso leichter gelangten diese Banden nach Süddeutschland und das bereitete ihm wirklich Sorgen.

Und nun dieser Mord! Der Mann war kurz nach Mitternacht erschossen worden und um diese Zeit waren viele Leute auf dem Gelände unterwegs gewesen. Trotzdem gab es keine Zeugen: Niemand hatte irgendetwas gesehen! Die Überwachungskamera der Diskothek, die den Parkplatz hätte zeigen können, war ausgerechnet diese Woche in Reparatur gewesen. Irgendwelche Jugendliche hatten sie zerstört. Mehmet Öztürk, der ihm den Reparaturauftrag gezeigt hatte, verdächtigte die Sprayer.

„Die kleinen Scheißer machen, was sie wollen. Wieso tut ihr nichts dagegen?", hatte er gefragt, auf die besprühten Wände gezeigt und anklagend geschaut. Stefan glaubte ihm kein Wort. Doch das zählte nicht. Die Staatsanwaltschaft brauchte Fakten, und Fakt war, dass genau die relevante Überwachungskamera in Reparatur gewesen war und er deshalb keine Bilder hatte.

Der Russe war regelrecht hingerichtet worden. Der Schütze musste sich in einem der verlassenen Gebäude gegenüber der Diskothek befunden haben. Die Kollegen von der BFE – der Beweissicherungs- und Festnahmeeinheit – durchkämmten dort Raum für Raum und würden ihm bald mehr dazu sagen können. Fest stand, dass der Killer ein Profi war, denn nur Profis trafen auf diese Entfernung so präzise.

Die Identität des Ermordeten hatten sie gleich feststellen können. Sergej Blankov war in Berlin erkennungsdienstlich behandelt worden, weil er verdächtigt wurde, an einer Serie von Wohnungseinbrüchen beteiligt gewesen zu sein, doch man hatte ihm nichts nachweisen können.

Es klopfte und seine Kollegin Hanna steckte den Kopf herein.

„Darf ich dich stören, Stefan?"

„Du störst mich nie", antwortete er, „das weißt du doch." Sie lächelte, trat ein und ließ sich auf dem Stuhl vor seinem Schreibtisch nieder. Er mochte die hübsche durchtrainierte Kollegin, die ihre braunen langen Haare im Dienst zu einem festen Zopf flocht. Sie war die einzige Frau in der hiesigen Gruppe der BFE.

„Ich bringe Ergebnisse!", sagte sie. „Wir haben den Raum gefunden, von dem aus Blankov erschossen wurde. Der Winkel kommt hin. Und wir haben sogar die Kugel gefunden. Wir hatten Glück, dass 300 Meter hinter dem Auto eine Kiefer stand. Wenn es eine Eiche gewesen wäre, hätten wir das Kaliber nicht identifizieren können. Es ist creedmoor, Kaliber 6.5, Munition für ein Scharfschützengewehr. Es kann eine Remington oder eine Ruger gewesen sein, doch das können wir natürlich nicht mit Sicherheit sagen." Sie legte ihm ein Foto auf den Tisch.

„Er hat ein Stativ benutzt und einen Klappstuhl. Wir haben die Abdrücke auf dem Boden vor dem Fenster gefunden. Es ist ziemlich staubig da." Stefan nahm die Fotos auf und betrachtete sie eines nach dem anderen.

„Ein Schuss", sagte er nachdenklich, „ein Schuss hat dem Killer gereicht, um Blankov zu töten. Und er wusste, dass er nur einen Schuss brauchen würde. Mit wem haben wir es zu tun, Hanna? Ich hab kein gutes Gefühl!" Sie sah ihn an. Stefan war einer der wenigen Männer, der nicht nur von Fakten, sondern auch von Gefühlen sprach. Und das machte ihn gleichzeitig sympathisch und erfolgreich.

„Ich fürchte auch, dass die ruhigen Zeiten vorbei sind",

sagte sie. „Denn ich habe noch mehr." Sie legte ihm weitere Fotos auf den Schreibtisch. Stefan seufzte. Sie zeigten die Tattoos, mit denen der Russe seinen Körper verziert hatte. Stefan erkannte deren Bedeutung sofort.

„Blankov war also Mitglied der Samarowskaja. Die russische Mafia in Ravensburg! Die hat uns gerade noch gefehlt." Hanna nickte.

„Ich hab mit einem Kollegen aus Berlin telefoniert", berichtete sie, „und mich vergewissert, dass ich die Tätowierungen richtig interpretiere. Sie werden in russischen Gefängnissen gestochen und sind so eine Art Lebenslauf." Sie zeigte auf das Kruzifix, das die Brust des Toten zierte. „Dieses Kreuz bedeutet, dass er Mitglied der Mafia war. Diese Tätowierung", sie deutete auf ein Foto, das einen Dolch zeigte, der durch den Hals stach, „bedeutet, dass er zu dem Zeitpunkt, als das Tattoo gestochen wurde, bereits sieben Menschen umgebracht hatte. Und hier ...", sie zeigte auf ein Foto von einer Frau, die ihr Kleid mit einem Angelhaken hochhielt, „dieses Tattoo bedeutet, dass er Frauen vergewaltigte. Ein netter Zeitgenosse, dieser Sergej Blankov!" Sie sah Stefan herausfordernd an.

„Du meinst doch nicht etwa, dass da jemand der Menschheit einen Gefallen getan hat?", fragte er. Hanna grinste.

„Wenn einer mich kennt, dann du. Nein, natürlich nicht, obwohl mir der Gedanke tatsächlich in den Sinn kam. Doch diejenigen, die den Auftrag für den Mord gegeben haben, sind natürlich auch keine Chorknaben."

„Worauf du dich verlassen kannst. Was bedeutet der Stern?"

„Er hat sieben von acht möglichen Zacken. Das bedeutet, dass er einen höheren Rang in der Samarowskaja innehatte. Er war nicht ihr Anführer, eher so eine Art Abteilungsleiter für die Region Oberschwaben." Jetzt sah sie besorgt aus. „Stefan, die haben doch bisher nur in Berlin ihr Unwesen getrieben? Was wollen die hier bei uns?"

„Geld verdienen", antwortete er trocken. „Oberschwaben ist eine reiche Region. Und hier gibt es genügend Nachwuchs. Ich hab gelesen, dass die Samarowskaja ihre Mitglieder in Deutschland aus jugendlichen Russlanddeutschen rekrutiert, die hier nicht klarkommen. Du weißt, wie viele Russlanddeutsche sich hier angesiedelt haben."

„Das sind doch nette Familien, die hart arbeiten", stellte Hanna fest.

„Es sind ja nicht die Väter, sondern die Söhne, die Schwierigkeiten machen. Die Jungs stammen aus winzigen Dörfern und landen quasi über Nacht im Paradies. Klar, dass die alles haben wollen – Klamotten, Computer und Handys – und welcher Teenager arbeitet schon gern? Lieber sind sie Drogenkuriere für die Mafia; das ist leicht verdientes Geld. Ich selbst war in dem Alter auch sehr faul", fügte er hinzu, „sonst wär ich heute Anwalt oder Arzt und würde richtiges Geld verdienen."

„Und das wär' richtig schade", meinte Hanna lächelnd. Dann wurde sie schlagartig wieder ernst. „Ich wüsste zu gern, ob es die Türken sind, die sich mit den Russen angelegt haben, oder die Italiener."

„Ich glaube eher, die Türken", antwortete Stefan. „Blankov wurde vor dem CLASH erschossen."

„Aber würden die Türken ihren Feind vor dem eigenen Lokal ermorden?", fragte Hanna nachdenklich.

„Das hab ich mich auch schon gefragt", antwortete er. „Vielleicht wollten sie ein Zeichen setzen und ihren Herrschaftsbereich klar abstecken. Oder sie bauen darauf, dass wir das für unwahrscheinlich halten und wollen damit den Verdacht auf die Italiener lenken. Ich trau Mehmet Öztürk jedenfalls nicht über den Weg. Der lügt, wenn er den Mund aufmacht. Doch das müssen wir ihm nachweisen. An die Arbeit, Hanna! Ich kümmere mich um die Italiener." Er stand auf und zog sich seine Lederjacke an.

„Und ich werde mir die Aufnahmen der Überwachungskamera aus der Diskothek noch einmal genauer ansehen. Vielleicht ist ja doch jemand Bekanntes dabei", sagte Hanna. Gemeinsam verließen sie das Büro.

Stefan trat aus der Tür und folgte der Blechlawine auf dem Weg in die Altstadt. Heute war Markt, und immer dann stauten sich die Autos vor der Tiefgarage. Auf dem Marienplatz reihten sich die Marktstände aneinander, es roch nach gebratener Wurst und nach Dinnete, einer Art schwäbischer Pizza. Stefan lief das Wasser im Mund zusammen, denn er liebte schwäbisches Essen. Doch er war dienstlich unterwegs.

Er überquerte den Platz und bog in eine schmale Gasse ein. Das „Kalabrese" befand sich im Erdgeschoss eines der älteren Häuser. Einige Tische standen draußen in der Sonne, doch Stefan ging hinein, obwohl er viel lieber Licht und Wärme genossen hätte.

Drinnen waren nur wenige Tische besetzt. Er ging an der Theke mit den Antipasti vorbei und wählte einen Tisch in einer Ecke. Der Kellner sah ihn aufmerksam an, als er ihm die Speisekarte brachte, notierte sich seine Bestellung und verschwand in der Küche. Nur wenig später tauchte Vottari auf.

„Immer eine Freude, Sie bei mir zu sehen, Commissario Stefano", sagte er mit einem Lächeln, mit dem man die ganze Stadt hätte beleuchten können. Er brachte ihm die Pizza und den trockenen Hauswein, den sich Stefan genehmigte. Danach entfernte er sich wieder, ganz der höfliche Gastgeber, der keinesfalls beim Essen stören wollte. Stefan dachte lieber nicht daran, dass die Ndrangheta auch sein Geld dazu benutzen würde, um die Einkünfte aus dem Handel mit Drogen, Prostitution und Fälschungen zu waschen. Stattdessen aß er seine Pizza, die nicht einmal so übel schmeckte.

Als er fertig war, tauchte Vottari wieder auf und setzte sich zu ihm. Er stellte eine Flasche Grappa und zwei Gläser auf den Tisch und schenkte ein.

„Von meinem Onkel Luigi, dem Bruder meiner Mutter aus San Vito di Luzzi", erklärte er. „Niemand macht so guten Grappa wie er." Er hob das Glas und sog den Duft der Flüssigkeit ein. „Eh, fantastico! So einen Grappa können Sie nicht kaufen. Per la salute, Commissario, auf Ihr Wohl." Und Stefan hob das Glas und stieß mit dem Paten der Ndrangheta an.

„Eh, was wollen Sie wissen? Wie kann ich der Polizei zu Diensten sein?", fragte Vottari mit einem ironischen Unterton. Stefan grinste.

„Signor Vottari, wo denken Sie hin? Ich hatte einfach Lust auf gute Pizza. Doch Spaß beiseite: Was läuft da zwischen den Türken und den Russen?"

„Commissario, keine Ahnung. Ich bin ein einfacher Geschäftsmann, der seine Steuern zahlt, onesti, ehrlich!", antwortete Vottari mit breitem Grinsen. Stefan hob sein Glas und prostete ihm zu.

„Ist vollkommen klar, Signor Vottari, vollkommen klar. Aber manchmal hört man das eine oder das andere …" Vottari schaute ihn ernst an.

„Das eine ist der tote Russe? Capisco! Und das andere ist der Killer, der den Russen umgelegt hat. Chiaro! Ich hab keine Ahnung, Commissario, wirklich nicht. Wer tut so etwas Böses!" Er blickte gen Himmel. Stefan nickte.

„Die Welt ist böse", bestätigte er, „und sie wird immer böser! Selbst hier in unserer Stadt." Vottari nickte nachdenklich.

„Ich kenne niemanden, onesto, niemanden, der einen Menschen töten würde", sagte er und schaute Stefan mit einem treuherzigen Blick an. „Ich kenne nur gentiluomini, Ehrenmänner. Tut mir leid, Commissario, wenn ich nicht helfen kann."

„Schon gut, Signor Vottari, schon gut", beschwichtigte Stefan.

„Aber wissen Sie, Commissario, wir haben einen neuen Mitbürger in dieser schönen Stadt", fuhr er fort und lächelte. „Olek Smirnov, auch ein sehr ehrenwerter Geschäftsmann, hat ein Haus gekauft. Ein großes Haus. Que bello, molto bello." Er verdrehte entzückt die Augen.

„Es ist immer gut, wenn man weiß, wer nach Ravensburg zieht", bestätigte Stefan. „Olek Smirnov. Wissen Sie, welche Geschäfte er betreibt, Signor Vottari?"

„No", beeilte sich der Italiener zu sagen, „das weiß ich wirklich nicht, onesto. Aber er verdient viel Geld, Commissario." Stefan nickte. Davon war er überzeugt.

„Die Pizza war ausgezeichnet", lobte er, „und so guten Grappa habe ich noch nie getrunken." Er deutete auf sein Weinglas. „Stammt dieser hervorragende Wein auch von Onkel Luigi?" Vottari schüttelte energisch den Kopf.

„No, den macht Onkel Allessandro, Mann der Schwester meines Vaters, in Sant Anna di Isola di Rizzeto. Auch diesen Tropfen können Sie nicht kaufen. Soll ich Ihnen ein Fläschchen einpacken, Commissario. Geht aufs Haus, chiaro!"

„Nein, danke", antwortete Stefan und zückte seinen Geldbeutel. „Ich bezahle."

„Immer korrekt, immer korrekt", bestätigte Vottari und brachte ihm die Rechnung.

Der Deal

Mia holte wie jeden Morgen die Schwäbische Zeitung aus dem Briefkasten. Sie setzte sich damit an den Frühstückstisch.

„Ach du lieber Gott! ‚Mord vor der Diskothek CLASH‘", las sie vor. „Ausgerechnet vor dem CLASH! Da war ich doch am Samstag tanzen." Sid sprang auf, schnappte sich die Zeitung und dann war er blass geworden, denn auf dem Foto des erschossenen Mannes erkannte er den Russen, der ihn schon einige Male daran gehindert hatte, seine Kunden zu beliefern.

„Was ist los?", fragte Nina, die bemerkte, wie sehr er sich erschrocken hatte.

„Ich glaub, ich hab den Typ schon mal gesehen", antwortete er, „ich meine den Mann, der erschossen worden ist."

„Was?", rief Mia entsetzt. „Du kennst solche Leute?"

„Nein, nein", beeilte sich der Junge, die Sache klarzustellen und ärgerte sich, dass ihm überhaupt etwas herausgerutscht war. „Ich bin dem einfach ein paar Mal auf der Straße begegnet. Ich kenn den nicht wirklich."

„Dann ist es ja gut", meinte Mia beruhigt. Nina schaute ihren Bruder an.

„Es ist gut, wenn du solche Leute nicht kennst, David",

sagte sie. „Die sind gefährlich." Sid zeigte ihr hinter dem Rücken seiner Mutter den Stinkefinger. Nina schaute ihn scharf an. Ihre Lippen formten ein Wort, ohne es auszusprechen. David wusste, was sie sagen wollte:

„Sechs!"

Mia, die von alledem nichts mitbekommen hatte, drängte:

„Jetzt lies endlich vor, was da steht." David setzte sich hin und las: „In der Nacht zum Samstag wurde auf dem Parkplatz der Diskothek CLASH ein Mann in seinem Auto erschossen. Bei dem Opfer handelt es sich um Sergej Blankov, einen russischen Staatsbürger, der von der Polizei mit Drogengeschäften und dem organisierten Verbrechen in Verbindung gebracht wird. Die Polizei gründete eine Sonderkommission, um den Mord aufzuklären. Kommissar Stefan Mangold, der Leiter der Soko, sagte auf der Pressekonferenz: ‚Wir sehen diesen Vorfall mit großer Sorge. Wir befürchten einen Bandenkrieg!' Der Besitzer der Diskothek, Mehmet Öztürk, äußerte sich besorgt über die Zunahme der Gewalt in Ravensburg. ‚Die Sicherheit meiner Gäste liegt mir am Herzen. Ich hoffe, die Polizei klärt den Fall so schnell wie möglich auf.'" Mia schauderte.

„Reiner Zufall, dass ich gestern Abend nicht dort war. Bandenkrieg! Das ist ja schrecklich. Der arme Mehmet. Das ist sicher schlecht fürs Geschäft." Sid sah sie an. Nur er wusste, dass das Geschäft für Mehmet und Hamit jetzt eher besser laufen würde. Doch das durfte er nicht sagen.

„Dann geh doch in eine andere Disko", schlug er stattdessen vor, denn ihm war nicht wohl bei dem Gedanken, dass seine Mutter dort tanzte.

„Im CLASH ist die Musik super", sagte Mia. „Das Publikum ist in Ordnung. Es gibt keine Alternative."

„Warum musst du jetzt ausgerechnet in die Disko gehen?", fragte Sid.

„Hast du Angst um mich oder bist du ein kleiner Spießer?", scherzte Mia und drückte ihrem Sohn einen Kuss auf die Stirn.

Nina betrachtete ihren Bruder, doch sie sagte nichts.

„Hast du den Russen umgebracht?", fragte Sid, als er das nächste Mal bei Hamit im Auto saß.

„Bist du bescheuert", fragte der. „Ich bin kein Killer, verstehst du? Keine Ahnung, wer das getan hat. Das Wichtigste ist, dass der Russe nicht mehr nervt." Sid erschrak.

„Ist er wegen mir gestorben?", fragte er vorsichtig.

„Quatsch", antwortete Hamit. „Red keinen Scheiß. Der Russe ist Leuten auf den Wecker gegangen, die man besser nicht ärgert." Eine Weile schwiegen sie beide. Dann sah der Türke Sid bedeutungsvoll an.

„Mehmet will dich sehen. Ich bring dich zu ihm."

„Wieso?", fragte Sid.

„Das wird er dir selber sagen."

„Wohin fahren wir?"

„Ins CLASH", sagte Hamit, „wohin sonst?" Zehn Minuten später hielten sie auf dem Parkplatz vor der Diskothek. Der Parkplatz war leer, das Gelände wirkte um diese Zeit verlassen. Die vordersten Parkbuchten waren mit rotweißem Absperrband markiert.

„Ist es hier passiert?", fragte Sid. Hamit nickte nur und ging weiter, so als sei er daran nicht interessiert.

„Und wenn die Russen sich rächen?", fragte Sid besorgt. „Wenn die jetzt einen von uns erschießen?"

„Willst du behaupten, dass wir ihn gekillt haben?", gab

Hamit scharf zurück. „Hör auf, so krassen Scheiß zu quatschen." Er ging mit großen Schritten voraus und Sid musste sich beeilen, um hinterher zu kommen.

Das CLASH war eine ehemalige Fabrikhalle, ein längliches, flaches Gebäude, umgeben von verlassenen Maschinenhallen und aufgegebenen Werkstätten, auf deren Wänden sich hunderte Sprayer verewigt hatten. Unkraut wucherte aus dem kiesigen Boden, der übersät war von Zigarettenkippen, leeren Flaschen und Dosen. Hamit gab einer Dose einen Tritt. Scheppernd flog sie einige Meter weiter.

„Die Leute haben keinen Anstand", sagte er vorwurfsvoll. „Nächste Woche machst du hier sauber. Hasan hilft dir."

„Hasan? Darf der mitmachen?" Sid klang erfreut.

„Oğlum, nur beim Saubermachen! Nicht beim Drogenverticken!" Er blieb so plötzlich stehen, dass Sid auf ihn prallte. Hamit packte den Jungen bei den Schultern.

„Wenn du meinem kleinen Bruder erzählst, was wir hier treiben, mach ich dich kalt!", sagte er leise. „Verstehst du?" Sid fuhr zusammen und wich erschrocken ein paar Schritte zurück.

„Kapiert", antwortete er unsicher. Hamit lachte.

„Gut!", sagte er, „War nur Spaß, Alter." Er ging auf eine Wand zu, von welcher der Putz bröckelte und zog einen losen Ziegelstein aus der Mauer. Dahinter befand sich eine Zahlentafel. Er tippte auf einige Tasten, schob den Stein zurück und zog den Jungen durch ein Tor in einen mit Gerümpel vollgestopften Schuppen. An einer der Wände befanden sich Regale mit verrosteten Farbdosen und Sprühflaschen. Hamit ging auf das äußere Regal zu und schob es mühelos zur Seite. Dahinter erschien eine Tür, die sich geräuschlos öffnete. Gleichzeitig ging das Licht an. Hamit schob den Jungen in einen hell erleuchteten Raum und die Tür fiel hinter ihnen leise klickend ins Schloss.

Sid staunte. Er fühlte sich wie in einer anderen Welt. Nichts erinnerte hier an das verwahrloste Fabrikgelände. An den hellgrau gestrichenen Wänden hingen große Fotografien türkischer Städte, den Boden bedeckte ein plüschiger Teppich in einem etwas dunkleren Grau. In der Ecke standen zwei schwarze Ledersessel, dazwischen ein Glastischchen mit einem Aschenbecher und einigen Flaschen mit honigfarbenen Flüssigkeiten, umgeben von den passenden Gläsern. An der Decke neben den verchromten Strahlern befand sich eine Kamera.

„Da staunst du, was?", sagte Hamit stolz und wies auf die Möbel: „Design, italienisch! Verstehst du?" Er tippte auf den Bilderrahmen eines Fotos der Stadt Istanbul. Das Bild glitt zur Seite und gab eine weitere Zahlentafel frei. Sid atmete hörbar ein.

„Das ist ja wie im Kino", sagte er beeindruckt.

„Besser, Oğlum, besser", antwortete Hamit. Er tippte einen längeren Code und plötzlich glitt die Wand zur Seite.

„Hallo Hamit, hallo Sid", grüßte Mehmet freundlich, der hinter einem Schreibtisch saß, umgeben von Monitoren. Auf einem Monitor sah Sid sich selbst neben Hamit. „Da staunst du, Oğlum. Ich weiß immer, was geht, ganz konkret. Verstehst du?" Er winkte dem Jungen, näherzukommen. Hinter ihnen glitt die Wand wieder geräuschlos an ihren Platz.

Langsam ging Sid auf die Monitore zu. Auf einigen sah er dunkelhäutige Frauen, die die Diskothek putzten. Auf einem anderen spülte ein türkisch aussehender Mann hinter einer Bar Gläser, ein anderer räumte Flaschen mit verschiedenfarbigen Flüssigkeiten in das Glasregal hinter der Theke. Ein anderer Monitor zeigte die Toiletten. Hier war eine dunkelhäutige Frau damit beschäftigt, Papier in die Handtuchspender zu füllen. Mehrere Monitore zeigten die leerstehenden Gebäude. Und dann sah Sid den Parkplatz mit dem rotweißen Absperrband.

„Da wurde der Russe erschossen", sagte er leise.

„Ich weiß immer, was geht! Ganz konkret", bestätigte Mehmet. „Das gilt auch für dich! Verstehst du?"

„Dann hast du gesehen, wer den Russen umgebracht hat?" Mehmets Blick wurde kühl.

„Das willst du gar nicht wissen", antwortete er. „Deine Schwester ist sicher, kein Russe, kein Deutscher, niemand wird sie anfassen." Sid schluckte. „Vergiss den Russen", befahl Mehmet.

„Kapiert", antwortete Sid. „Was soll ich tun?" Mehmet lächelte.

„So gefällst du mir. Du verstehst schnell. Ab jetzt arbeitest du allein. Du kriegst hier die Ware und die Adressen. Dann triffst du die Kunden. Zuerst geben sie dir die Kohle, dann übergibst du die Ware. Wenn du alles verkauft hast, kommst du und bringst mir die Kohle. Verstehst du?" Sid nickte.

„Damit nicht auffällt, dass du hier rumhängst, kriegst du einen legalen Job von mir. Du bist sechzehn und du wirst mit meinem kleinen Bruder hier den Müll wegräumen. Dafür bezahl ich dich. Du kriegst zwanzig Euro am Nachmittag. Ganz legal!" Sid nickte wieder.

„Kann ich das Geld ausgeben, das ich hier verdiene?", fragte er.

„Das Geld vom Müllsammeln schon. Wenn du deine eigentliche Arbeit gut machst, werden wir dich zusätzlich belohnen. Geh klug mit dieser Kohle um, Oğlum." Sid nickte.

„Geht klar, Chef", sagte er. Mehmet stand auf und reichte ihm die Hand.

„Das war's für heute", sagte er. „Morgen kommst du zum Müllsammeln. Danach holst du die Ware bei mir ab. Verstehst du?" Sid nickte. „Denk daran", fuhr Mehmet fort, „in diesem Büro bist du nie gewesen. Es ist ein Beweis unseres Vertrauens, dass Hamit dich hierher gebracht hat. Du bist einer von uns, vergiss das nie! Und kein Wort zu Hasan", er grinste, „sonst machen wir dich kalt! Ohne Scheiß!"

„Kapiert, Chef!", sagte Sid. Damit war er entlassen. Er war verwirrt.

Wie sollte er das verstehen?

Hatten Hamit und Mehmet ihm wirklich angedroht, ihn zu töten?

Oder war das nur ein Scherz gewesen?

„Würdet ihr mich wirklich töten?", fragte er Hamit, als er neben ihm zum Auto ging.

„Klar", sagte Hamit und dabei lächelte er freundlich. Sid schaute ihn unsicher an. Und dann entschied er sich, das Ganze als Scherz aufzufassen und brach in schallendes Gelächter aus. Und Hamit lachte mit.

Mia freute sich, als Sid ihr von seinem Job erzählte.

„Gut, dass du anfängst, dein eigenes Geld zu verdienen", meinte sie. „Und du tust gleichzeitig etwas Sinnvolles für die Umwelt. Das Gelände ist wirklich ziemlich zugemüllt. Ich finde es sehr vernünftig von Mehmet, dass er euch dort aufräumen lässt. Und ihr werdet gut dafür bezahlt! Leg das Geld zurück. Du willst irgendwann deinen Führerschein machen und der ist teuer. Ich kann dir das leider nicht bezahlen." Sid nickte und sagte im David-Stil:

„Klar, Mama, das mach ich!"

Wenn seine Mutter wüsste, wie viel Geld sich in seinem Versteck befand! Den Führerschein konnte er damit zweimal bezahlen. Bald würde es für ein kleines Auto reichen.

Am nächsten Tag fuhren Hasan und er mit dem Bus zur Diskothek. Mehmet erwartete sie dort und gab ihnen zwei Eimer und zwei Greifer, mit denen sie dem Müll zu Leibe rücken sollten. Sie machten sich gleich an die Arbeit und klaubten zwei Stunden lang eklige Dinge vom Boden auf. Die vollen Eimer leerten sie in große Plastiksäcke. Danach sah es wirklich besser aus.

„Nächste Woche kommt ihr wieder und macht sauber", sagte Mehmet. „Die Leute sind Schweine, die werfen alles auf den Boden." Dann rief Hamit nach seinem Bruder und Sid folgte Mehmet in sein offizielles Büro. Er erhielt eine Liste mit Adressen und fünf Tütchen mit Pillen. Auf jeder Pillentüte klebte ein Zettel mit dem Preis, den die Ware kostete. Sid erschrak, als ihm klar wurde, wie teuer die Drogen waren.

„Du lieferst fünf Beutel Pillen ab und bringst mir die Kohle, und zwar genau fünfhundert Euro, hierher, verstehst du?", fragte Mehmet.

„Das hab ich kapiert", sagte Sid. „Aber was mach ich, wenn einer nicht zahlen will?"

„Du überzeugst ihn davon, dass er bestellt hat und deshalb zahlen muss", sagte Mehmet.

„Und wenn der Kunde Schwierigkeiten macht?"

„Dann bestellst du Grüße von mir und sagst ihm, dass

ich weiß, wo seine Freundin arbeitet", antwortete Mehmet, „oder wo seine Kinder zur Schule gehen, wenn du Kinderschuhe siehst. Lass dir konkret was einfallen! Mach ihm Angst, so wie dem kleinen Mädchen, das du in der Schule erpresst hast." Sid wurde blass.

„Woher weißt du das?"

„Ich weiß mehr als du denkst, verstehst du?", antwortete Mehmet. „Mit deiner Mutter hab ich mich auch angefreundet. Schöne Frau übrigens, deine Mutter."

„Lass meine Mutter in Ruhe", rief der Junge aufgebracht.

„Na klar, Kumpel! Familie ist Familie", antwortete Mehmet, „und Familie ist heilig." Er stand auf, ging auf Sid zu, nahm sein Gesicht in beide Hände und zog den Jungen dicht zu sich heran, so nah, dass Sid die Härchen in seinen Nasenlöchern sah.

„Vergiss nie, dass auch wir zu deiner Familie gehören!", sagte er und seine Stimme hatte dabei einen drohenden Unterton. Dann ließ er ihn los und nun sah er wieder so aus, wie Sid ihn kannte: Hasans netter, ältester Bruder.

Sid steckte die Drogen wortlos in seinen Rucksack. Es war ihm überhaupt nicht wohl zumute, obwohl genau das geschah, was er sich gewünscht hatte: Seine türkischen Freunde trauten ihm zu, ein richtiger Drogendealer zu werden!

Würde er das schaffen? Kein Problem, wenn die Kunden anstandslos bezahlten. Doch was würde passieren, wenn sie Schwierigkeiten machten? Würde es ihm gelingen, sie in der richtigen Weise einzuschüchtern?

Das hier war kein Spiel mehr, sondern blutiger Ernst. Wie blutig, zeigte der tote Russe! Sid war fest davon überzeugt, dass Hamit oder Mehmet den Mann erschossen hatten. Und irgendwie fühlte er sich schuldig an dessen Tod. Er hatte

Hamit von dem Russen erzählt und ihm verraten, dass er von ihm beschattet wurde.

Schlimm war auch, dass er nicht mit Hasan reden durfte. Dass seine Mutter und Nina nichts erfuhren, verstand sich von selbst, doch Hasan hätte er sich gerne anvertraut. Und auch das war nun unmöglich. „Dann machen wir dich kalt", hatten ihm dessen Brüder angedroht und auch wenn er nicht glaubte, dass sie ihn tatsächlich töten würden, gaben sie ihm damit doch unmissverständlich zu verstehen, dass ein Vertrauensbruch ernste Konsequenzen haben würde.

Hasan wartete ungeduldig in der Disko.

„Mach voran", rief er, „dann schaffen wir den nächsten Bus." Sie rannten, erwischten den Bus gerade noch rechtzeitig und unterhielten sich statt über Drogenhandel über die Schule. Die letzten Klassenarbeiten standen an, dann hatten sie die neunte Klasse hinter sich.

„Ich hab mich entschieden", berichtete Hasan, „ich mach die zehnte Klasse. Dann werde ich Bankkaufmann und dazu brauche ich die Mittlere Reife."

„Meine Mutter hätte das auch gerne", antwortete Sid. „Aber eigentlich hab ich keinen Bock auf Schule."

„Bist du deswegen so daneben?" Sid erschrak. Hasan kannte ihn gut. Er merkte sofort, wenn ihn etwas bedrückte.

„Mach die zehnte Klasse, dann bleiben wir zusammen", schlug Hasan vor, „oder stehst du zu schlecht?"

„Nein, das müsste schon hinhauen", meinte Sid. „Du hast Recht, dann bleiben wir zusammen." Sein Freund hielt ihm die Hand hin. Er schlug ein.

Mia freute sich, dass David weiter zur Schule gehen wollte.

„Ich finde sowieso, dass du noch viel zu jung bist, um eine so wichtige Entscheidung für dein späteres Leben zu treffen. Geh so lange zur Schule wie du kannst."

Dann spielten sie mit Nina Mensch-ärger-dich-nicht. Nina mochte das Spiel, besonders, wenn sie Sechsen würfelte. Dann rief sie jedes Mal:

„Schau, David. Ich hab eine Sechs!" Dabei schaute sie ihren Bruder bedeutungsvoll an und erst dann bewegte sie ihre Spielfigur weiter.

Da ihr Sohn überhaupt nicht auf seine Schwester reagierte, dachte sich Mia nichts dabei. Kinder waren Kinder und man musste nicht immer verstehen, worüber sie kommunizierten.

Verrat

2005

Hanna schaute sich die Filme aus der Überwachungskamera der Diskothek immer wieder an. Glücklicherweise wurden die Aufnahmen nur einmal im Monat gelöscht. So standen ihr das Material der vergangenen drei Wochen zur Verfügung. Sie hatte sich mit einer Pizza – natürlich nicht aus dem Kalabrese – und zwei großen Flaschen Wasser eingedeckt und begonnen, die Filme auszuwerten. Dabei konzentrierte sie sich besonders auf die Personen, die mit Mehmet Öztürk Kontakt hatten.

Einige konnte sie als Täter ausschließen: Mehmets Bruder Hamit, den Türsteher und den Barkeeper. Die beiden waren zum Zeitpunkt des Mordes deutlich im Innenraum der Disko zu sehen und die Ermittlungen hatten nichts Auffälliges ergeben.

Hamit betrieb eine Speditionsfirma, führte Südfrüchte und Olivenöl aus der Türkei ein und verkaufte deutsche Technik in seine Heimat. Er zahlte seine Steuern und hatte keine Schulden. Außerdem war er nicht vorbestraft. Die beiden Angestellten bezogen einen guten Lohn und lebten völlig unauffällig mit ihren Familien in Ravensburg, leuchtende Beispiele gelungener Integration.

Auch Mehmet war auf dem Film zu sehen gewesen. Also hatten die Brüder Öztürk den Russen nicht selbst erledigt, wenn sie denn überhaupt daran beteiligt gewesen waren.

Einige andere Personen waren ihr aufgefallen. Es gab eine Frau, mit der Mehmet Öztürk regelmäßig tanzte, und drei Männer, mit denen er sich unterhielt. Hanna druckte Screenshots aus, die die Gesichter dieser Personen deutlich wiedergaben. Dann griff sie zum Handy.

„Herr Öztürk, ich brauche Ihre Hilfe bei der Identifikation einiger Personen, mit denen Sie in Ihrer Diskothek Kontakt hatten. Wann haben Sie Zeit?"

„Für die Polizei habe ich immer Zeit", hörte sie seine charmante Stimme, „ich komme gleich vorbei."

Tatsächlich klopfte er zwanzig Minuten später an ihre Tür. Sie legte ihm die Fotos vor. Die drei Männer identifizierte er als Geschäftspartner. Einer war ein bekannter Ravensburger Geschäftsmann, dem die alten Fabrikgebäude gehörten, in denen Mehmet sein Lokal betrieb.

„Wir haben über eine Verlängerung der Pacht gesprochen", erklärte Mehmet, „das können Sie überprüfen." Die anderen beiden waren Getränkelieferanten. Zuletzt zeigte sie ihm das Foto der Frau .

„Ihre Freundin?", fragte sie. Er lächelte.

„So könnte man sie durchaus nennen", antwortete er, „wenn auch anders, als Sie denken. Das ist Mia Ritter, die Mutter des besten Freundes meines kleinen Bruders Hasan. Sie liebt mein Lokal und ich pass ein bisschen auf sie auf und sorge dafür, dass sie abends sicher nach Hause kommt. Wir sind ja quasi Nachbarn! Ihr Sohn jobbt bei mir und bessert sein Taschengeld auf. Er macht einmal in der Woche den Platz vor der Disko sauber. Die Leute schmeißen ihren Müll einfach auf den Boden. Das sieht so ungepflegt aus!"

„Wo wohnt Frau Ritter?", fragte Hanna.

„In Borkenweiler, Kirchgasse 3", antwortete er. „Wollen Sie auch ihre Telefonnummer?" Sie nickte und notierte die Angaben auf einem Zettel. Dann verabschiedete sie Mehmed Öztürk und griff zum Telefon, um seine Angaben zu überprüfen. Um Frau Ritter konnte sich Stefan kümmern. Möglicherweise war sie die heiße Spur, die sie im Mordfall Blankov so dringend brauchten.

„Gute Arbeit, Hanna", lobte Stefan, als sie ihm das Foto und die Daten von Mia Ritter auf den Schreibtisch legte. „Ich ruf sie gleich an." „Eine schöne Frau", dachte er, als er das Foto betrachtete.

Die Frau, die ihm gegenübersaß, schien nicht besonders aufgeregt. Stefan nahm an ihr nur jene Anspannung wahr, die er bei fast allen Menschen spürte, die ihm zum ersten Mal im Revier gegenübersaßen. Die Leute hatten so ihre Vorstellungen von der Arbeit eines Kriminalkommissars, und diese Vorstellungen beruhten meist nicht auf eigener Anschauung, sondern entstammten diversen Fernsehserien. Es kam ganz darauf an, welche Serie sie bevorzugten, ob sie den freundlichen Helfer, den coolen Bullen oder den kaputten Typen auf ihn projizierten.

Stefan tat hier jedoch einfach nur seine Arbeit. Meist war er freundlich, doch er konnte auch anders, wenn sein Gegenüber nicht kapierte, dass Kooperation die beste aller Möglichkeiten war. Er wusste sich, bei aller Freundlichkeit, durchaus Respekt zu verschaffen. Seine Stimme bekam dann einen klaren, härteren Unterton und das brachte die meisten zur Vernunft.

„Frau Ritter", begann er, „das sind Sie auf dem Foto, oder?" Er schob ihr das Foto über die Schreibtischplatte. Sie nahm es, betrachtete es und nickte.

„Kein besonders gutes Foto", sagte sie und schob es zurück. „Woher haben Sie das und woher wissen Sie, dass ich das bin?"

„Sie haben von dem Mord gehört?", fragte er.

„Na klar", erwiderte sie.

„Dann werden Sie verstehen, dass wir allen Hinweisen nachgehen müssen. Aus diesem Grund schauen wir uns die Filme aus den Überwachungskameras im CLASH an und befragen alle Personen, die sich öfter in der Diskothek aufgehalten haben. Herr Öztürk hat uns Ihren Namen und Ihre Adresse genannt. Ich befrage Sie hier als Zeugin."

„Ach so", meinte sie. „Dann versteh ich das. Kein Wunder, dass ich öfter auf den Filmen bin. Das CLASH ist meine Stammdisko. Ich tanze gerne, die Musik ist gut, ich hab kein Auto und der Bus hält direkt davor."

Er sah sie an. Sie war eine schöne Frau, nicht klassisch schön, dazu waren ihre Züge nicht ebenmäßig genug. Doch an plakativer Schönheit war er sowieso nicht interessiert. In ihrem Gesicht sah er Stärke, Persönlichkeit und Lebensfreude, aber auch die Spuren durchgemachter Krisen, aus denen sie offensichtlich als Siegerin hervorgegangen war: Genau die Mischung, die er anziehend fand. Sie räusperte sich und lächelte ihn an.

„Haben Sie noch weitere Fragen, Herr Kommissar?" Er riss sich zusammen. Offensichtlich hatte er sie länger betrachtet, als seine Worte es rechtfertigten. Er schaute in sein Notizbuch, um seine Verwirrung zu kaschieren.

„Herr Öztürk hat ausgesagt, dass Ihr Sohn bei ihm arbeitet", sagte er, nur um den Faden wiederzufinden.

„Und das finde ich ausgezeichnet", antwortete Mia. „Er muss lernen, dass das Geld nicht vom Himmel fällt. Und gleichzeitig tut er etwas für die Umwelt."

„Warum arbeitete er gerade dort?"

„Das ergab sich einfach so, weil er seit der fünften Klasse mit Mehmets Bruder Hasan befreundet ist. Ich weiß nicht, wonach Sie suchen, Herr Kommissar, aber bei mir werden Sie es nicht finden."

Sie lächelte ihn an. Stefan schluckte. Er bezweifelte das. Vielleicht würde er mehr bei ihr finden, als er es für möglich gehalten hatte. Sie brachte eine Saite in ihm zum Klingen, die er schon lange nicht mehr wahrgenommen hatte. Dazu schmerzte der Verlust von Lene immer noch viel zu sehr. Er rief sich zur Ordnung. Solche Gedanken gehörten hier überhaupt nicht hin! Mia Ritter war eine Zeugin, die er zu befragen hatte, klingende Saite hin oder her.

„Sie kennen Herrn Öztürk?", fragte er.

„Natürlich", antwortete sie. „Er ist ein sehr netter Mann, ein wahrer Gentleman. Ich bin mit ihm befreundet, er tanzt ausgezeichnet und er fährt mich freundlicherweise nachts nach Hause." Sie sah ihm in die Augen. „Aber wir haben keine sexuelle Beziehung, wenn Sie das denken sollten! Er wohnt zufällig im Nachbardorf. Außerdem bin ich froh, dass er sich um meinen Sohn kümmert. Sie müssen wissen: Wir hatten es nicht leicht hier."

Ihr Blick glitt nach innen in eine vergangene Zeit und ihr Gesicht zeigte sowohl Schmerz als auch Ärger. „Ich bin damit klargekommen, aber für Sid war es richtig schwierig ... bis er Hasan und seine Brüder kennenlernte."

„Was war so schwierig?", fragte Stefan.

„Wir haben in Hamburg ein völlig anderes Leben geführt", begann Mia zu erzählen. „Ich habe dort in einem Punkrockclub gearbeitet und mich sauwohl gefühlt. Doch dann verließ mich mein Mann kurz nach der Geburt unserer Tochter. Ich musste Geld verdienen und fand einen Job in der Stiftung Schwesternhaus hier in Ravensburg."

„Erzählen Sie", forderte Stefan sie auf.

„Ist das denn wichtig?", wollte Mia wissen.

„Das weiß ich, wenn ich Ihre Geschichte gehört habe", antwortete er. Dass sie ihn persönlich interessierte, konnte er ihr natürlich nicht sagen. Doch er musste sich eingestehen, dass er alles über Mia Ritter wissen wollte.

1991

Als es morgens um neun Uhr an ihrer Wohnungstür klingelte, schlief Mia noch. Das Baby war erst zwei Wochen alt und hatte sie nachts mehrmals geweckt. Auch Sid schien merkwürdig verstört. Seit Ninas Geburt wollte er jede Nacht in ihrem Bett schlafen. Das konnte sie jedoch gut nachvollziehen: Immerhin hatte er eine Schwester bekommen und musste sich damit abfinden, dass sich nicht mehr alles um ihn drehte.

Sie warf sich einen Bademantel über und warf einen Blick durch den Spion in der Tür. Draußen stand ein Mann in einem beigen Regenmantel. In der einen Hand hielt er einen Zollstock, in der anderen eine Aktentasche, und er wollte gerade zum zweiten Mal klingeln, als Mia die Tür öffnete. Er musterte sie erstaunt von oben bis unten.

„Guten Morgen, Frau Benslow. Offensichtlich haben Sie nicht mit mir gerechnet. Ich hatte mit ihrem Mann doch abgemacht, dass ich um neun Uhr die Wohnung ausmesse", erklärte er.

„Wie bitte? Was wollen Sie?", fragte Mia entgeistert, die glaubte, sich verhört zu haben.

„Die Wohnung ausmessen. Wenn ich nächste Woche hier einziehen will, brauche ich die Maße", sagte der Mann und schaute sie entschuldigend an. „Das habe ich alles mit Ihrem Mann bei der Besichtigung besprochen." Er öffnete die Aktentasche, holte ein dünnes Heft heraus und reichte es ihr.

„Mietvertrag" stand oben auf der ersten Seite. Als Mieter war der Name des Mannes, der vor ihr stand, angegeben, als Vermieter las sie „Jake Benslow", die Adresse stimmte und als Mietbeginn stand da tatsächlich die nächste Woche. Plötzlich spürte Mia ihre Beine nicht mehr, sie gaben einfach unter ihr nach. Am Türrahmen rutschte sie zu Boden. Sid, der hinter ihr aus dem Bett gekrochen war, rief panisch:

„Mia! Mia!" Der Mann beugte sich besorgt über sie.

„Geht es Ihnen nicht gut? Soll ich einen Arzt rufen? Junge, hol deiner Mama ein Glas Wasser." Sid sprang in die Küche und beeilte sich so sehr, dass er die Hälfte unterwegs verschüttete. Mia nahm das Glas und trank. Dann rappelte sie sich hoch, wobei der Mann ihr half.

„Ich wusste nichts davon. Jake hat mir nichts davon gesagt", flüsterte sie. Dem Mann war das sichtlich unangenehm.

„Frau Benslow", begann er.

„Ritter", korrigierte sie ihn, „Jake und ich, wir sind nicht verheiratet."

„Frau Ritter, das tut mir außerordentlich leid. Ich habe meine Wohnung schon vor drei Monaten gekündigt. Ich muss hier nächste Woche einziehen."

Schon vor drei Monaten?

Jake hatte ihr drei Monate lang nichts gesagt? Das Baby begann zu weinen.

„Kommen Sie rein", sagte Mia tonlos, „ich muss das Baby stillen." Sie schleppte sich ins Schlafzimmer, nahm ihre Tochter hoch, trug sie zu dem Sofa, das sie der Bequemlichkeit halber in die Küche gestellt hatte und winkte dem Mann, ihr zu folgen. Sie öffnete ihren Morgenrock und darunter trug sie nichts.

„Wenn es Sie stört, dann kucken Sie weg", sagte sie müde und legte das Baby an ihren Busen. Nina schnappte zu und begann hungrig zu saugen. Sid setzte sich neben seine Mutter und blickte den Eindringling wütend an.

„Wie alt ist die Kleine", fragte der Mann, der sich auf einem Küchenstuhl niedergelassen hatte und nicht wegschaute.

„Zwei Wochen", antwortete Mia.

„Und Herr Benslow hat Ihnen wirklich nicht gesagt, dass er die Wohnung gekündigt hat?" Der Mann sah sie fassungslos an. „Ist das nicht seine Tochter?"

„Oh ja, das sind beides seine Kinder und er hat es wohl nicht für wichtig gehalten", antwortete sie. „Offensichtlich hat er andere Pläne für sein Leben." Sie war viel zu erschöpft, um sich aufzuregen. Es war, wie es war. Punkt!

„Was machen Sie denn jetzt?", fragte der Mann voller Mitgefühl.

„Komisch, dass Sie mich das fragen und nicht mein Mann", sagte Mia. „Ich hab wirklich keine Ahnung. Die Wohnung gehört Jake und ich muss dann wohl raus hier."

Der Mann stand auf.

„Ich komm morgen noch mal wieder. Alles Gute für Sie!"
Danach war er gegangen. Sid sah sie mit großen ängstlichen
Augen an.

„Was will der böse Mann?", fragte er.

„Der Mann ist nicht böse", sagte sie. „Wir müssen umziehen, Sid." Dann hatte sie Nina frisch gewickelt und in den
Kinderwagen gelegt.

Es dauerte einige Stunden, bis sie in der Lage gewesen war,
ihre Freundin Tessa anzurufen und zu erzählen, was vorge-
fallen war. Tessa regte sich fürchterlich auf und belegte Jake
mit allen Schimpfnamen, die ihr einfielen. Mia fing an zu
weinen. Da setzte sich Tessa kurzentschlossen ins Auto, hielt
unterwegs bei einer Bäckerei und verschwand wenig später
mit frischen Brötchen in Mias Küche. Sie kochte Kaffee, bereitete Kakao für Sid zu und deckte den Tisch.

Es war nicht schwierig gewesen, Sid aus dem Bett zu locken. Die Worte „Kakao" und „Nutellabrötchen" hatten aus-
gereicht. Mit Mia war es schwieriger. Sie lag im Bett, hatte die
Augen geschlossen und reagierte nicht. Tessa holte Kaffee,
setzte sich auf die Bettkante und streichelte ihr übers Haar.

„Komm, Schatz, du musst trinken und essen, sonst hat
Nina nichts zu futtern", mahnte sie. „Ich versteh dich ja. Ich
bin genauso fassungslos wie du, aber es hilft nichts, wenn
du toter Käfer spielst." Mia öffnete zögernd die Augen und
Tessa hielt ihr lockend den Kaffee vor die Nase. Sie setzte
sich auf und trank einen kleinen Schluck.

„Ich fühl mich wie tot", murmelte sie. Das hatte Sid, der
unbemerkt hinter Tessa gestanden hatte, total erschreckt.
Mit einem Schrei stürzte er sich auf sie und rief ängstlich:

„Mia, Mia! Bist du tot? Mia?" In diesem Moment begriff Mia, dass es jetzt nicht darum ging, was sie empfand. Sie durfte sich nicht hängenlassen. Die Kinder hatten jetzt nur noch sie. Für ihre Kinder musste sie sich zusammenreißen. Sie schloss ihren Sohn in die Arme und versuchte ein Lächeln.

„Nein, Sid, ich bin nicht tot. Ich bin nur müde, weil Nina heute Nacht drei Mal trinken wollte, und traurig, weil wir umziehen müssen."

„Was ist das?", fragte er ängstlich. Mia seufzte. Wie sollte sie ihrem Kind erklären, dass sein Vater ganz einfach die Wohnung gekündigt hatte und sie damit auf die Straße setzte? War es richtig, ihm das zu sagen? Tessa war, wie immer, für die Wahrheit.

„Jake, dieses …", begann sie mit wütend funkelnden Augen, doch Mia unterbrach die Freundin. Ihr Zorn würde Sid noch mehr erschrecken.

„Wir können hier nicht mehr wohnen", erklärte sie schnell, „wir müssen uns eine neue Wohnung suchen."

„Weil der böse Mann da war?" Sid zählte einfach eins und eins zusammen.

„Nein, der Mann kann nichts dafür", erklärte sie. „Er bezahlt dafür, dass er hier wohnen darf."

„In meinem Zimmer?" Sid war empört. „Kriegt der böse Mann meine Sachen?"

„Nein", beruhigte ihn Mia, „die nehmen wir mit."

„Und Jake? Weiß er das?" Sid schaute sie fragend an.

„Der findet auch, dass wir hier nicht mehr wohnen sollen", erklärte sie und hoffte, dass ihre Stimme neutral genug klang.

„Warum hat er mir das nicht gesagt?", fragte Sid. Kinder und Betrunkene sagten bekanntlich die Wahrheit.

„Er hat es wohl vergessen oder musste zu viel arbeiten",
antwortete sie lahm. Sid schaute sie zweifelnd an. Selbst ein
Vierjähriger konnte diese Lüge nicht schlucken. „Ich weiß
nicht, warum er es dir nicht gesagt hat", besserte Mia nach.

„Und wo wohnen wir dann?", fragte er unsicher.

„Bei mir", mischte sich Tessa ein, „ihr wohnt ab jetzt bei
mir!"

„Bei dir?" Sid begann zu strahlen. „Au ja, wir wohnen bei
Tessa! Kommst du jetzt, Mia?" Sie nickte und er sprang zu
seinem Nutellabrötchen.

„Deine Wohnung ist doch viel zu klein", wandte Mia ein.

„Quatsch! Raum ist in der kleinsten Hütte …", begann die
Freundin.

„ … für ein traulich liebend Paar, Tessa", beendete Mia
zweifelnd den Satz.

„Genau, Mia, Schätzchen! Ich hab dich lieb, dich und
die Kinder. Weißt du das nicht?", fragte die Freundin und
drückte ihr einen Kuss auf die Stirn. Dann rümpfte sie die
Nase. „Dusche, Mia, husch, husch." Und das tat Mia.

Im Spiegel sah sie ihr trauriges, müdes Gesicht. Sonst gab
sie nach der Dusche große Mengen Gel ins Haar, damit es
wild vom Kopf abstand. Heute nahm sie einen Kamm und
kämmte es glatt. Dann cremte sie ihr Gesicht ein, griff nach
ihrem Make-up, schüttelte den Kopf und stellte es zurück.
Es war Zeit, den Dingen ungeschminkt zu begegnen.

Nach dem Frühstück ging Tessa mit Sid zum Spielplatz in
den Park. Mia lief nachdenklich durch die Wohnung. Hier
gehörte ihr so gut wie nichts; sie musste sich eingestehen,
dass sie wenig Spuren hinterlassen hatte. Die Möbel waren schon da gewesen, als sie eingezogen war, und etwas

Neues hatte sie nicht dazu beigetragen. Im Wohnzimmer standen nur Jakes Fotobände in den Bücherregalen, seine CD-Sammlung – sie hatte vor vier Jahren nur ein paar Kassetten mitgebracht –, die Musikanlage und das Schränkchen mit seinen Kameras. Auch die Küche hatte er eingerichtet, mit italienischen Designermöbeln und einer sündhaft teuren Kaffeemaschine.

Die Kochbücher namhafter Köche dienten nur der Dekoration; Mia hatte sie nie verwendet. Sie interessierte sich nicht für die hohe Kunst des Kochens und Jake nutzte die Küche sowieso nur zum Kaffeemachen. Sie öffnete die Schränke und fand nur einige Schachteln Tee, die wirklich ihr gehörten.

Danach ging sie ins Schlafzimmer und öffnete den Kleiderschrank. Dies war der einzige Ort, an dem sichtbar wurde, dass sie vier Jahre hier gelebt hatte. Sie zog ihren alten Rucksack aus dem Schrank. Wie klein er war! Sie würde nur einen Bruchteil ihrer Klamotten mitnehmen können. Solange sie nicht wusste, wie es weitergehen sollte, war es besser, mit leichtem Gepäck zu reisen. Sie seufzte. Die Szene wirkte wie ein Déjà vue. Genau dasselbe hatte sie schon einmal erlebt!

Doch diesmal war es anders!

Diesmal ging sie nicht freiwillig!

Nachdenklich legte sie die Stücke auf ihr Bett. Ihre Lieblingsklamotten waren alle schrill und punkig. Sie passten in ihr Punkleben, doch sie hatte keine Ahnung, ob sie dieses Leben würde fortsetzen können. Der Club warf nicht genug ab, um neben Tessa auch sie und die Kinder zu ernähren. Das wusste sie, denn schließlich machte sie die Buchhaltung. Das Leben in Hamburg war teuer. Es war fraglich, ob sie in Hamburg bleiben konnte! Mia atmete tief durch.

War's das jetzt mit ihrem wahren Leben?

Be true to yourself and fuck the world?

Jake verkörperte diese Form des Lebens. Er war nur sich selbst treu und Mia hatte einfach nicht wahrhaben wollen, dass sie nicht Teil seines Lebens, sondern Teil der Welt war, auf die er pfeifen würde, wenn sie ihm nicht mehr passte. Wenn sie ehrlich war, hatte er sie darüber nie im Unklaren gelassen.

„I don't need a fucking girlfriend", hatte er ihr zu Beginn ihrer Beziehung gesagt und sie hatte sich darauf eingelassen, weil sie sich Hals über Kopf in diesen Mann verliebt hatte. Sie hatte sogar auf eine natürliche Geburt verzichtet, um sexy und eng für ihn zu bleiben und sie hatte in Erwägung gezogen, ihr Kind zur Adoption freizugeben.

Sie setzte sich auf die Bettkante und schlug die Hände vors Gesicht, denn die Erkenntnis traf sie wie ein Schlag: Sie hatte, ohne es zu wollen und ohne, dass es ihr bewusst geworden war, eine ganz ähnliche Beziehung geführt wie ihre Eltern, indem sie sich ebenso bereitwillig Jakes Forderungen und Launen unterworfen hatte wie ihr Vater den Forderungen und Launen ihrer Mutter.

Als Jake so zärtlich auf seinen Sohn reagierte, hatte sie geglaubt, dieses Erlebnis habe ihn verändert. Sid schien ihm wirklich wichtig zu sein. Und jetzt musste sie einsehen, dass sie sich getäuscht hatte. Obwohl er wusste, dass seine Tochter gerade geboren sein war, hatte er die Wohnung gekündigt, und das, ohne ihr etwas davon zu sagen! Damit hatte er auch seinen Sohn ins Ungewisse gestürzt, Jake, der Saubermann, der ihr voller Empörung vorgehalten hatte, sie hätte ihn belogen! Dabei hatte sie nur ihr Kind beschützt. Dass er sie so einfach auf die Straße setzte, machte sie fassungslos.

War das Punk oder einfach nur krasser Egoismus?

War das aufrichtig oder einfach nur gemein und feige?

Jake, der ehrliche Mensch oder Jake, das narzisstische Arschloch?

Sie nahm die rote Lacklederhose aus dem Schrank, betrachtete sie kritisch und warf sie auf den Boden. Es würde noch viele Monate dauern, bis sie ihr wieder passte, wenn überhaupt. Auch die Korsagen sortierte sie aus. Mit denen war sie nur im Club richtig angezogen. Mia stiegen Tränen in die Augen. Auch vom Club würde sie sich verabschieden müssen.

Und von Tessa? Nein, die Freundin würde bleiben, doch ob sie sich so oft sehen würden wie bisher, war fraglich.

Das Vivianne-Westwood-T-Shirt stopfte sie in den Rucksack; es bedeutete ihr einfach zu viel, um sich davon zu trennen. Die Lederklamotten wanderten auf den Haufen mit den aussortierten Kleidungsstücken, der beträchtlich angewachsen war; nur die rote Lederjacke nahm sie mit, dazu einige Jeans, T-Shirts und Pullis. Nachdenklich ließ sie den Blick über ihre Schuhe wandern: Hochhackige High Heels, schrill gemustert. Sie wählte ein Paar giftgrüne Pumps, die einzigen ohne Pailletten und mit normal hohen Absätzen, und natürlich die roten Stiefel. Und sie fand tatsächlich noch ein Paar Sandalen, gemütliche Treter aus ihrem alten Leben, die sie in Hamburg kaum getragen hatte.

Nachdenklich betrachtete sie den Kleiderhaufen auf dem Boden. Hier lagen sie, die letzten fünf Jahre ihres Lebens, und jetzt schien es ihr, als habe sie in einem Kostümfilm gelebt, einer künstlichen Welt, die mit der wirklichen Welt nichts zu tun gehabt hatte. Real waren die Kinder, real war ihre Liebe zu ihnen und real war, dass sie ab jetzt ihre Brötchen und ihre Miete allein würde verdienen müssen. Sie lief in die Küche und kramte unter der Spüle eine Rolle großer Müllsäcke hervor. Dann nahm sie ein Kleidungsstück nach dem anderen vom Boden, schaute jedes noch einmal an und stopfte es in den Sack.

„Lebt wohl, Punk, Sex and Rock ’n Roll", flüsterte sie, „lebt wohl!"

Tessa brachte die Säcke mit den Kleidern zum Auto und lud sie in den Kofferraum.

„Oder willst du die Klamotten dem Roten Kreuz spenden?", spottete sie. „Korsagen und Lederoutfit für die Obdachlosen? Wow! Ich heb die Sachen für dich auf, Schätzchen. Wer weiß, ob du sie nicht nochmal brauchen kannst."

Dann half sie Sid, seine Sachen in eine Tasche zu packen, sein Spielzeug, seine Kuscheltiere. Sein Schmusekissen klemmte er sich unter den Arm.

„Mein Bett!", rief Sid. „Ich will mein Bett mitnehmen."

„Tut mir Leid, Kleiner", sagte Tessa, „das passt nicht in meine Wohnung." Das hatte er verstanden. Traurig schaute er auf die neonfarbenen Totenköpfe, mit denen er den Rahmen selbst beklebt hatte.

„Da schläft jetzt der böse Mann", sagte er und bei diesen Worten stiegen Mia die Tränen in die Augen. Gut, dass das Baby von dem Durcheinander nichts mitbekam. Nina schlief satt und zufrieden im Kinderwagen.

„Und jetzt noch ein Gruß von mir", verkündete Tessa, bevor sie die Wohnung endgültig verließen. Sie öffnete den Kühlschrank und verteilte alles, was sie dort fand, unter Jakes Klamotten: rohe Koteletts, aufgeschlagene Eier, zerquetschte Tomaten und Hüttenkäse. Dann leerte sie eine

Flasche Öl über der Stereoanlage aus, schmierte den Kaffee-satz in seine Schuhe und fixierte die Krümel mit Haarspray. Die Kameras schmiss sie ins Klo und spülte ein paar Mal gut mit Wasser nach. Sid überließ sie Ketschup, Nutella und Marmelade und forderte ihn auf, dem lieben Jake damit ein Abschiedsbild aufs Sofa zu malen, eine Aufforderung, wel-cher der Kleine begeistert nachkam.

Mia sah dem wilden Treiben nur zu. Noch war sie nicht in der Lage, Wut zu empfinden, geschweige denn, Wut aus-zudrücken. Es tat ihr gut, dass Tessa dies für sie tat. Zum Schluss klebte Tessa einen Zettel auf den Spiegel im Flur:

„From Tessa with love!" Ihren Wohnungsschlüssel legte Mia auf das Tischchen darunter. Mit dem alten Rucksack auf dem Rücken, dem schlafenden Baby im Kinderwagen und Sid an der Hand verließ sie das Haus. Nachdenklich blickte sie zurück. Hier war sie fünf Jahre lang glücklich ge-wesen. Und jetzt war es zu Ende.

Be true to yourself and fuck the world?

Ja, das stimmte immer noch, auch wenn es jetzt die Le-bensart der Punks war, die ihr gestohlen bleiben musste.

Umzug nach Oberschwaben

2005

Stefan sah die Frau auf der anderen Seite seines Schreibtischs erschüttert an.

„So etwas habe ich ja noch nie gehört, und ich höre hier viel", stellte er fest. „Dass ein Mann ein Kind nicht akzeptiert, kommt öfter vor, aber dass er ohne das Wissen der Frau einfach die Wohnung kündigt ..."

„Wenn meine Freundin Tessa und mein Vater nicht gewesen wären, hätte ich das Ganze sicher nicht so gut überstanden", sagte Mia leise.

„Warum sind Sie nicht in Hamburg geblieben", fragte er. „Sie haben sich dort doch wohl gefühlt." Mia sah ihn an.

„Hat das immer noch mit dem Mord an dem Russen zu tun?", fragte sie.

„Das kann ich erst sagen, wenn ich ihre Geschichte kenne. Sie sind aus einer Großstadt zugezogen und da kann es durchaus möglich sein, dass Sie den Mann gekannt haben."

„Ich? Den Russen? Sicher nicht! Ich hab in Hamburg eine Menge schräge Vögel kennengelernt. Ein Russe war nicht darunter."

„Erzählen Sie einfach weiter", forderte er sie auf. „Nur ich kann entscheiden, ob uns das, was Sie mir erzählen, in dem Fall weiterbringt."

„Also gut", meinte Mia.

1991

„Du ziehst in mein Schlafzimmer", bestimmte Tessa. „Ich schlaf auf dem Sofa. Dann störst du mich nicht, wenn du Nina stillst und ich stör euch nicht, wenn ich abends spät aus dem Club komme." Und so machten sie es.

Mias Leben veränderte sich total. Sie schrieb ihrem Vater und bat ihn, ihr Schulzeugnisse und den Abschluss als Buchhalterin zuzusenden, und diesmal musste sie wohl oder übel einen Absender angeben. Sehr ungern hatte sie auch einen Brief an Wickermann & Söhne verfasst und um ein Arbeitszeugnis gebeten.

„Das musst du tun, Süße", ermutigte sie Tessa. „Wicked-Man ist gesetzlich dazu verpflichtet, dir ein wohlwollendes Zeugnis auszustellen. Und du brauchst Zeugnisse, wenn du dich bewerben willst." Auch Tessa schrieb ihr ein Zeugnis, in dem sie Mias hervorragende Arbeit als Buchhalterin des Clubs lobte.

Ihr Vater hatte ihr die gewünschten Unterlagen umgehend geschickt und einen Brief dazugelegt.

Liebste Mia,
Ich fürchte, dein Leben ist aus den Fugen geraten, denn warum solltest du sonst die alten Unterlagen brauchen? Deine Mutter ist vor zwei Jahren ausgezo-

gen. Sie hat einen Kerl kennengelernt, der besser verdient als ich. Dein Bruder ist mitgegangen. Der Neue hat wohl einen größeren Fernseher. Wann sehe ich dich endlich wieder? Und wann lerne ich meine Enkel und deinen Mann kennen?

In Liebe, dein Vater.

Der Brief rührte Mia zu Tränen. Sie antwortete:

Lieber Vater,

du hast Recht, mein Leben ist aus den Fugen geraten. Es geht mir so wie dir: Auch ich bin verlassen worden, kurz nach der Geburt von Nina, deiner kleinen Enkeltochter. Die Neue hat wohl mehr Zeit für ihn und keine nervigen Kinder.

Ich muss mir eine Stelle in meinem alten Job suchen. Nach Hause kann ich nicht mehr. Versteh das bitte. Nach meinem Abgang bei Wickermann - von dem du sicher gehört hast -, ist es besser, wenn ich in eine andere Stadt gehe. Sobald ich weiß, wie es in meinem Leben weitergeht, freue ich mich auf deinen Besuch.

In Liebe, deine Mia.

Nach einer Woche hatte auch Wickermann das Arbeitszeugnis geschickt. Es war ein faires Zeugnis, das ihre Leistungen als Buchhalterin in seinem Unternehmen beschrieb. Wickermann hatte ihr jedoch offensichtlich nicht verziehen. Ein gelber Zettel klebte an dem Zeugnis:

Sieh an, die Seifenblase ist zerplatzt? Das gönn' ich Ihnen! Bleiben Sie bloß, wo Sie sind, und wagen Sie es nicht, in meiner Stadt aufzutauchen. W.

Nachdem sie das Baby morgens gestillt hatte, legte sie es in den Kinderwagen, nahm Sid an die Hand und ging mit ihren Kindern zum Zeitungsladen, um alle Zeitungen zu kaufen, in denen Stellen angeboten wurden. Zuerst hatte sie sich nur in Hamburg beworben, doch bald musste sie einsehen, dass sie nicht genug verdienen würde, um davon mehr als eine Einzimmerwohnung bezahlen zu können.

In den umliegenden Dörfern in Schleswig Holstein waren die Wohnungen viel günstiger, doch dort würde sie ein Auto brauchen, denn es war unmöglich, eine potentielle Arbeitsstelle mit öffentlichen Verkehrsmitteln zu erreichen, ganz gleich, wo sich diese befand. Buchhalterjobs waren nur mäßig gut bezahlt und so konnte sie sich das Auto abschminken. Weil sie Vollzeit arbeiten musste, brauchte sie zudem in der Nähe der Arbeitsstelle einen bezahlbaren Kindergartenplatz für Sid und einen Krippenplatz für Nina, und die waren in Hamburg Mangelware.

Natürlich hätte sie Unterhalt von Jake verlangen können – immerhin war er gesetzlich dazu verpflichtet – doch das wollte sie nicht. Sie traute ihm zu, die Vaterschaft abzustreiten, und dann würde sie ihn verklagen müssen. Aus diesem Grund konnte sie auch nicht beim Sozialamt um Unterstützung bitten.

Am meisten Angst hatte sie vor dem Jugendamt. Würde man sie dort für fähig halten, die Kinder allein durchzubringen? Die Kinder waren alles, was ihr geblieben war.

Nein, sie musste es alleine schaffen!

Schließlich sah sie ein, dass sie sich in ganz Deutschland bewerben musste und schickte ihre Anfragen nach Berlin, ins Saarland und nach Bayern. Dann trudelten die Absagen ein: Eine alleinerziehende Mutter mit zwei kleinen Kindern wollte niemand einstellen. Die meisten Chefs schrieben, dass die Kinderbetreuung weder in ihren Betrieben, noch im Ort gewährleistet sei. Krippenplätze gab es sowieso nicht.

Dann fand sie eine Anzeige, die auf sie zugeschnitten zu sein schien. In Ravensburg, einem Städtchen in Oberschwaben, suchte eine größere soziale Einrichtung eine Sekretärin mit Kenntnissen in Buchhaltung, und bei der Besetzung dieser Stelle wurden Alleinerziehende bevorzugt berücksichtigt. Die Stiftung verfügte über einen eigenen Kindergarten und sogar über eine Kinderkrippe. Sie brachte ihre Bewerbung noch am selben Tag zur Post.

Als sie eine Woche später den Briefkasten aufschloss, lag darin ein Brief aus Ravensburg. Sie nahm ihn heraus und konnte nicht verhindern, dass ihre Hände dabei zitterten.

„Wieder ein Brief, der dich traurig macht, Mama?", fragte ihr kleiner Sohn ängstlich.

„Ich hoffe nicht", antwortete Mia und riss den Umschlag noch im Hausflur auf und las laut:

Sehr geehrte Frau Ritter,
Ihre Bewerbung entspricht unseren Vorstellungen. Wir laden Sie zu einem Vorstellungsgespräch am 2. Juli 1991, 10.00 Uhr in die Zentrale des Schwesternhauses in Ravensburg, Marienplatz ein. Bitte teilen Sie uns umgehend telefonisch mit, ob Sie unser Angebot annehmen wollen.
Mit freundlichen Grüßen,
Marianne Häberle, Geschäftsführerin

„Was bedeutet das?", fragte Sid unruhig.

„Ich bin nach Ravensburg eingeladen worden. Vielleicht kriege ich dort eine Arbeit."

„Freust du dich, Mia?", fragte Sid. Mia zögerte.

„Ja, es ist nur schade, dass Ravensburg sehr weit weg ist."

„Müssen wir dann wieder umziehen?", wollte er wissen.

„Oder nimmst du uns gar nicht mit?" Mia schluckte. Dass ihr Sohn so große Angst hatte, auch von ihr verlassen zu werden, hatte sie nicht gewusst. Sie schloss ihn in die Arme.

„Mein Großer", sagte sie, „ich lass dich nie allein. Versprochen! Nur ganz kurz, wenn ich nach Ravensburg fahre. Doch ich komm ganz schnell zurück und wenn die mich dort haben wollen, müssen wir nochmal umziehen." Sid sah immer noch ängstlich aus. Um ihr Kind zu beruhigen, lächelte sie, hob Nina aus dem Kinderwagen, nahm ihn an die Hand und zusammen liefen sie die beiden Treppen zu Tessas Wohnung hoch.

In Wahrheit spielten ihre Gefühle völlig verrückt. Einerseits war sie froh über diese Chance, andererseits war sie traurig. Hamburg, der Club und vor allem Tessa waren ihre Familie geworden. Ihre erste Familie hatte sie gern verlassen. Doch wenn sie die Stelle tatsächlich bekam, würde sie ans andere Ende der Republik ziehen müssen. Und dann musste sie Menschen zurücklassen, die ihr wirklich etwas bedeuteten und die sie nicht verlieren wollte.

Jake spielte bei diesen Überlegungen keine Rolle. Sie hatte ihn nicht wiedergesehen; offensichtlich mied er den Club und auch sonst machte er keinen Versuch, sie zu sprechen. Er hatte das Interesse an ihr verloren, und wenn sie ehrlich war, überraschte sie das nicht übermäßig. Sie selbst unternahm jedenfalls keine Versuche, ihn zu kontaktieren. Sie war viel zu verletzt und gekränkt.

Was sie nicht nachvollziehen konnte, war, dass Jake seinen Sohn nicht sehen wollte. Seine Tochter hatte er abgelehnt, seit er von ihrer Existenz wusste, doch Sid hatte er wirklich gern gehabt. Wie konnte er seinen Sohn von einem Tag auf den anderen aufgeben?

Was sie auch nicht verstand, war, dass der Junge so gar nicht nach seinem Vater fragte. Sie hatte gelesen, dass es wichtig sei, dass Kinder nach einer Trennung den Kontakt zum Vater behielten, und obwohl es ihr widerstrebte, bot sie ihrem Sohn an, Jake zu besuchen. Sid schüttelte jedes Mal vehement den Kopf und sagte:

„Ich will lieber bei dir sein." Damit gab sie sich nur zu gern zufrieden. Wenn sie diese Stelle bekam und fast tausend Kilometer weit in den Süden zog, würde sie Jake die Kinder damit nicht wegnehmen. Er selbst hatte sich längst gegen sie entschieden.

Als Tessa gegen Mittag aufwachte, brachte sie ihr einen Becher Kaffee. Dann zeigte sie ihr die Einladung aus Oberschwaben. Tessa las das Schreiben.

„Super", rief sie erfreut, „das sieht verdammt gut für dich aus." Mia strich sich über die Stirn.

„Soll ich das wirklich machen?", fragte sie zweifelnd.

„Bist du verrückt? Natürlich fährst du zu dem Gespräch!"

„Aber dann sehe ich dich nicht mehr", sagte Mia traurig. „Weißt du wie weit es nach Ravensburg ist? Fast tausend Kilometer!" Tessa umarmte die Freundin.

„Mia, Schätzchen, ich besuch dich, das ist versprochen. Aber du musst das machen! Es ist ja nicht so, als könntest du dir die Stelle aussuchen. Das ist die erste Firma, die es ernst meint. Die Bezahlung ist gut und die Stiftung hat eine eigene Kinderbetreuung."

„Eine katholische!"

„Na und?", fragte Tessa. „Die Christen lieben ihre Nächsten. Das, was Jake mit dir gemacht hat, wär dir bei Christen sicher nicht passiert."

„Und Sid?", fragte Mia. „Wo soll er bleiben, wenn ich nach Ravensburg fahre. Du hast keine Zeit für ihn und Jake mag ich nicht fragen."

„Den fragst du auf gar keinen Fall", rief Tessa entschlossen. „Wir bringen ihn zu meinen Eltern. Meine Tochter Isabell hat Schulferien und kann sich um ihn kümmern. Du musst nur Nina mitnehmen."

„Wie soll das gehen? Mit einem Baby im Zug?" Mia hörte selbst, wie lahm ihr Einwand klang. Tessa lachte.

„Die deutsche Bahn ist kein Flüchtlingstreck", sagte sie. „Es gibt sogar Mutter-Kind-Abteile, wo du deine Ruhe hast und sie wickeln kannst. Die meiste Zeit schläft Nina eh. Ruf bei der Stiftung an und sag zu!"

„Bist du sicher?", fragte Mia. Tessa hüpfte aus dem Bett und hatte zog sie mit sich in die Küche. Auf dem Tisch lag ihr Handy. Sie drückte es Mia in die Hand.

„Los, worauf wartest du?", fragte sie.

Zwei Wochen später fuhr Tessa sie mit ihrem Auto zum Bahnhof. Sie bezahlte das Ticket für den Fernexpress, der Hamburg mit Süddeutschland verband, so dass Mia bis Stuttgart nicht umsteigen, geschweige denn auf irgendeinem Bahnhof übernachten musste.

„Ich bin so was Ähnliches wie die Patentante", sagte sie, „und deshalb sorg ich dafür, dass die Reise für mein Patenkind so angenehm wie möglich wird. Du kannst mir das Geld zurückgeben, wenn du mal was übrig hast." Das hatte

Mia eingesehen und sie war froh gewesen. Sie konnte Nina stillen und wickeln und das Baby schlief die meiste Zeit.

In Stuttgart wechselte sie in einen Regionalzug, der sie in knapp zwei Stunden nach Ravensburg brachte. Danach lief sie zu ihrem Hotel und bezog ihr Zimmer. Sie stillte das Baby und nachdem sie es frisch gewickelt hatte, legte sie es ins Tragetuch und ging los, um sich eine Abendmahlzeit zu besorgen.

Sie fühlte sich in dem Städtchen gleich wohl. Der mittelalterlicher Stadtkern war von gewundenen Straßen und Gassen durchzogen und wurde durch den Marienplatz in eine Ober- und eine Unterstadt geteilt. Ein Bach floss durch die Altstadt, dessen Bett durch breite Steinstufen begrenzt wurde. Hier ruhten sich die Menschen aus und ließen, bei dem warmen Wetter, die Füße ins Wasser hängen.

Die prächtigen Fassaden der Häuser waren mit Stuck verziert und geschmackvoll bemalt. Kleine Lädchen reihten sich aneinander, in den Straßencafés lachten die Menschen und genossen den milden Sommerabend. In einem Restaurant namens „Goldfisch" aß sie ihre ersten Käs-Spätzle, eine regionale Spezialität aus dicken, vom Koch selbst geschabten Eiernudeln mit gebratenen Zwiebeln und reichlich geschmolzenem Käse. Danach war sie so satt, dass sie sich in ihrem Hotelzimmer sofort ins Bett legte und so lange schlief, bis Nina ihre Mahlzeit brauchte.

Am nächsten Morgen kämmte sie ihre Haare glatt, zog eine Jeans und eine farbenfrohe aber sonst unauffällige Bluse an, legte nur wenig Make-up auf und erschien pünktlich im Büro der Stiftung, das sich praktischerweise – wie ihr Hotel – in einem der großen Patrizierhäuser am Marienplatz befand.

Die Chefin, Marianne Häberle, begrüßte sie herzlich und bewunderte das Baby.

„Sie kommen von so weit angereist. Dann ist es Ihnen Ernst, für uns zu arbeiten?", fragte sie.

„Ja, ich will mich verändern", antwortete Mia. „Ich möchte nicht, dass meine Kinder in der Großstadt aufwachsen." Solche Fragen hatte sie erwartet und sich die Antworten schon auf der Fahrt im Zug zurechtgelegt. Frau Häberle blätterte in ihren Unterlagen.

„Sie haben in Hamburg ausschließlich für einen Punkrockclub gearbeitet?", fragte sie und Mia meinte, einen misstrauischen Unterton herauszuhören.

„Ja, aber nur im Büro", schwindelte sie. „Ich habe die Buchhaltung für den Club gemacht. Da blieb mir genügend Zeit, um mich um meinen Sohn zu kümmern." Das schien die richtige Antwort gewesen zu sein. Frau Häberle blickte interessiert auf.

„Das haben Sie richtig gemacht. Die Zeit geht so schnell vorbei. Ehe man es sich versieht, sind sie groß. Dann wollen Sie sicher auch die Kinderbetreuung der Stiftung nutzen", stellte sie fest und Mia nickte.

„Das ist einer der Gründe für mein Interesse an dieser Stelle."

„Haben Sie Computerkenntnisse?", fuhr Frau Häberle fort.

„Nein", antwortete Mia erschrocken. Sie wusste, dass immer mehr Firmen ihre Buchhaltung jetzt mit Hilfe von Computern bewältigten. „Aber ich lerne schnell", fügte sie eilig hinzu und dabei bemühte sie sich, zuversichtlich zu klingen.

„Dann müssen wir Sie da einarbeiten", überlegte Frau Häberle, „aber das ist kein Problem. Wir haben noch nicht so lange umgestellt und unsere Mitarbeiter erhalten regelmäßig Schulungen." Mia, die vor Schreck die Luft angehalten hatte, atmete jetzt erleichtert aus. Frau Häberle legte die Papiere auf ihrem Schreibtisch auf einen ordentlichen Stapel und packte sie in eine Mappe. Dann sah sie Mia aufmerksam an.

„Es geht mich zwar nichts an", sagte sie, „aber was ist mit dem Vater der Kinder? Es ist doch ein einziger Vater oder?"

„Ja, es ist ein Vater", bestätigte Mia. „Er wollte kein zweites Kind. Ich habe seit der Geburt unserer Tochter nichts mehr von ihm gehört." Frau Häberle schüttelte empört den Kopf.

„Das ist nicht in Ordnung!", sagte sie. „Kinder sind ein Geschenk Gottes. Und Sie müssen sich jetzt allein durch's Leben schlagen." Sie überlegte und dann lächelte sie wie jemand, der eine Entscheidung getroffen hat. „Wissen Sie was? Dabei helfen wir Ihnen. Sie machen einen guten Eindruck, Frau Ritter. Ihre Zeugnisse sind in Ordnung. Sie bekommen die Stelle. Wann können Sie anfangen?" Sie sah Mia erwartungsvoll an.

Es wurde also Ernst! Mia wusste, dass sie jetzt erfreut lächeln sollte. Die Frau ihr gegenüber musste nichts von ihrem inneren Zwiespalt erfahren, ihrer Trauer darüber, Hamburg verlassen zu müssen und ihrer Sorge, ob sie es schaffen würde, allein zurechtzukommen. Sie atmete tief durch und verzog die Lippen zu einem Lächeln.

„Wann brauchen Sie mich denn?", fragte sie, um Zeit zu gewinnen.

„In fünf Wochen sollten Sie bei uns anfangen. Dann beginnt auch das neue Schuljahr und ihr Sohn könnte sich im Kindergarten gleich in seine Gruppe integrieren." Mia bemühte sich, weiter entspannt und erfreut auszusehen, obwohl sie keine Ahnung hatte, ob sich Sid überhaupt in eine Gruppe integrieren wollte. In diesem Augenblick schlug Nina die Augen auf und lächelte ihr strahlendes Babylächeln. Mia strich ihr zärtlich über die Wangen. Für ihre Kinder wollte sie kämpfen. Für sie lohnte es sich, die Herausforderung anzunehmen. Sie wischte ihre Zweifel und Ängste beiseite.

„In fünf Wochen werde ich da sein", sagte sie entschlossen. „Natürlich brauche ich eine Wohnung, die ich bezahlen kann." Frau Häberle wiegte bedenklich den Kopf.

„In Ravensburg ist das nicht so einfach", antwortete sie, „hier ist das Wohnen sogar ziemlich teuer. Suchen Sie lieber in den umliegenden Dörfern, nicht in Richtung Bodensee, sondern in Richtung Allgäu. Haben Sie ein Auto?"

„Nein", antwortete sie, „das kann ich mir nicht leisten."

„Dann brauchen Sie eine Wohnung in einem Dorf mit einer guten Busverbindung nach Ravensburg. Das schränkt die Auswahl natürlich ein, ist aber durchaus möglich. Gehen Sie am besten gleich zu einem Makler. Ich hab da was für Sie…". Sie kramte in ihrer Schreibtischschublade, zog eine Visitenkarte heraus und reichte sie Mia.

„Hans Meierle, Immobilienberater Ihres Vertrauens bei der Raiffeisenbank Ravensburg", las sie.

„Die Bank ist gleich gegenüber", erklärte Frau Häberle. „Bestellen Sie Herrn Meierle einen Gruß von mir. Den Arbeitsvertrag können Sie sich morgen hier bei mir abholen. Auf eine gute Zusammenarbeit." Sie erhob sich. Mia sprang auf und schüttelte ihr die Hand. Dann war sie entlassen.

Sie ging die Treppen hinab und öffnete die Tür zum Marktplatz. Die Sonne schien, warmer Wind blies ihr ins Gesicht. Plötzlich merkte sie, dass das Baby sie aufmerksam ansah.

„Ich schaff das, Mäuschen", sagte sie leise zu ihrer Tochter, „verlass dich auf mich!" Das Baby lächelte und machte gurgelnde zufriedene Töne. Mia atmete tief durch und trat auf den Platz hinaus. Hier würde das Leben für sie also weitergehen. Sie sah eine Telefonzelle, ging hinein, kramte Münzen aus ihrer Hosentasche, steckte sie in den Schlitz und tippte Tessas Nummer.

„Ich habe den Job", verkündete sie, „und ich muss noch einen Tag bleiben. Morgen krieg ich den Arbeitsvertrag und jetzt such ich mir eine Wohnung."

„Glückwunsch, Mia", klang Tessas Stimme aus dem Hörer, „Find was Nettes für dich und die Kids."

Den Makler fand sie in der Raiffeisenbank, einen mittelgroßen Mann, korrekt in Anzug und weißes Hemd gekleidet, das Haar sauber gescheitelt und glatt gekämmt, mit einem breiten Lächeln im Gesicht. Ein Plastikschild am Revers wies ihn als Hans Meierle aus. Er reichte ihr die Hand.

„Ich soll Sie von Frau Häberle grüßen", sagte Mia. „Sie hat Sie mir empfohlen." Das Lächeln des Maklers steigerte sich zu einem Strahlen.

„Dann kommet Sie, Frau Ritter", sagte er und wies mit der Hand in einen Gang, von dem mehrere Türen abgingen. „I will sehe, was i für Sie tun ka." Er ging voraus, öffnete die Tür zu einem Büro und setzte sich hinter einen Schreibtisch aus hellem Holzimitat. Er deutete auf den davorstehenden Sessel.

„Nehmet Sie Platz", lud er sie ein. „Sie saget, dass Sie den Arbeitsvertrag von der Stiftung erscht morgen bekommet?", fragte er.

„Morgen Vormittag", bestätigte sie.

„Dann könnet mer den Mietvertrag au erscht morgen fertig mache, wenn Ihnen eine Wohnung zusagen tät", informierte er sie.

„Das ist kein Problem", stimmte Mia zu. Der Makler öffnete eine große Mappe und zog Fotos von idyllischen Dörfern, von schneebedeckten Bergen und grünen Wiesen mit weidenden Kühen hervor, die er mit siegessicherer Miene vor ihr ausbreitete.

„Schön hem mer's hier, meinet Sie it?", fragte er zufrieden. Mia wurde langsam ungeduldig.

„Soll ich da zelten?", entgegnete sie. Sie hatte nur diesen einen Tag, um eine Wohnung zu finden. „Ich würde lieber Fotos von den Wohnungen sehen. Der Makler lächelte nachsichtig.

„Frau Ritter, Klappern gehört zum Handwerk! Die schöne Aussicht berechnet mer it extra."

„Ich brauch keine schöne Aussicht. Ich brauch eine bezahlbare Wohnung und eine gute Busverbindung nach Ravensburg."

„Da hen Sie natürlich Recht", stimmte er ihr zu, ohne das Lächeln von seinem Gesicht zu wischen. Wahrscheinlich würde er am Abend eine Massage brauchen, um seine Züge zu entspannen. Doch jetzt zeigte er ihr Grundrisse und Fotos von Einliegerwohnungen, welche die Häuslesbauer vermieteten, um ihre Eigenheime zu finanzieren.

Mia zögerte. Mit dem Vermieter unter einem Dach? Mit zwei kleinen Kindern? Ob das gutgehen konnte?

„Ich hätte lieber eine Wohnung in einem Mietshaus", bat sie.

„A Mietshaus im Dorf?" Der Makler lachte. „Des hem' mer it. Aber do hät I vielleicht ebbes für Sie." Er zeigte ihr ein Bild von einem kleinen Häuschen, das schon bessere Tage gesehen hatte, und nur zweihundert Mark Miete im Monat kosten sollte.

„Do hat scho lang niemand mehr g'wohnt. Des Haus isch alt und Sie müsset mit Holz heize. Deshalb isch es so günschtig", erklärte er und schaute in seine Unterlagen. „Aber a Bad isch da. Wenn Sie mit Holz heizen könnet und die Wänd' selbst streichen wellet, wär des mein beschtes Angebot." Dann sah er sie mit einem Gesichtsausdruck an, als würde er ihr den Hauptgewinn offerieren. „Des Haus isch möbliert und der Bus fährt einmal in der Stund."

„Wann kann ich es mir ansehen?", fragte Mia. Der Makler griff lächelnd zum Telefon.

„Grüß Gott, Andi … i hab da jemand für dei Häusle … ja, jetzt gleich … Wo isch der Schlüssel? … Ja, des mach i, i ruf di an. Ade Andi." Er legte auf und strahlte sie an:

„Wenn Sie wellet, fahret mer jetzt na", bot er an. In diesem Augenblick schlug Nina die Augen auf, verzog ihren Mund und begann zu weinen. Mia küsste ihre Tochter.

„Abgemacht", sagte sie und knöpfte ihre Bluse auf, „wenn Nina satt ist." Der Makler stand kopfschüttelnd auf. Diese Städter!

„Sie kommet nunter, wenn Sie fertig sind", sagte er und verließ den Raum.

Borkenweiler war kein schönes Dorf. Es eignete sich definitiv nicht als Werbeobjekt für das Allgäu, wenn auch die Aussicht auf grüne Hügel mit weidenden Kühen vor den fernen Alpen an das Postkartenidyll erinnerte. Die Häuser, die sich dicht an die Hauptstraße schmiegten, zeigten deutlich, dass vielen Bewohnern das Geld für die notwendigen Renovierungsarbeiten fehlte. An manchen Häusern bröckelte der Putz von den Wänden, anderen fehlte seit Jahren ein frischer Anstrich. Die Gärten waren wenig gepflegt, Unkraut überwucherte die Beete und auf den Rasenflächen blühte hoch der Ampfer.

„Da wohnet no rechte Leut", erklärte der Makler, der ihre Blicke richtig gedeutet hatte, „it so Großkopfete. Die habet koi Zeit für Äußerlichkeite. Die schaffet." Er bog in eine Seitenstraße ein. Hier standen ältere Häuser, zumeist Bauernhöfen. Kühe schauten dem Auto neugierig durch die geöffneten Tore nach. Mia, die das Fenster heruntergelassen hatte, roch ihren Duft und hörte ihr Muhen.

Das letzte Haus in der Straße war das Häuschen, das sie von der Anzeige her kannte. Der Makler parkte, sie stiegen aus und er öffnete ein quietschendes Gartentörchen. Dann griff er in einen Blumentopf, zog lächelnd den Schlüssel heraus und öffnete die Tür.

Mia fühlte sich augenblicklich in eine andere Zeit versetzt. Sie stand in einem winzigen düsteren Flur, von dem kleine Zimmer mit niedrigen Decken abgingen. Es roch muffig nach etwas, das Mia nicht zuordnen konnte.

Im ersten Raum befand sich die Küche: Ein alter Herd, eine fleckige Metallspüle und einige billige Schränke mit moosgrünen Fronten, verziert mit gelben Plastikblumen. Mia fand Besteck in einer Schublade und angeschlagene Teller und Tassen in den Schränken. Auf dem kleinen Holztisch, um den vier wacklige Holzstühle standen, lag ein verblichenes Wachstuch. Die Fenster in den verwitterten Holzrahmen waren so schmutzig, dass das helle Sonnenlicht nur gedämpft eindrang. Verstaubte Spinnweben zeigten, dass selbst die Spinnen diesen Ort lange verlassen hatten.

Neben der Küche befand sich ein winziges Badezimmer. Der riesige Boiler, der für warmes Wasser sorgen sollte, machte es noch kleiner, doch es gab ein Waschbecken, eine Toilette und eine Badewanne und damit alles, was Mia brauchte. Die dunkelbraunen Wandfliesen, verziert mit beigen Blüten, ließen den Raum noch dunkler wirken, als er tatsächlich war. Das kleine Fenster wurde zur Hälfte durch ein verwittertes Brett verschlossen: die Scheibe fehlte.

Den Wohnzimmerboden zierte ein zerschlissener Teppich, auf dem ein durchgesessenes Sofa, zwei altersschwache Sessel und ein ovales Tischchen gerade noch Platz fanden. Dahinter stand eine Schrankwand. Mia sah vergilbte Buchrücken, Gläser und verschieden große Figuren aus Porzellan. Aus den geblümten Vorhängen hatte die Sonne die Farbe gesogen und der Schmutz hatte Ihnen den Rest gegeben. Mia schauderte es. Sie würde Gummihandschuhe und einen Mundschutz brauchen.

Im Schlafzimmer fand sie ein altes Bett mit Matratzen, bei denen einige Sprungfedern den Weg in die Freiheit gefunden hatten. Der Kleiderschrank war leer und auch die Kommode beherbergte nur Spinnweben, abgestorbene Larven und jede Menge Staub.

Das kleine Zimmer daneben war vollgestopft mit allem, was die vorherige Bewohnerin nicht mehr gebraucht hatte: dreibeinige Stühle, von Motten zerfressene Textilien, hohe Stapel alter Zeitungen und Kisten vollgestopft mit Flaschen und rostigen Konserven. Mia seufzte vernehmlich. Dies würde das Kinderzimmer werden.

In jedem Zimmer befand sich ein Ofen und als Mia einen davon öffnete, fand sie darin Asche und verkohltes Feuerholz. Sie schaute den Makler fragend an.

„Des Haus isch länger leerg'stande", gab der zu. „Andis Oma hat hier bis zur ihrem Tod g'lebt. Und dann hat niemand ebbes g`macht." Er deutete auf die Möbel. „Eigentlich isch des alles Sperrmüll. Könnet Sie behalte oder wegschmeiße, wie Sie wellet. Entsorgung geht auf ihre Koschte. Der Vermieter macht des it." Mia schüttelte den Kopf.

„Ich hab keine Möbel. Die hier tun es erstmal", sagte sie, „aber hier ist natürlich noch eine Menge zu tun, bevor ich mit den Kindern einziehen kann. Können Sie nochmal mit dem Vermieter wegen der Miete reden?" Der Makler nickte.

„Dass des so aussieht, hätt I jetzt au it denkt", stimmte er ihr zu. „Jetzt machet mer des so, dass Sie erscht zahlet, wenn Sie alles hergerichtet habet und ein'zoge sind. Nehmet Sie des Haus?" Als sie nickte, schien er erleichtert zu sein.

Am nächsten Tag holte sie sich in der Stiftung ihren Arbeitsvertrag. Frau Häberle schüttelte bedenklich den Kopf, als sie ihr von dem alten Haus in Borkenweiler erzählte.

„Es stimmt, in Borkenweiler hält der Bus", bestätigte sie. „Aber ein Haus ohne Zentralheizung? Sind Sie sicher? Hier sind die Winter kälter als in Hamburg."

„Mir gefällt das Haus", antwortete Mia.

„Also gut", sagte die Chefin. „Wir geben unseren Angestellten einen kleinen Zuschuss für den Umzug", und sie stellte einen Scheck über fünfhundert Mark aus. Danach ging Mia zur Bank und unterschrieb ihren Mietvertrag.

„Mäuschen", sagte sie zu ihrer Tochter, die sie jetzt immer öfter mit wachen Augen aufmerksam betrachtete, „du hast ja Recht! Das wird `ne Menge Arbeit. Aber ich schaffe das, versprochen." Und dann lächelte Nina. So fuhr Mia mit zwei Verträgen – dem Arbeitsvertrag und dem Mietvertrag – und einem Scheck zurück nach Hamburg.

2005

Mia machte eine Pause. Stefan sah sie mitfühlend an.

„Und dann sind Sie in dieses verwahrloste Haus gezogen?", fragte er.

„Ohne meinen Vater und meine Freundin Tessa hätte ich das nicht geschafft", erzählte sie. „Aber diese Geschichte gehört sicher nicht zu ihrem Fall." Er nickte.

„Sie haben Recht, Mia", sagte er, „aber es interessiert mich trotzdem. Wären Sie so freundlich?" Sie sah ihn erstaunt aber nicht abweisend an. Schließlich lächelte sie zustimmend.

„Es ist schon lange her, dass sich jemand für mein Leben interessiert hat", meinte sie. „Ich hätte es mir romantischer gewünscht."

„Was nicht ist, kann ja noch werden", dachte er und konnte sich gerade noch verkneifen, seine Gedanken laut auszusprechen. Und dann erzählte sie weiter.

1991

Tessa holte sie mit Sid vom Bahnhof ab. Sie nahm ihr Nina ab, damit sich Sid in ihre Arme stürzen konnte. Er klammerte sich an ihr fest, als wollte er sie nie wieder loslassen.

„Du bist wieder da!", sagte er verwundert, so als ob er nicht glauben konnte, dass sie tatsächlich zurückgekommen war. Mia hielt ihren kleinen Jungen fest an sich gedrückt. Der Junge hatte offensichtlich Angst gehabt. Auch seine Welt war zerbrochen und er hatte nicht die Möglichkeit, sie selbst zu gestalten.

„Natürlich bin ich wieder da", sagte sie und versuchte, ihrer Stimme einen festen Klang zu geben. „Ich werde dich nie verlassen, das verspreche ich dir, Sid. Nie!" Er schaute sie zweifelnd an, aber dann löste er sich von ihr. Tessa war hingegen bester Laune.

„Mia, Schatz, das schaffen wir", rief sie, als Mia ihr von dem Haus erzählte. „Ich komm mit und helfe dir. Ich such mir eine Aushilfe für den Club. Jake und Lizzy vielleicht? Das wären sie dir schuldig." Mia stutzte. Lizzy hieß sie also, Jakes Neue.

„Lizzy? Die Sängerin von den Schlampen?", fragte sie. Tessa hielt erschrocken inne.

„Oh je, das wusstest du noch nicht? Warum kann ich meinen Mund nicht halten? Ja, sie singt bei den Schlampen und jetzt weißt du es."

„Jakes Beutemuster", antwortete Mia trocken, „sie ist sicher gut im Bett. Seit wann wohnt er bei ihr?" Tessa sah zu Boden.

„Seit mehr als einem Jahr", gab sie zu, ohne Mia anzusehen.

„Was?", rief Mia, „so lange schon? Bevor ich mit Nina schwanger wurde? Hast du das gewusst?"

„Mia, Schätzchen, ich konnte es dir nicht sagen. Ich hab's mir lange überlegt." Mia sah ihre Freundin wütend an. Das konnte doch nicht wahr sein!

„Doch!", rief sie, „du hättest es mir sagen müssen! Dann hätte ich nicht mehr mit ihm geschlafen!" Tessa schaute sie merkwürdig an.

„Dann wäre Nina jetzt nicht da", antwortete sie leise. Mia hielt inne.

„Du hast Recht, Tessa. Ich hätte es selbst merken können. Du hast mich früh genug gewarnt. Ich wollte einfach nicht, dass es aufhört. Ich hab mich lieber selbst belogen." Sie atmete tief durch. Plötzlich erschrak sie. „Sid! Er hat es also auch gewusst?"

„Ja, Mia, als Nina geboren wurde, war er bei Jake und Lizzy." Mia seufzte.

„Er hat nichts davon gesagt. War er deshalb so verstört? Soll ich ihn darauf ansprechen?"

„Ich weiß nicht", sagte Tessa zögernd. „Der Kleine hat in den letzten Tagen genug erlebt, meinst du nicht?" Und so sprach Mia nicht mit ihrem Sohn über seinen Vater und dessen neue Freundin.

Mia war sonnenklar, dass sie selbst mit Tessas Hilfe mit der Renovierung des Häuschens überfordert war. Deshalb schrieb sie an ihren Vater.

Lieber Papa,
ich hab in Ravensburg eine gute Stelle bekommen. Das Haus in Borkenweiler, das ich gemietet habe, müsste renoviert werden. Es ist ziemlich viel Arbeit. Hilfst du mir? Mia

Die Antwort traf postwendend ein:

Liebe Mia,
mit dem größten Vergnügen. Sag, wann und wo du mich brauchst und was ich mitbringen soll. Ich meine, an Werkzeug. Ich freu mich auf dich und die Kinder, dein Vater.

Tessa organisierte noch am selben Tag eine Aushilfe für den Club, was kein Problem war, denn viele Punks litten an chronischem Geldmangel. Einen Tag, bevor sie losfuhren, organisierte sie eine Fete, und Mia wurde gebührend verabschiedet. Gebührend?

Niemand fragte, warum sie ging, auch nicht die netten Jungs, die sich um Sid gekümmert hatten. Be true to yourself and fuck the world? Mia wurde klar, dass sie für alle, außer für Tessa, zu dem Teil der Welt gehörte, auf den man im Bedarfsfall leicht verzichten konnte.

Warum hatte sie das nicht bemerkt?

Am Morgen danach beluden sie das Auto. Tessa verstaute ihren Staubsauger, einige Eimer, Putzlappen und Bürsten im Kofferraum. Auch die Säcke mit Mias aussortierten Punkklamotten stopfte sie hinein. Mia würde sich schon wieder fangen, davon war sie überzeugt. Oder vielleicht hatte Nina ja später Spaß an den schrillen Outfits?

Tessa nahm den Zustand des Häuschens schweigend zur Kenntnis.

„Du liebe Scheiße", murmelte sie schließlich fassungslos und zeigte auf die schwarzen Würmer, die gleichmäßig über den Boden und auf den Möbeln verteilt waren. „Weißt du, was das ist, Mia, mein Schatz?" Sie riss das Fenster auf. „Das ist Mäusekacke! Und wo Kacke ist, da sind auch Mäuse. Wir brauchen dringend eine Katze."

„Riecht es hier deswegen so muffig?", fragte Mia.

„Du sagst es. So riecht Mäusekacke."

Als draußen wenig später ein Auto hupte, liefen sie hinaus. Mias Vater stieg aus seinem Kombi und ging strahlend auf seine Tochter zu. Er schloss sie glücklich in die Arme. Als Sid sah, dass sein Mutter den Mann gerne mochte, ließe auch er sich von seinem Großvater umarmen.

„Opa heißt du?", fragte er neugierig.

„Das trifft den Nagel auf den Kopf!", antwortete dieser.

„Und du bist mein Enkel. Ich freue mich so, dich endlich kennenzulernen." Zuerst streichelte und küsste er das Baby, dann besichtigte er das Häuschen.

„Du hast wirklich nicht übertrieben", meinte er trocken. „Hier wartet eine Menge Arbeit auf uns. In diesem Haus kannst du noch lange nicht übernachten. Zuerst müssen wir die Mäuse vertreiben und gründlich putzen. Ich werde Zimmer im Gasthaus mieten."

„Ich fahr dann mal ins Tierheim und besorg eine Katze", rief Tessa und klimperte mit ihren Autoschlüsseln.

„Immer mit der Ruhe", wandte Mias Vater ein. „Eine Katze ist sicher eine gute Idee, aber allein wird sie mit so vielen Mäusen nicht fertig. Wo ist der nächste Baumarkt?" Mia beschrieb ihm den Weg, er stieg in sein Auto und kam eine Stunde später mit einem Dutzend Mausefallen wieder, die er in den Zimmern verteilte.

„Pass auf, mein Junge", sagte er zu Sid, der ihn nicht aus den Augen ließ. „Du darfst die Fallen nicht berühren, sonst schnappen sie dich und das tut sehr weh."

„Tun die den Mäusen auch weh?", fragte Sid.

„Ja, aber es geht ganz schnell, dann sind sie tot", erklärte der Großvater.

„Du machst die Mäuse tot, Opa?" Seine Stimme schwankte zwischen Entsetzen und Erstaunen.

„Jawohl, das mache ich!", antwortete er bestimmt. „Die Mäuse könnten deine kleine Schwester beißen und ihre Kacke macht euch krank." Sid schüttelte sich.

„Dann mach sie besser tot", stimmte er ihm zu und damit war das Thema für ihn erledigt. Von jetzt an begleitete er seinen Großvater jeden Morgen und sah ihm dabei zu, wie er die toten Mäuse entsorgte.

„Du kannst die Nina nicht mehr beißen", kommentierte er jede tote Maus.

Die folgenden Wochen vergingen wie im Flug. Sie räumten die Zimmer leer, stellten alles auf den Platz vor dem Haus und sortierten aus, was Mia davon noch brauchen konnte. Der Rest wanderte auf einen großen Haufen, der von der Müllabfuhr abtransportiert wurde. Leider mussten sie auch die alte Couchgarnitur entsorgen. Die Mäuse hatten darin ihre Jungen großgezogen und sie war nicht mehr zu gebrauchen.

Tessa putzte, als ginge es um ihr Leben. Zuerst kehrte sie die alte Asche aus den Öfen und rief den Kaminfeger an, der die Kamine reinigte. Danach saugte und schrubbte sie, bis auch das letzte Mäuseköttelchen verschwunden war. Schließlich lieh sie sich beim Baumarkt eine Schleifmaschine und befreite die alten Holzdielen vom Dreck der letzten Jahrzehnte.

„Schau mal, Mia, Landhausstil", rief sie begeistert, als sie den Boden des ersten Zimmers abgeschliffen hatte. „Wenn die Wände fertig sind, öle ich die Dielen ein."

Mias Vater kümmerte sich um die Wände. Er spachtelte Löcher zu, verlegte neue Stromleitungen und montierte Steckdosen. Danach ersetzte er zerbrochene Fensterscheiben und brachte neue Dichtungen an, während Mia draußen den alten Lack von den Möbeln schliff, die sie behalten wollte. Glücklicherweise blieb das Wetter gut.

Dann kauften sie Farben, bei deren Auswahl sich Tessa durchsetzte. Jede Wand wurde in einer leuchtenden Farbe gestrichen und auch die Möbel wurden farbig aufgemotzt. Als die Schrankwand in Pink erstrahlte, lachte Sid fröhlich.

Einen Tag nachdem Tessa die Dielen geölt hatte, räumten sie die Möbel wieder in die Zimmer. Die Sonne schien jetzt durch saubere Scheiben, es roch nach Öl und Farbe und Mia begann, sich zu Hause zu fühlen.

Bevor sie einzog, kaufte sie vom Geld der Stiftung neue Matratzen für sich und die Kinder. Ihr Vater trieb einen alten Kühlschrank und eine Waschmaschine auf, die trotz ihrer Jahre noch gut funktionierten. Dann kam der Tag, an dem Mia ihre Kleider in den Schrank hängte und Sid seine Spielsachen in die Truhe räumte, die er mit Tessas Hilfe knallrot gestrichen hatte. Seine Matratze lag in einer Ecke auf dem Boden und Tessa schaffte es tatsächlich, Bettzeug zu besorgen, das mit neonfarbenen Totenköpfen bedruckt war, so dass es fast so aussah wie in seinem alten Zimmer. Sid freute sich sehr und legte seine Plüschratte auf sein Kopfkissen.

„Die beißt nicht", erklärte er seinem Opa.

Am Nachmittag verschwand Tessa. Sie kam einige Stunden später mit einem Korb zurück, den sie Sid überreichte.

„Für dich", sagte sie. Als Sid den Korb öffnete, schrie er entzückt auf. Ein Katzenjunges lag darin.

„Für alle Fälle", sagte Tessa, „damit sich hier nie wieder Mäuse einnisten."

Abends saßen sie zusammen auf dem quietschgelben Bettsofa, das Mias Vater beim Möbelhändler in Ravensburg erstanden hatte.

„Damit ich weiß, dass ich bei dir übernachten kann, wenn ich dich besuchen komme … Wenn du das überhaupt willst", fügte er hastig hinzu.

„Natürlich, Papa", sagte sie glücklich, „jetzt, wo ich dich endlich wiederhabe! Du bist mir immer willkommen. Ohne dich, Papa, und ohne dich, Tessa, hätte ich das hier nicht geschafft."

„Na, ich musste doch dafür sorgen, dass das Landei wieder sicher auf dem Land landet", grinste Tessa. „Und jetzt weiß ich außerdem, wo ich Ferien mache."

Nachdem die beiden am nächsten Morgen weggefahren waren, legte Mia das Baby in den Kinderwagen, nahm Sid an die Hand, und ging los, um die Gegend zu erkunden. Die kritischen Blicke der Nachbarn, die den schwarzen Kinderwagen mit den Fledermäusen und den Totenköpfen, sowie den kleinen Jungen mit den komischen Haaren kopfschüttelnd beäugten, hatte sie nicht sehen können.

„Sapperlot! Dass die koiner will, isch klar, Ewald", meinte Frau Scheffele, Mias Nachbarin, zu ihrem Mann.

„Dass der Andi niemand von hier g`funde hat für des Häusle von seiner Oma!", merkte ihr Mann an.

„Des isch schad", stimmte ihm seine Frau zu. „Aber die do, die passt it hierher!"

„Nei g`schmeckt", bestätigte ihr Mann und die beiden schauten sich in stiller Übereinkunft an.

„Aber Kinder kennet nix dafür, Luise", schloss der Mann die Unterhaltung.

Kulturschock

2005

„Jetzt wissen Sie, wieso ich in Ravensburg gelandet bin. Es geht mir gut hier und ich habe nichts mit ihrem toten Russen zu tun. Ich bin nur froh, dass ich an dem Abend, an dem er ermordet wurde, nicht im CLASH war", schloss Mia ihre Erzählung.

„Erstaunlich, was Sie geleistet haben", sagte Stefan. „Bis jetzt haben Sie noch nicht erzählt, wo die Schwierigkeiten lagen. Was hat Ihnen und ihrem Sohn so große Mühe bereitet? Wenn ich Sie richtig verstanden habe, gab es ernsthafte Probleme!", sagte Stefan.

„Die kamen nach dem Umzug", erklärte Mia. Er sah ihr an, dass es ihr schwerfiel, über dieses Thema zu sprechen.

„Bitte erzählen Sie mir davon", bat er.

„Was hat das mit ihrem Fall zu tun?" Sie wehrte sich.

„Frau Ritter, Sie haben Recht: Ihr Leben in Hamburg gibt mir keine neuen Aufschlüsse. Ob etwas wichtig oder unwichtig ist, weiß ich erst, wenn ich es gehört habe. Ich kann Sie nicht zwingen. Wenn Sie möchten, können Sie jetzt auch gehen." Sie sah ihn nachdenklich an. Er war der netteste

Mann, den sie seit langem getroffen hatte. Wenn sie ehrlich war, tat es ihr gut, ihm ihr Leben zu erzählen.

„Ich glaube, ich habe Fehler gemacht", gab sie schließlich zu. „Es ist mir nicht gelungen, Anschluss im Dorf zu finden, und wenn ich ehrlich bin, hab ich es auch nicht richtig versucht."

1991

Das neue Leben begann für Mia morgens um sechs. Sie musste den quengelnden Sid aus dem Bett ziehen, waschen und in seine Kleider zwängen. Sie stillte Nina und legte sie in das Tragetuch. Dann liefen sie zum Bus, der kurz nach sieben fuhr. Die Schulkinder, die mit ihnen an der Bushaltestelle warteten, begannen bei ihrem Anblick vor Vergnügen zu kreischen.

„Kuck mal der do! Der sieht ja aus wie a gerupft's Huhn", rief ein Junge.

„Gack, gack, gack", schrien die anderen im Chor.

Mia verstand zuerst gar nichts. Erst als sie die Kinder genauer betrachtete, fiel ihr der Grund für deren Heiterkeit auf: Die Jungen hier trugen die Haare kurz, die Haare ihres Sohns waren lang. Weil er das Kämmen hasste, hatte sie einfach darauf verzichtet, und langsam waren sie verfilzt. In Hamburg störte das niemanden. Viele junge Leute liefen so herum, doch hier fiel der Junge auf wie ein bunter Hund.

Nachdem Sid verstand, dass die Kinder über ihn lachten, erschrak er und ging verschämt hinter Mias Rücken in Deckung. Zum Glück kam der Bus und die Kinder waren damit beschäftigt, sich um die wenigen Plätze zu prügeln.

Mia hatte keinen Platz ergattert. Sie klammerte sich in dem schwankenden Gefährt an der Haltestange fest und versuchte, das Baby gegen das Gedränge abzuschirmen. Der völlig verstörte Sid krallte sich an ihr fest und sagte nichts mehr. Nina, die einige Knuffe abbekommen hatte, fing an zu weinen. Mia konnte sie nicht beruhigen, denn sie brauchte ihre Hände, um sich festzuhalten. Zwei Frauen, die wie angeschraubt auf ihren Plätzen hockten, musterten sie entnervt und vorwurfsvoll.

„Ah, des Kind plärret jetzt aber scho arg!", stellte eine dicke Frau im braunen Kittel fest, die ihre Handtasche auf den Knien balancierte.

„Was Sie nicht sagen, das hätt ich gar nicht gemerkt!", gab Mia gereizt zurück. Die Frau schüttelte indigniert den Kopf.

„Fahret Sie do jetzt jeden Morgen mit dem Bus?", fragte sie und ihr war anzusehen, dass sie das nicht begrüßen würde.

„Ja, und was isch'n mit dem seine Haar passiert?", fragte ihre nicht minder dicke Nachbarin im geblümten Kittel. „Des arme Burle …"

„Das geht Sie gar nichts an!", fauchte Mia. Sie machte sich inzwischen schwere Vorwürfe, denn sie hätte wissen müssen, dass Sid mit seinen Haaren im Allgäu auffallen würde.

„Nei g'schmeckt", stellte die braun Gekleidete fest und Mia wusste nicht, dass sie damit als Fremde abgestempelt war, die nicht hierher passte.

„Isch des it die Neue von Borkenweiler?", fragte die Geblümte. „Ha, mit derre werd'n wir no a Spässle kriega!" Ihre Freundin beugte sich zu ihr und raunte:

„Gsocks!"

„Lass gut sein, Helene", mischte sich ein Mann ein, der

hinter den beiden Frauen saß. Dann stand er auf und winkte Mia zu sich.

„Jetzt setzet Sie sich mal na", meinte er väterlich, „damit Sie d' Händ freihabet und sich um des Kind kümmern könnet." Das Angebot nahm Mia dankbar an und Sid klemmte sich neben sie. Nina bekam ihren Schnuller und beruhigte sich sofort. Kurz bevor er ausstieg, war der Mann noch einmal zu ihr gekommen.

„Morgen schwätzet sie mit dem Busfahrer", empfahl er ihr. „Do gibt's reservierte Plätz für Mutter und Kind."

In Ravensburg angekommen, zog Mia ihren Sohn ins nächste Friseurgeschäft. Die nette junge Frau hatte die verfilzten Haare einfach abgeschnitten und danach sah Sid aus, wie alle anderen Buben.

„Mia, ich versteh nicht, was die Leute hier sagen", murmelte der Kleine verstört.

„Ich auch nicht", hätte sie am liebsten geantwortet. Am liebsten hätte sie ihm auch gesagt, wie sehr sie diese Kleinbürger verachtete, die alles ablehnten, was sie nicht kannten. Am liebsten hätte sie ihm erzählt, wie sie vor sechs Jahren aus einer Kleinstadt – ähnlich groß wie Ravensburg – geflüchtet war, um ein freies, ehrliches Leben zu führen.

Doch würde ihrem Sohn das helfen? Er war viel zu jung, um sich abzugrenzen. Er wollte dazugehören.

„Die sprechen hier anders als in Hamburg", erklärte sie stattdessen, „aber du wirst schnell lernen, schwäbisch zu sprechen." Sid sah sie zweifelnd an.

„Glaubst du?"

„Es wird etwas länger dauern, als deine Haare abzuschneiden, aber nicht viel", versprach sie ihm. Nachdem sie ihre Kinder im Kindergarten der Stiftung abgegeben hatte, führte Frau Häberle sie durchs Haus. Sie begrüßte viele neue Kollegen und bezog ihren Schreibtisch, auf dem ein großer Monitor thronte und eine Tastatur bereitlag. Unter dem Schreibtisch stand ein Rechner. Eine freundliche Kollegin setzte sich zu ihr und zeigte ihr, wie man den Computer startete und das Programm bediente. Staunend begriff Mia, dass ihr der Rechner eine Menge Arbeit abnehmen würde. Begierig notierte sie alle Schritte, die nötig waren, um den Computer dazu zu bringen, genau das zu tun.

In der Pause besuchte sie ihre Kinder. Nina schlief satt und zufrieden. Sid sprang ihr in die Arme.

„Mama, Mama", rief er und sah sie dann ängstlich an. „Ich nenn dich jetzt Mama, nicht mehr Mia. Alle tun das hier." Willkommen in der Welt der Spießer! Sie schaute ihn liebevoll an.

„Natürlich, Sid, ich bin deine Mama. Wenn du möchtest, kannst du mich so nennen."

„Und warum heiße ich Sid?", fragte er traurig. „Das ist kein richtiger Name. Die Jungs hier heißen Martin und Andreas und Stefan. Ich will auch so einen Namen."

„Du heißt nach dem berühmten Rockstar Sid Vicious", erklärte sie. „Sid ist ein besonderer Name." Doch das schien ihren Sohn nicht zu trösten.

„Ich will aber einen anderen Namen", maulte er.

„Dann such dir einen aus", schlug sie vor.

„David", rief er zu ihrer Überraschung, „ich will David heißen."

„Warum David?"

„Schwester Anna hat uns eine Geschichte von ihm vorgelesen aus einem dicken Buch mit Kreuz vorne drauf. David war der Kleinste und doch hat er alle gefickt! Und dann ist er sogar König geworden.‟

„Sid‟, rief Mia entsetzt, „du darfst nicht sagen, dass er alle gefickt hat. Er hat alle besiegt!‟

„Aber Jake …? Papa? Mama, Jake ist doch mein Papa, oder?‟

„Natürlich ist Jake dein Papa.‟

„Papa sagt das auch immer.‟ Mia atmete tief durch. Jake, dieses Arschloch! Er hatte versprochen, dass Sid frei aufwachsen sollte! Und jetzt musste sie ihm beibringen, sich an die spießige Gesellschaft anzupassen. Sie musste ihr Kind belügen, damit es nicht verletzt wurde.

„Du weißt doch, dass die Leute hier anders sprechen‟, erklärte sie ruhig. „Das Wort ‚ficken‘ bedeutet hier etwas Böses. Deshalb ist es besser, wenn du es nicht sagst.‟

„Ficken heißt besiegen?‟, fragte er.

„Ja, wenn du sagst, dass David alle besiegt hat, geht das in Ordnung. Hast du Sehnsucht nach deinem Papa?‟ Er schüttelte heftig den Kopf. Trotzdem schlug sie wieder einmal halbherzig vor: „Du kannst ihn besuchen, wenn du willst.‟

„Nein, das will ich nicht‟, sagte er, und darüber freute sie sich. Jake hatte sich immer noch nicht bei ihr gemeldet. Auch die Verwüstung seiner Wohnung hatte er klaglos hingenommen. Vermutlich war er heilfroh, dass sie ihn nicht auf Unterhalt verklagte, und genoss seine Freiheit und die sexuellen Qualitäten seiner diversen Bettgenossinnen.

Kurz bevor ihre Pause zu Ende ging, erklärte sie der Kindergärtnerin, dass Sid eine Abkürzung von Sidney sei.

„Sein Vater ist Amerikaner. Mit zweitem Namen heißt mein Sohn David. Hier möchte er David genannt werden.‟ Sie ließ den Namen auch auf dem Standesamt als zweiten Vornamen eintragen und hoffte, dass sie damit die schlimmsten Probleme aus dem Weg geräumt hatte. So wurde aus Sid Vicious, dem unangepassten Punk auch ganz offiziell David, der Unbesiegbare.

In ihrem Haus fühlte sich Mia immer wohler. Als der Herbst anbrach und es langsam kühler wurde, lernte sie, die Öfen morgens so zu bestücken, dass die Wärme bis zum Abend hielt. Dafür musste sie eine halbe Stunde früher aufstehen, doch es lohnte sich. Abends in ein warmes Haus zu kommen war weitaus angenehmer, als mit den Kindern unter vielen Decken auszuharren, bis die Öfen es endlich schafften, die eisige Kälte aus den Zimmern zu vertreiben.

Den kleinen Kater hatten sie zunächst „Punky" genannt. David liebte ihn sehr und Nina lächelte und krähte, wenn sie das Tier sah. Die erste tote Maus, die er im Garten gefangen und vor ihre Füße gelegt hatte, feierten sie begeistert. Danach hieß er nur noch „Killer".

Zu den Menschen im Dorf fand Mia keinen Zugang und sie bemühte sich auch nicht sonderlich darum. Für ihre Verhältnisse kleidete sie sich brav und sie grüßte ihre Nachbarn, doch sie sang weder im Kirchenchor noch besuchte sie das Frauenturnen. Sie ging am Sonntag auch nicht in die Kirche. Auch wenn sie sich nicht mehr punkig schminkte und kleidete, sah sie mit ihren kurzen Haaren, die sie zur Abwechslung rot färbte, anders aus als die Frauen im Dorf.

Natürlich bemerkte sie, dass die Leute verstummten, wenn sie sich in dem kleinen Dorfladen mit den Sachen eindeckte, die sie in der Stadt vergessen hatte. Es gab sogar Leute, die sich beharrlich weigerten, ihren Gruß zu erwidern.

„Es ist wie es ist", beruhigte sie sich. „Mit Spießern kann ich einfach nicht."

Zudem hatte sie andere Sorgen. Die Arbeit in der Firma war anspruchsvoll. Sie musste mit dem Computer umgehen lernen und hatte es sich zum Ziel gesetzt, dies möglichst schnell zu schaffen. Deshalb nahm sie sich die Handbücher abends mit nach Hause, und wenn die Kinder schliefen, saß sie noch stundenlang wach und versuchte, die Abläufe auswendig zu lernen.

Mindestens einmal in der Woche telefonierte sie mit ihrem Vater und mit Tessa.

„Mia, du darfst nicht so viel arbeiten", ermahnte sie ihr Vater. „Das tut dir nicht gut!"

„Ach, Papa", antwortete sie dann. „Ich muss die Kinder allein durchbringen. Ausruhen kann ich später."

„Du bist aber nicht alleine", wandte er ein. „Ich komm demnächst und helfe dir." Und das tat er auch. Alle paar Wochen besuchte er sie für ein verlängertes Wochenende, spielte mit Sid und Nina und reparierte im Haus, was zu reparieren war.

Er sorgte auch dafür, dass sie den Schuppen hinter dem Haus nutzen konnten. Mia hatte nicht gewagt, das alte windschiefe Ding zu betreten, das so aussah, als würde es jeden Augenblick einstürzen. Doch ihr Vater öffnete beherzt die Tür und fuhr, nachdem er sich ein Bild gemacht hatte, in den Baumarkt. Die Balken, die er brauchte, um die Dachkonstruktion des Schuppens abzustützen, transportierte er auf dem Autodach.

Außerdem sammelte er gemeinsam mit Sid das Holz aus dem verwilderten Garten, das dort seit Jahrzehnten herumzuliegen schien, hackte es auf einem großen Klotz mit einer Axt in Stücke und schichtete es an der Rückwand des Schuppens auf.

„Ich leg dir einen Vorrat für den Winter an, dann hast du es leichter", sagte er, als sie sich abends auf dem Sofa von der Arbeit des Tages ausruhten. Der Kater lag zwischen ihnen und schnurrte behaglich.

„Du musst mir nicht helfen", entgegnete Mia.

„Das weiß ich, Mia", antwortete er ernst. „Ich weiß, dass ich das nicht muss, doch es macht mir Freude, dich zu unterstützen. Ich habe viel zu spät damit angefangen." Sie umarmte ihn. Der Kater, dem es plötzlich an Platz mangelte, sprang mit einem empörten Miauen vom Sofa.

„Danke Papa", sagte sie. „Hast du in der letzten Zeit von Mama gehört?"

„Von ihrem Anwalt", antwortete er trocken. „Deine Mutter war mächtig enttäuscht, dass sie mir das Häuschen nicht abluchsen konnte. Doch es kommt von meinen Eltern und auf mein Erbe hat sie keinen Zugriff."

„Und Jochen?", fragte sie. „Hast du Kontakt zu Jochen?"

„Dein Bruder legt keinen Wert auf meine Gesellschaft", erwiderte er und jetzt sah er traurig aus.

„Warum?", fragte Mia. „Warum wollen Söhne keinen Kontakt zu ihren Vätern? David will seinen Vater auch nicht sehen."

„Bei David kann ich das verstehen", antwortete ihr Vater. „Jake war schuld daran, dass der Junge seine Heimat verloren hat. Und was war mit der Frau, mit der er zusammenlebte? Ich kann mir vorstellen, dass es den Jungen schockiert hat, seinen Vater so plötzlich mit einer anderen Frau zu sehen."

„So erklär ich mir sein Verhalten auch", antwortete Mia.

„Aber du hast Jochen doch nichts getan!" Ihr Vater sah sie traurig an.

„Doch, Mia, ich hab ihm etwas getan. Ich habe versäumt, ihm ein richtiger Vater zu sein. Ich war ein versoffener Feigling und habe versucht, mir die Welt erträglich zu trinken, statt meinen Mann zu stehen. Ich kann verstehen, dass er mir das nicht verzeiht." Er seufzte. „Obwohl ich das natürlich sehr bedaure." Mia sah ihren Vater betroffen an. „Das gilt auch für deine Mutter", fuhr er fort. „Auch ihr war ich nicht der Mann, der ich hätte sein müssen." Mia fuhr hoch.

„Du kannst doch nichts dafür, dass sie ständig fremdgegangen ist", rief sie. „Sie hat eure Ehe kaputtgemacht, nicht du!" Er schüttelte den Kopf.

„In einer Ehe gibt es nicht schwarz oder weiß, gut oder böse", erklärte er. „Ich hätte meinen Standpunkt ihr gegenüber vertreten, hätte mich mit ihr auseinandersetzen müssen. Dazu war ich zuerst zu bequem, dann war ich zu feige und dann war es zu spät. Statt mich den Problemen zu stellen, habe ich gesoffen, Mia, und darauf bin ich weiß Gott nicht stolz." Er fuhr sich mit der Hand durchs Haar. „Ich kann verstehen, warum deine Mutter gegangen ist."

„Verstehst du auch, warum Jake gegangen ist?", fragte Mia unsicher.

„Nein", antwortete er, „denn das ist deine Beziehung und ich weiß nichts darüber. Aber du wirst deinen Anteil daran haben, dass er dich verlassen hat." Mia lehnte sich zurück.

„Du hast Recht", sagte sie leise, „denn ich hab es genauso gemacht wie du. Ich hätte mich gegenüber Jake behaupten müssen. Stattdessen habe ich getan, was er von mir wollte. Und ich hätte ihm sagen müssen, dass ich vergessen habe, die Pille zu nehmen. Als ich schwanger war, hätte ich ihm das auch sagen müssen. Da habe ich ihn wirklich hintergangen. Auch wenn ich Nina um keinen Preis der Welt hergeben würde!" Ihr Vater lächelte sie an.

„Wir treffen immer wieder Entscheidungen, deren Tragweite uns erst viel später bewusst wird", sagte er. „Den Preis dafür müssen wir trotzdem zahlen, ob es uns passt oder nicht. Gut, wenn du das schon jetzt kapierst." Er legte seine Hand auf ihre. „Ich bin übrigens trocken", sagte er zufrieden, „seit zwei Jahren bin ich trocken. Ich wollte nicht, dass mich meine Enkel betrunken sehen. Für meine Enkel will ich ein Vorbild sein."

„Ach, Papa", sagte sie leise, „ich hab dich so lieb."

2005

„Na, haben Sie einen Hinweis auf ihren Fall gefunden, Herr Kommissar?", fragte Mia. Stefan legte den Kopf schief.

„Wenn ich ehrlich bin: Nein!", gab er zu.

„Das hätte mich auch sehr gewundert", stimmte sie ihm zu. „Das alles ist ja viele Jahre her. Heute sind mein Sohn und meine Tochter gut integriert. Nina hat viele Freundinnen, David hat Hasan, und ich hab begonnen, wieder ein eigenes Leben zu führen. Deshalb geh ich ins CLASH zum Tanzen."

„Leben Sie in einer Partnerschaft?", fragte Stefan. Mia legte den Kopf schief.

„Ist das eine dienstliche oder eine private Frage?", fragte sie. Er stutzte. Dann grinste er.

„Wahrscheinlich eher privat als dienstlich", gab er zu.

„Nein, ich habe nach Jake keinen Mann mehr an mich

herangelassen", antwortete sie und lächelte ihn an. „Das muss aber nicht unbedingt so bleiben." Er stand auf und reichte ihr die Hand.

„Auf Wiedersehen, Frau Ritter", sagte er und hielt ihre Hand etwas länger, als nötig gewesen wäre.

„Auf Wiedersehen", antwortete sie und verließ sein Büro. Mia trat vom Revier auf den Gehweg der befahrenen Seestraße. Ihre Gedanken glitten wie von Zauberhand zurück zu Stefan Mangold. Ein netter Typ, der Kommissar: Genau die richtige Mischung aus hart und weich. Und er hatte sie länger angesehen, als es nötig gewesen war. Sie schüttelte energisch den Kopf, um die Gedanken zu vertreiben: Es war ein rein berufliches Treffen gewesen. Schluss jetzt mit den romantischen Schmetterlingen!

Sie schlug den Weg zurück in die Stadt ein. Es wurde Zeit, dass sie nach Hause kam.

Prüfung bestanden

2005

Vor seinem ersten Auftrag schlief Sid schlecht. Er hatte die Adresse auf dem Stadtplan herausgesucht und den Bus bestimmt, der ihn dorthin bringen würde. Es erstaunte ihn, dass sich die Adresse in der Südstadt befand, in der viele wohlhabende Bürger wohnten. Nun ja, die Drogen waren ja auch ganz schön teuer.

Nach der Schule wimmelte er Hasan mit einer Ausrede ab und stieg in den Bus, der ihn in die Südstadt brachte. Dass ihm einer von Mehmets Männern folgte, bemerkte er nicht. Sid stieg eine Haltestelle früher aus und lief zu Fuß weiter. Er wollte sich die Gegend gut einprägen und mögliche Fluchtwege erkunden. Der Mann, der ihn beobachtete, fuhr weiter, stieg eine Haltestelle später aus und trat in einen Hauseingang. Als Sid an ihm vorbeikam, zog er ein Telefon aus der Hosentasche, tippte eine Nummer und sagte:

„Er ist da."

Sid bog in die vorgegebene Straße ein und fand die betreffende Hausnummer neben einem breiten Tor an einer hohen Mauer. Auf dem Messingschild über dem Klingelknopf las er den Namen. Er schaute sich um und als er sah, dass sich niemand sonst in der Straße aufhielt – der Türke nutzte einen Strauch als Deckung – nahm er den Rucksack ab, holte ein Tütchen heraus und steckte es in die Jackentasche. Dann setzte er den Rucksack wieder auf und drückte auf den Klingelknopf.

„Ja?", fragte eine Männerstimme und gleichzeitig drehte sich eine Kamera an der Fahnenstange im Garten und zoomte auf Sids Gesicht, doch das bemerkte der Junge nicht.

„Schönen Gruß von Mehmet. Ich hab was für Sie", sagte er. Das Tor öffnete sich surrend und der Junge trat ein. Staunend sah er sich um: gepflegte Rasenflächen säumten zu beiden Seiten des gekiesten Weges, der in einem sanften Bogen zu einem großen Haus führte. Über eine breite Treppe gelangte man zu einer Art Terrasse im ersten Stock.

„Wie bei einem Schloss", dachte Sid, der so ein prächtiges Haus noch nie gesehen hatte. Vor der Haustür parkten mehrere Autos: ein schwarzer Porsche, eine große schwarze Limousine mit Stern auf dem Kühler und ein knallrotes Cabrio. Sid betrachtete dieses Auto. Es kam ihm bekannt vor. Er hatte es auf dem Parkplatz des CLASH gesehen.

„Interessierst du dich für Autos?" Sid fuhr zusammen und drehte sich blitzschnell um. Dort stand der Mann, dessen Stimme er durch die Gegensprechanlage gehört hatte, lässig gekleidet in Jeans und Hemd, eine teure Uhr am Handgelenk, ein gutaussehender, sportlicher Typ, etwa so alt wie seine Mutter, mit blondem Haar, strahlend blauen Augen und einem freundlichen Lächeln. Sid hätte nie gedacht, dass solche Typen Drogen kauften.

„Das ist ein Alpha Romeo Spider und er gehört meiner Frau", erklärte der Mann. Sid ärgerte sich über sich selbst.

153

Er hatte nicht gehört, wie der Mann gekommen war – er hatte die Haustür nicht im Auge behalten. So ein dummer Fehler durfte ihm nicht noch einmal passieren. Er atmete tief durch.

„Du hast etwas für mich von Mehmet?", fragte der Mann. Sid versuchte, seine Nervosität zu unterdrücken und seiner Stimme einen festen Klang zu geben.

„Ja! Es kostet hundert Euro." Der Mann nickte.

„Zeig mir die Ware", forderte er.

„Ich brauch zuerst das Geld", sagte Sid.

„Ich kaufe keine Katze im Sack. Ich kenn dich nicht", antwortete der Mann. Sid überlegte kurz, zog dann das Tütchen aus der Tasche und zeigte es dem Mann. Der Mann griff danach, doch Sid sprang blitzschnell zurück.

„Zuerst das Geld!", wiederholte er. Der Mann ging drohend auf ihn zu.

„Scheiße!", dachte Sid, „Scheiße, was mach ich jetzt? Ich muss ihn einschüchtern." Laut sagte er: „Ich weiß, dass ihre Frau im CLASH abhängt, und Mehmet weiß das auch!" Der Mann blieb stehen. Er sah erschrocken aus.

„Ist ja gut, Junge", sagte er. „Hundert Euro?" Er zog den Geldschein aus der Hosentasche und reichte ihn Sid. Sid nahm ihn und gab dem Mann die Pillen. Dieser steckte sie ein, drehte sich um und ging ins Haus. Als Sid sah, dass sein Kunde verschwunden war, verließ er das Grundstück.

Im Haus nahm der Mann das Telefon von einem Tischchen und tippte eine Nummer.

„Der Junge ist gut, Mehmet", sagte er. „Er hat die Prüfung bestanden. Du kannst Cafer abziehen."

Der Türke, der das Tor nicht aus den Augen gelassen hatte, zog sein klingelndes Telefon aus der Hosentasche.

„Okay, Boss! Ich komm zurück", sagte er.

Als Sid das Tor hinter sich schloss, war der Türke längst verschwunden. Er sah er nur einen älteren Mann, der seinen Hund spazieren führte. Sid ging in die andere Richtung. Zufrieden pfiff er vor sich hin. Seinen ersten Auftrag hatte er erfüllt. Und so schwer war es nicht gewesen. Wie der Mann gespurt hatte, als er die Frau erwähnte! Macht fühlte sich geil an.

Sid verkaufte auch die übrigen Tütchen und fuhr danach mit dem Bus zum CLASH. Der Türsteher, ein muskulöser Mann namens Cafer, hielt ihn fest. Der Junge konnte nicht wissen, dass dieser Mann jeden seiner Schritte beobachtet hatte.

„Wo willst du hin, Oğlum?", fragte der Türsteher.

„Ich heiße Sid und nicht Oğlum", antwortete Sid und schüttelte die Hand des Mannes ab. „Ich will zu Mehmet."

„Krasser Scheiß! Du willst zum Boss?", fragte der Türsteher ironisch. „Was willst du vom ihm?

„Das geht dich gar nichts an", erwiderte Sid. „Lass mich durch, sonst kriegst du Ärger." Cafer lachte.

„Weißt du, du gefällst mir", sagte er und ließ ihn passieren. Sid ging hinein. Es roch nach kaltem Zigarettenrauch. Musik dröhnte aus riesigen Lautsprechern und auf der Tanzfläche, die von einer sich drehenden verspiegelten Kugel in zuckendes Licht gehüllt wurde, bewegten sich bereits einige Leute. Sid ging zur Theke. Der Barkeeper nickte ihm zu, drückte auf einen Knopf unter dem Tresen und wenig später tauchte Mehmet auf. Er bedeutete Sid, ihm zu folgen.

Diesmal gingen sie nicht in Mehmets Kommandozentrale, sondern in einen kleinen Raum hinter der Bar, in dem auch ein Schreibtisch stand. Sid registrierte sofort, dass es hier nur zwei Monitore gab: Der eine zeigte die Tanzfläche der Diskothek, der andere den Parkplatz, wobei die Bilder nicht so gestochen scharf waren wie auf den Monitoren in dem geheimen Raum. Die Bildschirme, die die Toiletten, die Bar und die umliegenden Gebäude zeigten, fehlten. Sid verstand, dass dieser Raum als offizielles Büro diente.

Mehmet ließ sich in einen Sessel hinter dem Schreibtisch fallen und sah den Jungen erwartungsvoll an. Sid zog die Geldscheine aus der Hosentasche und reichte sie ihm. Mehmet nickte.

„Du darfst die Haustür nie aus den Augen lassen, verstehst du?" Sid riss die Augen auf.

„Woher weißt du …", fragte er unsicher.

„Ich hab dich auf dem Schirm, vergiss das nie." Mehmets Gesicht wirkte wieder drohend. „Hier ist die nächste Lieferung." Er gab dem Jungen die Päckchen und einen Geldschein.

„Das Geld ist fürs Saubermachen, verstehst du?" Sid nickte eingeschüchtert und steckte den Schein in die Jackentasche. Plötzlich lächelte Mehmet ihn wieder freundlich an.

„Super, Sid, super! Wenn du so weitermachst, machst du Karriere. Dann gehört dir bald auch so ein Alpha Spider, wenn du auf Tussenautos stehst." Der Junge erschrak. Selbst das wusste Mehmet.

„Jetzt schleich dich", sagte dieser, sah auf seinen Laptop und begann, einen Text in die Tastatur zu hacken. Cafer erschien in der Tür und winkte ihn zu sich.

„Komm, du störst den Boss!", sagte er. Sid gehorchte.

Es dämmerte schon, als er auf den Parkplatz trat. Das rotweiße Absperrband am Tatort flatterte im Wind. Nachdenklich betrachtete Sid das Band. Selbst wenn er es gewollt hätte, konnte er jetzt nicht mehr zurück. Wie sollte er Mehmet einschätzen? War er ein Killer oder Hasans netter Bruder? Würde er ihn auch erschießen, wenn er nicht tat, was ihm befohlen wurde? Er dachte an seine Mutter. Wenn die wüsste, dass er bereits in seinem Job arbeitete … Er war sich sicher, dass sie das, was er tat, nicht in Ordnung finden würde. David wäre heulend zu ihr gerannt. Doch Sid hatte keine Wahl.

Am nächsten Tag kaufte er nach der Schule Blumen für seine Mutter und eines dieser rosa Kunststoffpferdchen, die die Mädchen so liebten, für seine Schwester. Mia war ganz gerührt gewesen, dass er sie und Nina von seinem ersten Lohn beschenkte und stellte die Blumen in eine Vase auf den Küchentisch.

Nina freute sich über das Pferd, doch ihre Augen hatten nicht gelächelt. Sie schaute ihren Bruder an. Und als sie abends ein Würfelspiel machten, sagte sie jedes Mal, wenn sie eine Sechs gewürfelt hatte:

„Schau David, ich habe eine Sechs! Eine Sechs, siehst du?" Sie sah ihren Bruder eindringlich an, doch der reagierte nicht. Nur Mia sagte:

„Du mit deinen Sechsen! Die anderen Zahlen sind genauso wichtig." Nina antwortete nicht darauf.

Der Tipp

Kurz nachdem Mia das Revier verlassen hatte, bat Stefan seine Kollegin Hanna zu sich.

„Frau Ritter konnte leider nichts zur Aufklärung des Falles beitragen", berichtete er.

„Trotzdem hast du sehr lange mit ihr gesprochen", stellte Hanna fest.

„Über ihre Vergangenheit. Sie ist aus Hamburg zugezogen. Dort hätte sie mit Blankov in Kontakt kommen können. Ist sie aber nicht."

„Und du glaubst ihr das so einfach? Gib's zu Stefan: Sie gefällt dir. Ich weiß nicht, ob du wirklich objektiv bist."

„Nun mach aber Mal 'nen Punkt!", beschwerte er sich. „Ja, sie gefällt mir, du hast Recht, aber ich bin Profi genug, um mich davon nicht beeinträchtigen zu lassen."

„Wenn du meinst", antwortete Hanna wenig überzeugt.

„Die Ndrangheta hat nichts mit dem Mord zu tun", wechselte Stefan das Thema.

„Warst du bei deinem Freund Vottari Pizza essen?" fragte Hanna, offensichtlich noch nicht willens, das Beziehungsthema aufzugeben.

„Der ist sicher nicht mein Freund!", wehrte sich Stefan.

„Trotzdem hat mir Vottari einen Tipp gegeben: Schau doch mal nach, ob wir einen Olek Smirnov in unserer Kartei haben." Hanna stöhnte.

„Wann können wir diese Daten endlich per Computer abrufen? Das würde viel schneller gehen. Der Papierkram macht mich noch wahnsinnig." Stefan lachte bitter.

„Da kannst du lange warten", sagte er. „Wir arbeiten im marodesten Revier Baden-Württembergs. Keine Ahnung, warum uns niemand aus diesem feuchten Loch erlöst. Hier verschimmeln ja sogar die Akten! Wahrscheinlich sind die elektrischen Leitungen zu schwach für leistungsstarke Rechner. Und jetzt müssen wir uns mit der russischen Mafia herumschlagen, obwohl die vom organisierten Verbrechen sowieso immer besser ausgestattet sind als wir. Und wenn wir keine Ergebnisse bringen, werden wir dafür verantwortlich gemacht."

„Du hast ja so Recht", stimmte ihm Hanna zu, „doch dieses Problem werden wir hier und jetzt nicht lösen. Ich wühl mich dann mal durch die Kartei." Sie stand auf. „Olek Smirnov, irgendwie kommt mir der Name bekannt vor."

„Mir auch", bestätigte Stefan. „Das heißt, dass du ihn wahrscheinlich in unserer Kartei finden wirst."

„Ich ruf zusätzlich die Kollegen in Berlin an. Die wissen sicher mehr als wir." Wenig später kam sie mit einer Akte zurück und legte sie auf seinen Schreibtisch.

„Olek Smirnov ist einer der ranghöchsten Paten der Samarowskaja in Deutschland", berichtete sie. „Der tätowierte Stern auf seiner Schulter hat acht Strahlen und so einen Stern dürfen sich nur die Männer der obersten Ebene stechen lassen. Er kennt Blankov übrigens aus einem Gefängnis in Moskau. In Berlin betreibt Smirnov ein Bordell, ganz legal, die Kollegen haben das überprüft und auch eine Razzia hat nichts ergeben. Doch sein Hauptgeschäft macht er mit Zwangsprostituierten aus Afrika und Asien, was man ihm jedoch nicht nachweisen kann. Die Kollegen in Berlin vermuten, dass es ihm in der Stadt zu heiß geworden ist. Vermutlich sucht er einen neuen Wirkungskreis." Sie sah ihn beunruhigt an. „Stefan, wir sollten vorbereitet sein."

„Da hast du verdammt noch mal Recht. Am besten wäre es, wenn wir ihn überwachen." Sie sah ihn zweifelnd an.

„Meinst du, du kriegst beim Staatsanwalt auch eine Überwachung seines Telefons und seines Email-Verkehrs durch?" Er zuckte die Achseln.

„Kein Ahnung. Wenn Smirnov ein potentieller Terrorist wäre und aus Afghanistan oder Tschetschenien stammte, dürften wir ihn sofort überwachen. Doch er ist leider nur ein ganz gewöhnlicher Verbrecher. Ich werde es trotzdem versuchen!" Er wählte die Nummer der Staatsanwaltschaft.

„Herr Dr. Angerer", sagte er, „Olek Smirnov, ein ranghoher Pate der russischen Mafia, hat sich oben in der Südstadt ein größeres Anwesen gekauft. … Nein, es liegt nichts gegen ihn vor. … Das Mordopfer war ebenfalls Mitglied der Samarowskaja. … Es ist nicht auszuschließen, dass es zwischen dem Mord und der plötzlichen Vorliebe Smirnovs für Oberschwaben einen Zusammenhang gibt. Deshalb schlage ich vor, dass wir ihn observieren. … Damit es wirklich effektiv ist, auch sein Telefon und seinen Email-Verkehr …"

Der Staatsanwalt schien die Stimme zu erheben. Stefan hielt das Handy ein paar Zentimeter entfernt von seinem Ohr und verdrehte die Augen. Aus dem kleinen Lautsprecher tönte eine polternde Stimme. Hanna grinste.

„In Ordnung, Herr Staatsanwalt", sagte Stefan schließlich,

„ich wünsche Ihnen noch einen schönen Tag." Er unterbrach die Verbindung. „Kurzfristig dürfen wir ihn überwachen ...", sagte er seufzend.

„... aber nicht sein Telefon und auch nicht seinen Email-Verkehr", beendete Hanna den Satz. „Hast du Leute für eine Observation übrig?" Stefan schüttelte den Kopf.

„Heute nicht. Es gab einen schweren Unfall auf der B 30 mit Vollsperrung der Straße. Die Kollegen sind dort noch eine Weile beschäftigt. Morgen sieht es besser aus."

„Dann wollen wir hoffen, dass sich unser neuer Mitbürger noch eine Weile Zeit lässt, bevor er Blödsinn macht", meinte Hanna. Stefan nickte.

„Dein Wort in Gottes Ohren! Noch ist ja alles ruhig. Feierabend, Hanna, komm, lass uns etwas Trinken gehen."

„Gerne, solange du nicht ins ‚Kalabrese' willst", antwortete sie. „Für heute reicht es mir nämlich mit dem organisierten Verbrechen!"

„Bewahre", wehrte Stefan ab. „Einmal am Tag reicht."

Es war noch nie vorgekommen, dass Sandro Vottari, Pate der ehrenwerten Familie der Ndrangheta, am frühen Morgen höchstpersönlich im Präsidium aufgetaucht war und nach Stefan gefragt hatte.

„Mein Fahrrad wurde geklaut", rief er. „Ich muss mit Commissario Stefano sprechen. Avanti! Es ist wichtig, molto importante!" Er ließ sich nicht abwimmeln und ging nicht darauf ein, als der Kollege von der Schutzpolizei seine Anzeige aufnehmen wollte.

„Ich will nur mit Commissario Stefano sprechen. Capisce? Solo Commissario Stefano Mangold, solo, solo!" Endlich griff der Kollege zum Telefon und tippte Stefans Nummer:

„Stefan, Andi hier. Bei uns ist ein Italiener und will, dass du seine Anzeige aufnimmst. Sein Fahrrad ist gestohlen worden. Das ist ja eigentlich nicht dein Job, Stefan. Aber er sagt, er kennt dich und will unbedingt, dass du das persönlich machst." Stefan musste nicht lange überlegen. Es gab nur einen Italiener, dem er ein solches Manöver zutraute.

„Heißt der Mann Sandro Vottari?"

„Ja, genau!", antwortete Andi verwundert.

„Ich komme sofort!", sagte Stefan. „Schreib bitte schon mal die Anzeige. Ich nehm' sie dann mit hoch."

Vottari begrüßte ihn aufgeregt. Stefan sah sofort, dass er etwas anderes auf dem Herzen hatte, als sein Fahrrad. Begleitet von den neugierigen Blicken der Kollegen von der Schutzpolizei geleitete er den Italiener in sein Büro. Vottari schwieg, bis Stefan die Tür hinter ihm geschlossen hatte.

„Madonna", beschwerte er sich, „ihre Kollegen sind dumm wie Esel, stupido come l'asino!" Stefan legte ihm die Anzeige vor.

„Unterschreiben Sie, Signor Vottari, damit alles seine Richtigkeit hat."

„Korrekt", antwortete der Italiener und unterschrieb. „Commissario", sagte er sehr ernst, „Smirnov hat Besuch von seiner Familie. Tutta la famiglia! Die ganze Familie ist angereist!"

„Wann?", fragte Stefan alarmiert.

„Ieri notte, gestern Abend, in drei Limousinen. Madonna, die Familie wird schnell lästig, wenn alle Mitglieder auf einmal kommen, tutto in una volta."

„Wie schnell wird die Familie lästig?", fragte Stefan langsam. „Vottari, das muss ich genau wissen." Der Italiener erwiderte gelassen seinen Blick.

„Spätestens nach zwei Tagen", antwortete er und schaute den Kommissar scharf an, „dann wird es unerträglich. Meine Familie hilft Smirnov nicht bei seinen familiären Problemen! No! Capisce? Verschwenden Sie nicht ihre Zeit, Commissario." Damit erhob er sich. „Und finden Sie mein Fahrrad, mio caro. Es war mein Lieblingsfahrrad, bello, molto bello."

Er hob grüßend die Hand, öffnete die Tür und schloss sie leise hinter sich. Stefan griff zum Telefon.

„In fünf Minuten alle zur Einsatzbesprechung", sagte er. Dann tippte er wieder die Nummer des Staatsanwaltes.

„Ich fürchte, ich muss Sie noch einmal wegen Smirnov stören. Ich habe einen Tipp bekommen, dass ungefähr zwölf bis fünfzehn Mitglieder der Samarowskaja gestern Abend in Ravensburg eingetroffen sind. Wir könnten es mit einem Bandenkrieg zu tun kriegen. Meine Quelle hat Informationen, dass morgen mit einem Angriff zu rechnen ist … Mit wem sich die Russen anlegen werden? Sie erinnern sich, dass ich die Brüder Öztürk verdächtige, synthetische Drogen in Ravensburg in Umlauf zu bringen. Deshalb vermute ich, dass sich der Angriff gegen die Türken richten wird. … Genaues kann ich Ihnen nicht sagen. Dazu hätten wir Smirnovs Telefon abhören müssen. … Ist schon recht, Herr Dr. Angerer, ich weiß, dass Sie an die Gesetze gebunden sind. Was wir zu tun gedenken? Wir werden Smirnovs Anwesen und die Diskothek der Öztürks überwachen. Ich hätte gern das SEK abrufbereit, außerdem zwei Helikopter in Berg auf dem Flugplatz. … Ich weiß, dass Sie die aus Stuttgart anfordern müssen. Deshalb will ich, dass die Piloten in der Nähe auf den Einsatzbefehl warten. Wenn, dann brauche ich sie schnell. Außerdem benötige ich zusätzlich zu unserem

Zug zwei Züge von der BFE und einige Kollegen von der Schutzpolizei. … Ja, Sie haben Recht. Wenn wir damit einen Bandenkrieg verhindern können. Ach ja, und natürlich die Hundestaffel. … Nein, sonst hab ich keine Wünsche. … Ja, auch ich finde es furchtbar, dass wir in Ravensburg jetzt ähnliche Zustände haben wie in Berlin. … Selbstverständlich halte ich Sie auf dem Laufenden." Dann unterbrach er die Verbindung.

Die Kollegen hatten sich bereits im Besprechungsraum versammelt und blickten ihm neugierig entgegen.

„Was ist los, Stefan?", fragte Andi.

„Ich fürchte, wir kriegen Ärger mit der russischen Mafia", begann Stefan.

„Blankov", meinte Andi trocken. „Ich hab schon drauf gewartet, dass die Russen reagieren."

„Da könntest du Recht haben, denn der Ermordete und Smirnov kannten sich", bestätigte Stefan. „Wie ihr wisst, hat Olek Smirnov draußen in der Südstadt ein Anwesen gekauft." Er legte ein Foto des Russen auf den Tageslichtprojektor. „Gestern Abend hat Smirnov laut Sandro Vottari, der mich heute hier aufgesucht hat, Verstärkung erhalten. Vottari sprach von drei vollbesetzten Limousinen: Wir müssen also mit bis zu fünfzehn schwerbewaffneten Männern rechnen." Ein Raunen ging durch den Raum.

„Müssen wir uns auf einen Bandenkrieg vorbereiten?", fragte Andi.

„Ich fürchte, genau das sollten wir tun", bestätigte Stefan.

„Ist Vottari nicht ein Mitglied der Ndrangheta?", wollte Oli wissen. Andi, der dessen Anzeige wegen des Fahrraddiebstahls aufgenommen hatte, runzelte die Stirn.

„Warum sagt mir das keiner?", fragte er.

„Weil das jeder weiß", bemerkte Frank grinsend.

„Wir haben den Tipp vom Chef der Ndrangheta", bestätigte Stefan. „Er hat mich wissen lassen, dass der Angriff morgen zu erwarten ist und dass sich die Italiener nicht einmischen werden."

„Und warum glaubst du ihm?", fragte Hanna.

„Das ist eine gute Frage", sinnierte Stefan. „Ich glaube ihm deshalb, weil es für die Italiener hier in Ravensburg fantastisch läuft. Die Stadt bietet Ihnen ideale Voraussetzungen, um die Einkünfte aus ihren Geschäften in Nordrhein-Westfalen zu waschen. Hier gehören sie als Geschäftsleute schon fast zur respektierten Bürgerschaft. Warum sollten sie das alles durch einen Bandenkrieg gefährden?"

„Und jetzt sollen wir Ihnen helfen, die Kastanien aus dem Feuer zu holen", stellte Oli fest. „Arbeiten wir damit nicht für die italienische Mafia?" Stefan nickte.

„Du hast vollkommen Recht. Wenn wir verhindern, dass die russische Samarowskaja hier Fuß fasst, helfen wir der italienischen Ndrangheta, ihren Marktanteil hier zu sichern. Glaub mir, Oli, das stinkt mir genauso wie dir. Soll ich seinen Hinweis nicht ernst nehmen, weil Vottari ein Krimineller ist und Vorteile davon haben wird, dass wir seine Konkurrenten ausschalten?" Die Kollegen schüttelten die Köpfe.

„Natürlich müssen wir den Hinweis ernst nehmen. Auch wenn ich dabei das Gefühl habe, dass ich mir die Hände schmutzig mache", meinte Anja und damit sprach sie den Kollegen aus dem Herzen.

„Mir geht es genauso", bestätigte Stefan „doch wir müssen mit dem arbeiten, was wir haben. Ich will, dass das Anwesen von Smirnov und das CLASH observiert werden."

„Warum das CLASH?", fragte Frank.

„Nenn es Bauchgefühl oder Bulleninstinkt", antwortete Stefan achselzuckend. „Ich glaube, dass die Öztürks die Drogen vom CLASH aus unter die Leute bringen."

„Aber wir haben nie etwas gefunden!", wandte Anja ein.

„Und genau das macht mich misstrauisch!", sagte Stefan. „Es erinnert mich an eine Tatwaffe, auf der die Fingerabdrücke fehlen. In jeder Disko gibt es Spuren von Drogen, auch wenn nur die Gäste den Stoff mitbringen, das CLASH jedoch ist so sauber wie ein Kindergarten. Ich möchte, dass die Diskothek schon heute Abend observiert wird. Anja und Oli, könnt ihr das übernehmen?" Die beiden nickten. „In Zivil", fügte er hinzu. „Zieht euch was Nettes an und mischt euch unter die Gäste. Lasst euch verkabeln, aber unauffällig. Ich will wissen, was da abgeht." Die beiden nickten. Dass er die Observation wegen Mia Ritter am liebsten selbst gemacht hätte, verriet er nicht. Doch dafür blieb ihm leider keine Zeit, bei der Menge an Vorbereitungen, die er noch zu treffen hatte.

„Frank und Andi", fuhr Stefan fort, „ich möchte, dass ihr euch mit einem Paketwagen Zutritt zum Anwesen von Smirnov verschafft. Ich telefoniere gleich mit der Post und bitte um Kooperation wegen eines geeigneten Fahrzeuges und der passenden Bekleidung. Liefert irgendetwas an, lasst euch was einfallen. Ich muss wissen, ob wirklich fünfzehn Mitglieder der Samarowskaja dort auf ihren Einsatz warten, bevor ich die gesamte Kavallerie mobilisiere."

„Wie wär's mit der Champagnernummer?", fragte Frank.

„Gute Idee", stimmte Stefan zu, „aber kauft nicht den vom Discounter. Nehmt eine Edelmarke."

„Egal welchen?", fragte Frank listig. Stefan grinste.

„Es muss kein Dom Pérignon sein. Moet & Chandon oder Veuve Clicquot sind edel genug. Nehmt zwei Flaschen in einer Geschenkbox.“

„Und welchen Absender schreiben wir auf das Paket?“, fragte Frank.

„Keinen“, antwortete Stefan. „Smirnov soll sich ruhig Gedanken machen.“

„Wie geht es für uns weiter?“, fragte Hanna.

„Wenn wir wissen, dass die Warnung berechtigt ist, gibt es für morgen folgenden Einsatzplan ...“ Er teilte die Blätter aus, auf denen er die Aufgaben für die Kollegen notiert hatte.

„Und was machst du?“, fragte Hanna.

„Ich bespreche den Einsatzplan mit Johannes vom SEK und dem Leiter der Hundestaffel“, antwortete Stefan. „Wie heißt der noch mal?“

„Sie“, berichtigte ihn Hanna, „es ist eine Leiterin und sie heißt Jana.“

„Danke für den Hinweis. Damit vermeide ich ein Fettnäpfchen“, sagte er lächelnd. „Kollegen“, fuhr er fort, „ich hab keine Ahnung, was auf uns zukommt. Ich weiß nur, dass wir ein verdammt gutes Team sind und dass wir uns zu hundert Prozent aufeinander verlassen können.“ Die Kollegen nickten zustimmend.

„An die Arbeit!“, rief er und gemeinsam verließen sie den Raum.

Zwei Stunden später bog ein gelbes Postauto in eine schmale Straße ein. Hier verbargen sich die Häuser hinter hohen Mauern und dichtem Gebüsch. Schwere Tore verschlossen die Einfahrten und die daneben montierten Kameras zeugten zum einen vom Sicherheitsbedürfnis der Bewohner, zum anderen von deren Reichtum. Hier wohnten nur sehr wohlhabende Menschen – nahe der Stadt und zugleich mitten in der Natur. Die fantastische Aussicht über das Schussental bis zu den Alpen trug entscheidend zur Beliebtheit dieser Lage bei, ganz abgesehen davon, dass man auf der Hochebene hinter den Häusern im Winter sogar Skilanglauf betreiben konnte. Wer es sich in Ravensburg leisten konnte, wohnte hier.

Frank und Andi, die die schwarz-gelben Uniformen der Paketboten trugen, steuerten das Auto langsam vor das Haus mit der Nummer 17. Frank hielt vor dem schweren Tor, Andi stieg aus dem Transporter, drückte auf den bronzenen Klingelknopf, über dem das Namensschild fehlte, und wartete.

„Da?", fragte eine unfreundliche Männerstimme.

„Die Post", antwortete Andi freundlich. „Wir haben ein Paket für Herrn Olek Smirnov." Er hörte Gemurmel in einer ihm unverständlichen Sprache, wahrscheinlich russisch. Dann erklang ein leises Surren über ihm. Er schaute nicht empor, doch offensichtlich zoomte die Kamera auf das Postauto. Schließlich glitt das Tor langsam zur Seite.

„Reinfahren!", bellte der Mann. Andi kletterte zurück ins Auto. Sie bogen in die geteerte Auffahrt ein und fuhren langsam auf die terrakottafarbene Villa zu, die vom Stil her besser in die Toskana gepasst hätte als nach Oberschwaben. Vor dem Haus parkten vier schwarze Limousinen der Luxusklasse, ein schwarzer Ferrari und ein orangefarbener Hummer: Für jedes Fahrvergnügen das passende Gefährt. Drei der vier Limousinen hatten jedoch Berliner Kennzeichen.

Frank stieg aus, schob die Schiebetür des Transporters beiseite und nahm das Paket mit der roten Banderole und der Aufschrift „Vorsicht zerbrechlich" heraus. Die Eingangstür lag direkt vor ihm, doch er ging nicht dorthin, sondern verschwand hinter dem Haus, wobei er sich aufmerksam umsah. Sollte ihn jemand fragen, was er hier suchte, würde er sage, er sei neu bei der Post und habe sich verlaufen.

Auf einem Balkon bemerkte er drei Männer, die sich lebhaft unterhielten. Zwei Männer, denen man die Trainingsstunden im Boxstudio auf den ersten Blick ansah, saßen auf der Steinmauer, die die Terrasse einfasste, und rauchten. Einer rief etwas auf Russisch ins Haus. Eine junge, hübsche Frau, offensichtlich eine Bedienstete, erschien mit einer Flasche auf der Terrasse und füllte die Gläser der Männer. Deren Blicke ruhten wohlgefällig auf ihren Beinen und Frank nutzte diese Ablenkung, um rasch die Treppe zur Terrasse hochzusteigen, wobei er durch die Fenster in das überdimensionierte Wohnzimmer schaute. Mehrere Männer saßen um einen runden Tisch und spielten Karten.

Plötzlich bemerkte ihn einer der Muskelprotze auf der Terrasse, stand auf und kam drohend auf ihn zu.

„Was du wollen?", fragte er mit starkem russischen Akzent.

„Ich bringe ein Paket für Herrn Smirnov", sagte Frank freundlich und hielt dem Mann das Paket hin.

„Warum nicht an Haustür?", wollte der Typ wissen, ohne das Paket zu nehmen.

„Ich hab geklingelt, aber es hat niemand geöffnet", log Frank. Der Mann sah ihn nachdenklich an.

„Kann nicht sein", stellte er fest. „Igor dich reinlassen. Igor an Haustür." Misstrauisch betrachtete er das Paket. Plötzlich sprang er auf Frank zu und durchsuchte ihn routiniert nach Waffen.

„He, was soll das?", rief Frank und tat erschrocken. Der Typ sah ihn drohend an.

„Du aufmachen!", befahl er, zeigte auf das Paket und trat einige Schritte zurück. Frank riss das Packpapier auf und schälte den Geschenkkarton heraus.

„Weiter!", befahl der Typ. Frank öffnete den Karton, zog die Flasche Veuve Clicquot heraus und zeigte sie dem Mann.

„Champagner!", sagte er. „Keine Bombe!" Der Mann schien diese Bemerkung nicht lustig zu finden.

„Du gehen!", befahl er drohend.

„Okay, okay", sagte Frank beschwichtigend, stellte den Champagner auf den Boden und beeilte sich, zum Auto zurückzukommen.

Andi hatte in der Zwischenzeit die Kennzeichen der Limousinen notiert und den Wagen gewendet. Frank wartete, bis sich das Tor wieder hinter ihnen geschlossen hatte. Dann erzählte er, was er erlebt hatte und schloss:

„Ich hab acht Männer gezählt, alle gut trainiert."

„Mensch, Frank", meinte Andi, „das war nicht ungefährlich. „Kurz nachdem du verschwunden warst, ging die Haustür auf und einer von den Typen kam raus, ein richtiger Gorilla. Er wollte wissen, wo du bist. Ich hab gesagt, dass du neu bist und den falschen Weg genommen hast."

„Das war dann wohl Igor", meinte Frank. Sie brachten den Transporter zur Hauptpost zurück, gaben die Uniformen zurück, fuhren anschließend zum Revier und erstatteten dem Kommissar Bericht.

„Ich würde sagen, dass Vottari Recht hat", meinte Frank.

„Wir sollten gut vorbereitet sein. Mit den Typen ist nicht zu spaßen", bestätigte Andi.

„Frank", sagte Stefan bestimmt, „wenn du weiter an diesem Fall arbeiten willst, muss ich mich darauf verlassen können, dass du keine Heldentaten mehr vollbringst. Ist das klar?"

„Ist klar, Chef", meinte Frank. „Du kannst dich auf mich verlassen."

An diesem Abend blieb alles ruhig. Stefan atmete auf, als Anja und Oli nach Mitternacht berichteten, die Disko würde jetzt geschlossen und sie gingen nach Hause. Er saß immer noch im Büro und ging die Einzelheiten des Einsatzplanes für den morgigen Tag durch. Er durfte sich keine Fehler leisten!

Ruhe vor dem Sturm

Mia fuhr an diesem Tag früher von der Arbeit nach Hause und aß mit Nina zusammen zu Mittag. Sie hörte das Auto, als es in die Straße einbog und lief mit erwartungsvollem Gesicht nach draußen. Richtig, das Auto hielt vor ihrem Garten und Mia riss begeistert die Fahrertür auf. Tessa stieg aus und umarmte die Freundin.

„Mia, Schätzchen!", quietschte sie.

„Ich freu mich so, dass du da bist!", rief Mia. „Gut siehst du aus. Was hast du nur mit deinen Haaren gemacht?" Tessa hatte eine ganz normale Frisur, das dunkelblonde Haar fiel ihr glatt auf die Schultern.

„Ich hab nicht mehr das richtige Alter für den Iro", erklärte sie. „Nur Nina Hagen sieht als Punk noch super aus. Bei mir wirkt es lächerlich. Teenager-Spätlese!" Mia lachte. Die Beifahrertür ging auf und eine junge Frau stieg aus. Sie schaute Mia unsicher an.

„Ich hab Isabell mitgebracht", sagte Tessa unbekümmert. „Sie will sich in Ravensburg an der Dualen Hochschule bewerben. Ich hoffe, du hast nichts dagegen. Es war so eine spontane Idee."

„Nein, natürlich habe ich nichts dagegen." Mia ging auf

172

die junge Frau zu und schloss sie in die Arme. „Ich hätte dich sicher nicht mehr erkannt", sagte sie. „Das letzte Mal, als ich dich gesehen habe, warst du erst sechs Jahre alt!" Tessa öffnete den Kofferraum und nahm zwei Taschen heraus.

„Kommt rein", rief Mia. „Das müssen wir feiern! Wie wäre es, wenn wir heute Abend im CLASH abhängen. Das ist eine Diskothek mit super Musik und netten Leuten." Tessa stimmte begeistert zu. Isabell dagegen schüttelte den Kopf.

„Ich bleib lieber hier, wenn du nichts dagegen hast. Hei, Nina", sagte sie freundlich. „Ich sag jetzt nicht, dass du groß geworden bist."

„Hei Tessa, hei Isabell", begrüßte Nina die beiden. „Dann hab ich ja heute Abend Gesellschaft. David kommt erst später. Er hat ein Projekt in der Schule."

Anja und Oli, die beiden Kollegen Ravensburger Polizei, hatten ihren Dienst auf der Tanzfläche der Diskothek CLASH am nächsten Abend wieder aufgenommen. Die kleinen Mikrofone klemmten gut verborgen an den Hemdkragen, die Empfänger steckten in den Ohren.

„Die Musik ist scheußlich", beschwerte sich Leo, der den verrosteten Transporter, in dem sich die Überwachungstechnik verbarg, in einer Seitenstraße geparkt hatte.

„Meinen Musikgeschmack trifft der Krach hier auch nicht", meinte Frank.

„Sieh es positiv, Leo", empfahl Anja. „Bei dir im Bus ist es wenigstens nicht so laut wie hier bei uns."

„Ich hoffe, dass wir heute Erfolg haben", meinte Leo.

„Das hoffen wir auch", gab Anja zurück. „Gute Wache!"

Frank und Andi beobachteten die beiden Jungen, die mit Greifern den Müll vor der Diskothek aufsammelten. Einer der Jungen schien deutscher Abstammung zu sein, der andere war dem Aussehen nach ein Türke. Die beiden unterhielten sich bestens und schienen gut befreundet. Andi hörte den Namen „Hasan". Der andere Junge hieß wohl „Sid".

Als die Jungen begannen, den Parkplatz zu säubern, zogen die beiden Polizisten die Köpfe ein. Mit zwei jugendlichen Müllsammlern hatten sie nicht gerechnet und sie konnten nur hoffen, dass die beiden ihren Wagen nicht interessant genug fanden, um ihn näher zu inspizieren. Es erwies sich als nützlich, dass sie den alten weißen Polo gewählt hatten, denn die Jungen fanden das BMW-Cabrio auf der anderen Seite des Parkplatzes viel interessanter.

Die beiden leerten den Müll in große Säcke, die sie mit Klebeband verschlossen, und danach verschwanden sie in der Diskothek.

Seiner Mutter und seiner Schwester hatte Sid beim Frühstück von einem Projekt in der Schule erzählt, zu dem er eingeteilt worden war, weshalb er erst später am Abend nach Hause kommen würde. Seine Mutter glaubte ihm sofort. Nur Nina schaute ihn merkwürdig an und fragte:

„Ein Projekt? Was für ein Projekt?"

„Wir machen den Schulhof sauber", hatte er geantwortet, da ihm gerade nichts Besseres eingefallen war.

„Mein Bruder, der passionierte Müllsammler. Bist du um sechs Uhr wieder zurück?"

„Wahrscheinlich nicht, es kann später werden."

„Wenn du um sechs Uhr nicht zurück bist, solltest du dir ein Brot streichen", sagte sie nachdrücklich, legte zwei

Scheiben Brot auf seinen Teller und danach sechs Scheiben Wurst. Dabei zählte sie laut „eins, zwei, drei, vier, fünf, sechs", und sah ihn durchdringend an.

„Blöde Kuh", dachte er aufgebracht, doch er zog es vor zu schweigen. Nina durchschaute ihn mühelos. Woran merkte sie, wenn er log? Denn er musste schließlich lügen, wenn er sich abends Freiräume schaffen wollte.

Es war ein Donnerstag wie jeder andere. Sid hatte zuerst seinem Boss das Geld abgeliefert und dann mit Hasan das Gelände gesäubert. Danach saßen die Jungen an der Bar und tranken Cola. Die ersten Gäste tanzten bereits zu hämmernden Rhythmen aus riesigen Lautsprechern. Mahmud stand hinter dem Tresen und mischte Cocktails. Die verspiegelte Kugel über der Tanzfläche blitzte, so dass es unmöglich war, die Gesichter der Tanzenden zu erkennen.

Hanna machte über das Grundbuchamt der Stadt den Besitzer der Fabrikhalle hinter dem CLASH ausfindig. Sie rief ihn an und er sicherte seine Hilfe zu. Sie trafen sich vor dem großen Tor und der sympathische Mann Ende Dreißig, mit blondem Haar und blauen Augen schloss ihr auf. Dass er Geld haben musste, konnte man nur an der teuren Armbanduhr und an seinem Auto erkennen, einer schwarzen Limousine der S-Klasse mit Stern auf der Kühlerhaube.

„Sie können die Halle so lange nutzen, wie Sie wollen", sagte er und überreichte ihr den Schlüssel. Dann schaute er auf seine Armbanduhr. „Wenn Sie mich nicht mehr brauchen: Ich habe noch Termine!"

„Vielen Dank für ihre Hilfe", bedankte sich Hanna. Die Halle war ideal, groß genug, um alle Kollegen samt ihren Fahrzeugen aufzunehmen. Sie entdeckte keine der üblichen

Zeichen dafür, dass sie von Jugendlichen oder Obdachlosen benutzt wurde, und das teilte sie den Kollegen von der Beweissicherungs- und Festnahmeeinheit mit. Wenn diese zu derselben Ansicht kommen sollten, hatten sie ihr Versteck.

Der Geschäftsmann setzte sich ins Auto und fuhr sofort los. Er nahm sein Telefon und drückte eine Taste.

„Mehmet, erwartest du eine Lieferung?", fragte er.

„Nein, wieso?", hörte er Mehmets erstaunte Stimme.

„Weil es hier in Kürze von Polizei wimmeln wird und ich meine richtige Bullen, nicht nur die Streifenhörnchen. Ich habe denen das Tor zur großen Halle geöffnet. Die kommen mit der gesamten Kavallerie, mit Hunden und Scharfschützen und gehen in der alten Halle in Deckung."

„Danke, mein Freund", sagte Mehmet langsam. „Ich hatte heute nichts vor, aber jetzt werd´ ich dafür sorgen, dass hier wirklich nichts zu finden ist."

Die nächste Nummer, die der Mann tippte, gehörte seiner Frau.

„Liebling, ich habe für heute Abend einen Tisch im Mästro reserviert. Ich weiß, dass du in die Disko wolltest, aber es gibt etwas zu feiern. Ich hol dich ab." Und dann fuhr er in die Stadt zu einem Juwelier und kaufte ein Paar Ohrringe und ein passendes Armband. Er ließ es sich etwas kosten, seine Frau in Sicherheit zu wissen. Die dritte Nummer, die er wählte, gehörte Olek Smirnov.

„Olek", sagte er, „wie wär's mit einem Essen im Mästro? Ja, heute Abend. … Nur du und ich und unsere Frauen?... Ich habe einen Tisch reserviert für neunzehn Uhr. Gut, wir sehen uns!"

Mehmet verweilte einige Minuten lang nachdenklich am Schreibtisch. Dann zückte er sein Telefon und tippte die Nummer seines Türstehers.

„Hausputz, jetzt gleich!", bellte er. „Gründlich!"

„Ey, Boss, dein kleiner Bruder ist noch hier", informierte ihn sein Vertrauter.

„Das macht nichts", antwortete Mehmet. „Wir haben nichts zu verbergen."

Nachdem das Versteck untersucht und für geeignet befunden worden war, trafen die Kollegen vom SEK ein und wurden von Hanna in die Halle gewunken. Die Beamten fanden im obersten Stockwerk eine Klappe in der Decke, die aufs Dach führte. Sie holten eine Leiter aus ihrem Bus und stemmten die Klappe mit einem Brecheisen auf. Dann sahen sich die Männer auf dem Dach um und legten fest, welche Positionen sie im Falle eines Angriffs einnehmen würden. Das Dach bot nur wenige Möglichkeiten zur Deckung. Sie würden das Überraschungsmoment ausnutzen und schnell und effektiv handeln müssen. Danach setzten sich die Männer in ihren Bus und spielten Karten, um sich die Zeit zu vertreiben.

Wenig später traf Jana, die Hundeführerin, mit ihrem Team ein. Um kein Aufsehen zu erregen, hatten die Beamtinnen und Beamten ihre privaten Fahrzeuge benutzt. Die Männer und Frauen befreiten ihre vierbeinigen Kollegen aus den Transportboxen. Besonders den jüngeren Hunden war die Begeisterung deutlich anzumerken. Sie liefen aufgeregt hin und her und erkundeten die Halle. Die älteren Hunde legten sich auf ihre Decken und warteten ganz entspannt auf ihren Einsatz.

Als die Kollegen der Bereitschaftspolizei und der BFE in ihren Mannschaftsbussen eintrafen, fanden sie samt ihren Fahrzeugen problemlos Platz in der riesigen Halle. Nachdem Stefan eingetroffen war, schloss Hanna zufrieden das Tor. Von außen war ihre Anwesenheit nichts zu erkennen.

Als Kommandozentrale diente der alte Technikbus, der in einer Seitenstraße parkte. Nachdem Stefan, der den Einsatz leitete, überprüft hatte, dass alle Kollegen ihren Einsatzplan kannten, bat er die Gruppenführer der verschiedenen Züge, ihn in diese Kommandozentrale zu begleiten.

„Kollegen", begann er, „wir haben Anja und Oli in der Diskothek auf der Tanzfläche postiert. Steht die Verbindung, Leo?" Leo drehte an einem Knopf und dröhnende Diskomusik schallte aus den Lautsprechern.

„Anja, bitte kommen", sagte Leo, „alles klar bei euch?"

„Alles klar", antwortete Anja etwas außer Atem.

„Macht mal Pause an der Bar, Kollegen", meinte Leo.

„Verstanden", antwortete Oli, „wenn du die Drinks zahlst."

„Das könnte euch so passen. Ende", lachte Leo.

„Zwei meiner Männer überwachen den Parkplatz in einem alten weißen Polo", unterrichtete Stefan die Kollegen. Leo drehte an einem anderen Knopf.

„Frank für Leo, bitte kommen!", sagte er in sein Funkgerät. Es knisterte ein wenig, dann kam die Antwort.

„Hallo Leo, alles klar bei uns."

„Verstanden. Ende!" Leo schaute Stefan an: „Zufrieden?"

„Ja", antwortete Stefan. „Check die Verbindung zu den anderen." Plötzlich tönte aus dem Lautsprecher das knatternde Fluggeräusch eines Hubschraubers.

„Leo für Bussard, bitte kommen", hörten sie die Stimme des Helikopterpiloten.

„Hallo Martin", meldete sich Leo, „alles klar bei euch?"

„Alles Roger, Leo", antwortete der Pilot.

„Wann werdet ihr landen?"

„Planmäßig in zehn Minuten", antwortete der Pilot. „Wir warten auf euer Kommando."

„Verstanden und Ende", antwortete Leo.

„Roger and out", bestätigte Martin.

„Gut, dass sie da sind", meinte Jana. „Wenn die Russen wirklich angreifen, müssen wir stärker sein!"

„Bleibt sonst alles wie abgesprochen?", fragte Johannes, der Leiter des SEK. Stefan nickte.

„Sobald Frank und Andi Code Alpha geben, geht es los!"

„Na, dann wollen wir es uns solange gemütlich machen", meinte Jana, lehnte sich zurück und schloss die Augen.

Tessa parkte ihren Wagen auf dem Parkplatz vor dem CLASH. Die beiden Frauen stiegen lachend aus. Sie hatten sich geschminkt und schick angezogen und beide freuten sich auf einen entspannten Abend. Als sie an dem weißen Polo vorbeikamen, zeigte Tessa mit dem Finger auf die beiden Männer, die dort die Köpfe zusammensteckten.

„Ist die Disko auch ein Schwulentreff, Mia? Schau mal das Pärchen, sind die nicht süß?" Sie stellte sich direkt vor die Frontscheibe des Polos und machte rhythmische Bewegungen mit dem Unterleib.

„Traut euch raus, Jungs!", rief sie lachend. „Schwul sein ist okay." Mia zog die Freundin weiter.

„Du bist hier nicht in Hamburg", tadelte sie.

„Mia, Schätzchen, ist Spießigkeit ansteckend?", flötete Tessa fröhlich und warf den beiden Männern zum Abschied eine Kusshand zu.

„Küss mich endlich", raunte Andi seinem Kollegen zu, „trau dich, ich warte schon so lange." Frank knuffte ihn an der Schulter, und fast hätten sie die schwarze Limousine mit dem Berliner Kennzeichen übersehen, die langsam auf den Parkplatz fuhr und in einer Parkbucht zum Stehen kam. Es war unschwer zu erkennen, dass das Auto vollbesetzt war.

„Leo, bitte kommen!", sagte Frank in sein Funkgerät. „Code Alpha!"

„Roger", antwortete Leo. „Wie viele Personen?" Vorsichtig spähte Frank aus dem Seitenfenster. Die Türen der Limousine öffneten sich. Fünf Männer stiegen aus, denen man ansah, dass sie täglich trainierten. Sie trugen schwarze Anzüge und Sonnenbrillen, obwohl es wirklich nicht mehr hell war.

„Volle Punktzahl", sagte Frank.

„Fünf Personen", wiederholte Leo, „das ist verstanden. Waffen?"

„Gut möglich. Die Personen nähern sich der Disko."

„Anja", sagte Leo in sein Mikrophon: „Code Alpha."

„Verstanden", antwortete Anja. Oli nickte ihr zu. Sie verließen die Tanzfläche. Zwei Frauen waren gerade lachend hereingekommen und auf die Tanzfläche gestürmt. Die beiden Polizisten setzten sich an die Bar neben zwei Jungen, die dort ihre Cola schlürften. Von hier aus konnten sie den Eingang gut überblicken.

Sid erschrak, als er seine Mutter und Tessa entdeckte.

„Meine Mutter", sagte er beklommen. „Scheiße! Was macht die denn hier? Sie denkt, ich bin in der Schule."

„Dann verdrücken wir uns lieber", meinte Hasan und kletterte von seinem Hocker. „Komm, wir gehen hinten raus!" Er ging voraus. Anja und Oli sahen den beiden nach. Wo wollten die Jungen hin?

Die zweite Limousine erreichte den Parkplatz wenige Minuten später und auch aus ihr stiegen fünf Männer.

„Ach du Scheiße, die kenne ich", murmelte Andi und zog den Kopf ein.

„Leo! Code Alpha!", flüsterte Frank ins Funkgerät.

„Nochmal fünf?", fragte Leo.

„Genau!", antwortete Frank.

Als eine weitere Limousine auf dem Parkplatz ankam und wiederum fünf schwarzgekleidete Männer ausstiegen, wussten Andi und Frank, dass sie sich in einer äußerst gefährlichen Situation befanden. Sie durften keinesfalls erkannt werden, duckten sich in ihrem engen weißen Polo und hofften, dass die Russen sie übersehen würden.

„Leo, nochmal fünf Männer", flüsterte Frank in sein Funkgerät.

„Bleibt in Deckung", kam die Antwort. „Keine Heldentaten, verstanden."

„Verstanden", bestätigte Frank.

Stefan nahm das Funkgerät, wählte eine andere Frequenz und sagte:

„Bussard für Stefan, bitte kommen. Martin, Code Alpha!"

„Roger and out", hörte er die Stimme des Piloten, untermalt von dem Knattern der Rotoren.

„SEK, Scharfschützen in Position. Die Zielpersonen nähern sich der Diskothek."

„Verstanden, Ende!", hörte er. Der Einsatz hatte begonnen.

Krieg

Mehmet sah mit ungläubigem Entsetzen auf seinem Monitor, wie fünf Männer aus einer großen Limousine mit Berliner Kennzeichen ausstiegen. Schlagartig wurde ihm klar, dass es sich hier nicht um eine Drogenrazzia der Polizei handelte. Sein Feind war wesentlich gefährlicher und er hatte den Fehler gemacht, nicht mit ihm zu rechnen.

„Cafer", bellte er ins Telefon, „ruf die Jungs an. Sie sollen alle kommen. Sofort!"

„Krasser Scheiß, Boss, geht klar!", antwortete der Türsteher. „Was ist denn los? Hier ist alles ruhig."

„Nicht mehr lange", brüllte Mehmet. „Geh ins Haus, bring deinen Arsch in Sicherheit. Sofort!!!" Er beobachtete in einem seiner Monitore, wie einer der Männer eine Waffe zog und auf seinen Türsteher zielte. Und dann erinnerte er sich plötzlich an seinen kleinen Bruder. Hasan war in der Diskothek!

Cafer rettete sich mit einem Sprung ins Haus. Er wusste, dass sein Chef den Außenbereich wesentlich besser überblicken konnte als er. Er hörte den Schuss nicht, den der Russe auf ihn abgab, denn der Killer verwendete einen Schalldämpfer.

Doch er sah gerade noch, wie die Kugel, die ihm gegolten hatte, den Putz von der Wand fetzte. Adrenalin durchflutete ihn und er knallte die Tür zu. Dann schob er mehrere Sperrriegel aus Stahl, die an der Wand bereit hingen, quer über die Tür in die Aufnahmehalterungen in der Wand.

Er jetzt nahm er sein Telefon und startete den Rundruf: „Wir brauchen dich, sofort! Wir werden überfallen."

„Krasser Scheiß!", rief der Angerufene und rief den nächsten Mann auf der Liste an.

Mehmet sah im Monitor, wie die Kugel den Putz neben der Eingangstür zerfetzte. Noch nie in seinem Leben war er so froh darüber gewesen, die Polizei in großer Anzahl in der Nähe zu wissen. Cafer hatte es geschafft, sich in Sicherheit zu bringen. Doch jetzt musste er seinen kleinen Bruder finden. Überstürzt verließ er sein Büro.

„Hasan", brüllte er, „Hasan!"

Auch die Scharfschützen, die sich auf den Dächern der alten Fabrikhallen positioniert hatten, sahen, wie der russische Killer auf den Türsteher schoss.

„Code Charly", meldete ein Kollege. „Erbitte Anweisung."

„Ein Schuss?", fragte Johannes, Leiter des SEK.

„Genau", antwortete der Scharfschütze.

„Treffer?"

„Negativ!" Johannes sah Stefan an. Beide nickten.

„Noch kein Zugriff. Ist der Platz vor der Disko klar?"

„Der Platz ist klar bis auf die Russen. Jetzt sind es fünfzehn Männer. Sie sind bewaffnet", informierte sie der Kollege. „Sollen wir eingreifen?"

„Noch nicht! Wir warten auf die Helikopter."

„Verstanden. Sind schon zu hören", bestätigte der Kollege.
Sid und Hasan schlüpften durch einen der Notausgänge aus
der Diskothek.

„Ach du Kacke!", flüsterte Hasan. „Was ist denn hier los?"
Er hatte die Scharfschützen auf dem Dach gegenüber entdeckt.

„Die Russen", gab Sid entsetzt zurück, „die Russen sind
gekommen, um sich zu rächen."

„Was redest du, Alter?", fragte Hasan. „Das sind deutsche
Polizisten, wahrscheinlich das SEK."

„Was machen wir jetzt?", fragte Sid ängstlich.

„Wir gehen wieder rein!" Hasan drückte gegen die Tür,
doch die war hinter ihnen ins Schloss gefallen. „Scheiße, die
Tür ist zu. Wir müssen hierbleiben", flüsterte er. „Am besten
machen wir uns unsichtbar." Sie kauerten sich in die schmale Türöffnung und hofften inständig, übersehen zu werden.

„An alle", funkte Stefan, „Code Alpha. Die Kollegen von der
BFE und der Bereitschaftspolizei umstellen das Gelände.
Zufahrtswege abriegeln."

„Verstanden und Ende", bestätigten die Gruppenleiter.
Die Kollegen der Bereitschaftspolizei schwärmten aus, un-
bemerkt von den Russen, die sich langsam mit gezogenen
Waffen der Eingangstür näherten.

„Hoffentlich verliert jetzt niemand die Nerven", sagte Stefan leise. Das Bild auf dem Monitor wirkte äußerst bedroh-
lich. „Wir müssen sie überraschen, sonst gibt es ein Massa-
ker."

„Wann ist der Helikopter da?", fragte Hanna.

„In einer Minute", antwortete Stefan. „Dann nehmen wir
sie hoch!"

Anja und Oli hatten die überstürzte Flucht des Türstehers beobachtet. Sie waren froh, dass er die Tür gesichert hatte.

„Leo für Oli, was ist draußen los?", rief Oli in sein Mikro.

„Ein Schuss, kein Treffer", hörte er Leos ruhige Stimme in seinem Ohr. „Was ist mit der Eingangstür?"

„Wurde vom Türsteher mit Sperrriegeln gesichert."

„Verstanden. Bringt die Leute in Sicherheit, falls die Russen versuchen sollten, die Tür zu sprengen."

„Das ist verstanden", bestätigte Oli und sah Anja an. „Es geht los", sagte er. Dann lief er zur Bar, zeigte seinen Ausweis und veranlasste, dass die Musik abgestellt wurde. Die plötzliche Stille ließ alle Tanzenden innehalten.

„Hier spricht die Polizei", rief Anja. „Sie befinden sich in Gefahr. Bitte verlassen Sie sofort die Tanzfläche und sammeln sie sich hinter der Theke." Alle folgten dieser Aufforderung, außer einer schrill gekleideten Frau.

„Ich glaub keinem Bullen", rief sie. „Weißt du nichts anderes mit deinem Leben anzufangen, Schwester."

„Halt die Klappe, Tessa", rief die andere, „und komm einfach mit." Mia zog ihre widerstrebende Freundin am Arm zur Bar.

„Bitte setzen Sie sich hinter der Theke auf den Boden", ordnete Anja an. Die Gäste schienen langsam zu begreifen, dass das, was sie gerade erlebten, nicht zum Unterhaltungsprogramm der Diskothek gehörte. Die Angst stand vielen ins Gesicht geschrieben. Selbst Tessa hatte es die Sprache verschlagen.

Ein Mann kam aus einem seitlichen Eingang gerannt.

„Hasan", brüllte er, „Hasan!"

„Mehmet", rief Mia voller Angst, „ist Hasan hier?" Oli ging auf Mehmet zu und zeigte seinen Ausweis.

„Wer sind Sie?", fragte er.

„Mehmet Öztürk", antwortete der Mann, „mir gehört der Laden."

„Sie wissen von der Bedrohung?"

„Ich hab's auf meinem Monitor gesehen. Wo ist mein kleiner Bruder? Wo ist Hasan?"

„War er mit einem Freund zusammen?", fragte Anja.

„Ja, mit Sid. Wo sind die Jungs?"

„Sie sind gerade durch diese Tür verschwunden", sagte Oli und zeigte in die entsprechende Richtung.

„Mit Sid?", schrie Mia. „Sid ist hier? Mehmet, was passiert hier?"

„Mia, sie sind draußen!", kreischte Mehmet. „Ich muss hinterher. Cafer!" Der Türsteher baute sich vor Oli auf, der sich davon völlig unbeeindruckt zeigte.

„Bleiben Sie ruhig, Mann. Wir kümmern uns um die Jungs", versprach er.

„Leo für Oli. Es befinden sich zwei Jugendliche auf dem Gelände. Kümmert ihr euch darum?"

„Zwei Jugendliche? Auch das noch", sagte Stefan. „Ich kümmere mich darum."

Als die Helikopter dröhnend über der Diskothek schwebte und den Platz in gleißendes Licht tauchten, brach Mehmet zusammen. Wenn Hasan auch nur ein Haar gekrümmt würde, wäre er erledigt. Endgültig erledigt.

„Hier spricht die Polizei", tönte es aus dem Helikopter. „Wir haben das Gelände umstellt. Lassen Sie die Waffen fallen und heben Sie die Hände hoch."

Sid begann zu zittern. Seine Zähne klapperten.

„Es sind doch die Russen", flüsterte er, „die wollen ihren toten Kumpel rächen. Und jetzt kämpfen die gegen das SEK. Ich hab so Angst!"

„Was redest du", versuchte Hasan ihn zu beruhigen, doch er klang wenig überzeugend. Die beiden ließen sich zu Boden fallen und rührten sich nicht.

Der Ravensburger Polizei war es tatsächlich gelungen, die Gang zu überraschen. Die Helikopter kamen so plötzlich und hatten das Gelände taghell erleuchtet, dass die Killer viel zu spät bemerkten, dass sie für die Scharfschützen auf den Dächern ein gutes Ziel abgaben. Der Aufforderung, die Waffen fallen zu lassen und sich zu ergeben, folgten einige, andere rannten zum Parkplatz und versuchten, mit dem Auto zu flüchten. Mehrere Wagen der Bereitschaftspolizei waren mit Blaulicht und Sirene auf den Platz gefahren und die Polizisten zwangen die Männer mit vorgehaltenen Waffen, ihre Fahrzeuge mit erhobenen Händen wieder zu verlassen.

Dann durchkämmten die Kollegen das Gelände um die Diskothek, wobei die Hunde zum Einsatz kamen. Jana griff zwei völlig verängstigte Jungen auf, die sich in einem Notausgang versteckt hatten. Sie nahm die beiden mit zu sich in den Mannschaftsbus, der inzwischen vor der Diskothek parkte.

Die Kollegen, die die Zufahrtswege sicherten, stoppten einige Fahrzeuge vollbesetzt mit türkischen Männern, die sehr wütend waren, dass sie nicht weiterfahren durften. Die Polizisten nahmen deren Personalien auf und stellten Waffen, einige Sprengsätze und sogar Klappmesser sicher. Es war ihnen offensichtlich gerade noch gelungen, ein Blutbad zu verhindern.

Um in die Diskothek zu gelangen, nahm Jana mit Anja und Oli Kontakt auf. Nur zögernd erklärte sich Cafer bereit, die Sperrriegel von der Eingangstür zu entfernen. Die Gäste der Diskothek, die mit ängstlichen Gesichtern hinter der Theke auf dem Boden saßen, durften aufstehen. Sie wurden an die Tische gebeten, um ihre Personalien festzustellen.

Mehmet Öztürk, der sich neben Mia an die Theke lehnte, weinte wie ein Kleinkind.

„Wo ist Hasan? Wo ist mein kleiner Bruder?", schluchzte er.

„Ein Hasan Öztürk sitzt bei uns im Bus", sagte Jana trocken, „zusammen mit einem Sidney David Ritter."

„Dem Himmel sei Dank", flüsterte Mia.

„Hasan lebt", rief Mehmet erleichtert. Das Schlimmste war ihm noch einmal erspart geblieben.

Mia fühlte sich wie im Traum, als sie zusammen mit Tessa und Mehmet der Polizistin folgte, um ihren Sohn abzuholen. Draußen wimmelte es von schwerbewaffneten Polizisten mit Helmen und Schutzwesten, die in Anzug gekleidete Männer mit Sonnenbrillen abführten. Tessa sagte beeindruckt:

„Wow! Wie im Kino!" Mia blieb ängstlich stehen und hielt Anja am Arm fest.

„Was ist denn eigentlich los?", fragte sie beklommen.

„Die Diskothek sollte überfallen werden. Das haben wir verhindert", erklärte Anja.

„Die Diskothek sollte überfallen werden? Wieso? Von wem?" Mias Gedanken überschlugen sich.

„Sie werden verstehen, dass ich diese Fragen nicht beantworten kann", erwiderte Anja. Mehmet schwieg. Anja führte sie auf den Parkplatz zu einem großen Mannschaftsbus und öffnete die Schiebetür.

„Treten Sie ein", sagte sie. Mia kletterte in den Bus.

„Mama?", fragte Sid unsicher.

„David!", rief Mia, „Gott sei Dank! Dir ist nichts passiert." Sie schloss ihn in die Arme und brach vor Erleichterung in Tränen aus.

„Ich hab dich angelogen", flüsterte Sid. „Es tut mir leid."

„Ist nicht schlimm", antwortete sie schluchzend, „Hauptsache, du lebst."

„Ich hatte Angst wie noch nie in meinem Leben", sagte er leise.

„Ich auch, David, ich auch", antwortete sie und schneuzte sich die Nase.

Mia bestätigte die Angaben ihres Sohnes. Hasan, der sich an seinen großen Bruder drückte, erzählte dieselbe Geschichte.

„Warum seid ihr beide kurz vor dem Überfall so plötzlich verschwunden?", fragte Anja.

„Weil ich meine Mutter gesehen habe", erklärte Sid. „Ich wollte nach dem Müllsammeln einfach noch ein bisschen in der Disko bleiben und weil sie das nicht erlaubt, habe ich das Projekt in der Schule erfunden." Er blickte schuldbewusst zu Boden. „Ehrlich, wenn ich gewusst hätte, dass da draußen die Russen sind, wäre ich natürlich nicht rausgegangen."

Mehmet hob ruckartig den Kopf und sah ihn eindringlich an und Sid merkte, dass er sich verplappert hatte. Doch die Polizistin schien nichts bemerkt zu haben.

„Woher kanntet ihr den Notausgang?", fragte sie.

„Das CLASH gehört meinem Bruder", mischte sich Hasan ein. „Ich kenn mich hier gut aus. Sid wollte nicht, dass seine Mutter ihn sieht. Da war der Notausgang eine prima Lösung."

„Sid?", fragte Mia. „Nennst du dich wieder Sid?"

„Ja, ich finde, Sid klingt cooler", antwortete er.

„Warum meinst du, dass es Russen waren, die das CLASH überfallen wollten?", fragte Anja.

„Scheiße", dachte Sid, „sie hat es doch gemerkt." Er wusste, dass er jetzt ganz schnell richtig reagieren musste.

„Wegen des Toten", sagte er. „Das war doch ein Russe, der hier auf dem Parkplatz erschossen wurde. Die Russen meinen wahrscheinlich, dass es ein Türke war, der ihn umgelegt hat und wollten sich rächen." Er verstummte und sah Mehmet an.

„Gar keine so dumme Idee", bestätigte Mehmet. „Waren es Russen?"

„Diese Frage kann ich nicht beantworten", erwiderte Hanna. Sie sah von Mehmet zu Sid und dann zu Hasan.

„Sid hatte tierisch Angst", bestätigte dieser. „Aber was können wir Türken dafür, wenn auf dem Parkplatz ein Russe ermordet wird!"

„Ja, so konnte es tatsächlich gewesen sein", dachte Anja. Die Zeitungen hatten ausführlich über den Fall berichtet. Oder Sid wusste mehr, als er zugab.

Mia nahm ihren Sohn mit nach Hause. Schon im Auto hatte sie ihm seine Lüge verziehen.

„Ich verstehe, dass du abends auch ein bisschen Spaß haben willst", sagte sie. „Das wollte ich in deinem Alter auch, aber mach es am Wochenende, wenn du am nächsten Morgen keine Schule hast. Abgemacht, David? Oder willst du, dass auch ich dich wieder Sid nenne?"

„Wär das okay?", fragte der Junge.

„Na klar!", antwortete Mia. „Ich hab den Namen schließlich für dich ausgesucht."

Der Überfall auf die Diskothek war das Gesprächsthema am Abend gewesen. Sid erzählte seine Geschichte, doch Mia und Tessa wollten Dinge wissen, über die er noch nicht nachgedacht hatte.

„Wie hast du dich gefühlt, als die Hubschrauber plötzlich aufgetaucht sind?"

„Hast du die Männer gesehen, die das CLASH überfallen haben?"

„Hat dich einer mit der Waffe bedroht?"

„Wer hatte mehr Angst, Hasan oder du?" Er bemühte sich, die Fragen zu beantworten, froh, dass sich niemand daran erinnerte, dass er die Russen ins Gespräch gebracht hatte. Nur seine Schwester war merkwürdig ruhig geblieben. Sie schaute ihn an, als würde sie ihm sagen:

„Ich glaub dir kein Wort!" Nach kurzer Zeit verzog sie sich zusammen mit Isabell in ihr Zimmer.

Am nächsten Morgen betrat Sid als erster die Küche. Auf seinem Teller lagen genau sechs Erdbeeren. Wütend schnappte er die Früchte und schmiss sie in den Mülleimer. Er pfefferte den Teller in die Spüle und stürmte aus dem Haus. Krachend fiel die Tür hinter ihm ins Schloss.

Mia, die gerade aus der Dusche kam, rannte hinter ihm her. Was hatte er nur wieder?

„Denk daran, dass wir um vierzehn Uhr einen Termin

bei der Polizei in Ravensburg haben", rief sie ihm nach. Er hob die Hand zum Zeichen, dass er sie gehört hatte und lief einfach weiter.

„Das ist der Schock", erklärte Mia ihrer Tochter, als sie wenig später am Küchentisch frühstückten. „Er hat das Erlebnis von gestern noch nicht verarbeitet."

„Und deshalb mag er plötzlich keine Erdbeeren mehr?", fragte Nina ironisch.

„Wie kommst du denn jetzt auf Erdbeeren?", wollte Mia wissen. Nina schaute sie an.

„Er hat die Früchte, die ich ihm für sein Müsli auf den Teller gelegt habe, in den Müll geschmissen", erklärte sie. Mia stand auf und schaute in den Eimer.

Sechs Erdbeeren!

„Himmel, Nina, warum sind es sechs Erdbeeren? Du machst mir langsam wirklich Sorgen! Du hast doch noch nie eine Sechs geschrieben! Warum immer diese blöde Sechs? Soll ich dich bei einer Therapeutin anmelden?" Nina betrachtete ihre Mutter. Dann fasste sie einen Entschluss.

„Ich brauche keine Therapeutin. Es waren nur noch achtzehn Erdbeeren da", erklärte sie, „und ich wollte sie gerecht verteilen." Mia blickte auf ihren Teller. Sie hatten ihre Früchte schon gegessen, doch die Erklärung ihrer Tochter klang plausibel. So einfach war es also!

„Dummerchen", sagte sie zärtlich und gab ihr einen Kuss auf die Nasenspitze. „Das nächste Mal nimmst du dir so viele Erdbeeren, wie du magst."

Spurensuche

Sid erschien pünktlich um vierzehn Uhr im Revier. Er hampelte auf dem Stuhl herum und schien außerordentlich nervös. Und für diese Nervosität musste es einen Grund geben – das wusste Stefan aus Erfahrung. Er wartete mit der Vernehmung, bis seine Mutter den Raum betrat. Wieder stockte ihm der Atem. Was hatte diese Frau nur an sich? Er riss sich zusammen.

„Ich hätte nicht gedacht, dass wir uns so schnell hier wiedersehen, Frau Ritter", begann Stefan das Gespräch.

„Wir haben doch schon gestern Abend alles gesagt, was wir wissen", erwiderte Mia und setzte sich neben Sid.

„Ich habe trotzdem noch Fragen an ihren Sohn." Stefan gab seiner Stimme einen nüchternen Klang und wandte sich dann ohne zu zögern an den Jungen: „Deine Mutter hat mir erzählt, dass es für dich nach eurem Umzug aus Hamburg nicht einfach war. Magst du mir erzählen, was für dich am Schwierigsten war?" Sid sah erstaunt aus. Mit dieser Frage hatte er überhaupt nicht gerechnet.

„Ich konnte kein Schwäbisch und die Kinder haben mich deshalb ausgelacht", antwortete er. „Ich hab's einfach nicht gelernt, dieses Schwäbisch. Und auf Schule hatte ich nicht so

Bock." Das klang nachvollziehbar, doch es erklärte nicht die Unruhe, die dem Junge deutlich anzumerken war.

„Das versteh ich", sagte Stefan. „Ich hatte auch keinen Bock auf Schule." Er sah den Jungen freundlich an. Dann ging er zum Angriff über.

„Woher wusstest du, dass es Russen waren, die das CLASH angegriffen haben?", fragte er und beobachtete den Jungen genau. Verschiedene Emotionen spiegelten sich in dessen Gesicht: Angst, Unsicherheit und Ärger. Der Ärger überwog.

„Das hab ich alles schon gesagt!", rief Sid. „Wieso glaubt mir hier keiner?"

„Ich hab ihn aufgeschreckt", dachte Stefan, „so abgebrüht ist der Junge noch nicht." Laut sagt er: „Die meisten, die mich hier fragen, warum ich Ihnen nicht glaube, haben tatsächlich etwas zu verbergen. Gehörst du auch dazu, Sidney?" Jetzt huschte Verzweiflung über das Gesicht des Jungen.

„Was soll ich denn wissen? Ich weiß gar nichts!", rief er.

„Komm runter, Sidney", sagte Stefan ruhig. „Ich will es nur noch einmal von dir hören." Der Junge atmete tief durch und schwieg.

„Er hat den erschossenen Russen gekannt", sagte Mia plötzlich in die Stille. „Er war damals total geschockt!" Ihr Sohn fuhr herum und blickte sie mit einer Mischung aus Angst und Entrüstung an.

„Du kanntest Sergej Blankov?", hakte Stefan nach.

„Nur vom Sehen", antwortete Sid hitzig, so hitzig, dass sich Stefan sicher war, dass der Junge viel mehr wusste, als er sagte.

„Wo hast du ihn gesehen?", hakte er nach. „Wo genau in

Ravensburg?" Sids Blick flackerte. Er hatte offensichtlich Angst.

„Auf irgendeiner Straße", wich er aus. „Keine Ahnung, wo das war."

„Es wäre aber wichtig, dass du dich daran erinnerst." Sid wand sich auf seinem Stuhl.

„Ich, ich weiß es aber nicht mehr. Wirklich nicht!" Mia schaltete sich ein.

„Wenn er es doch nicht mehr weiß." Sie legte eine Hand auf die ihres Sohnes. Der zog sie zurück, als habe er sich verbrannt. Sie sah verletzt aus, entschied sich jedoch, jetzt nicht auf die Zurückweisung zu reagieren. „Außerdem hat er das Erlebnis gestern noch nicht verarbeitet", fuhr sie fort. „Lassen Sie ihm doch bitte etwas Zeit." Stefan nickte. Er nahm eine Visitenkarte aus einem Kästchen auf dem Schreibtisch und reichte sie dem Jungen.

„Wenn dir wieder einfällt, wo du Blankov über den Weg gelaufen bist, dann ruf mich an. Und wenn ich sonst noch etwas für dich tun kann, dann lass es mich wissen!" Mia sah ihn erstaunt an.

„Warum sollte er ihre Hilfe brauchen?", fragte sie.

„Manchmal gibt es Situationen im Leben, da ist es gut, wenn man weiß, wen man um Hilfe bitten kann", erwiderte er. „Dafür bin ich schließlich da." Er stand auf und gab damit das Signal, dass das Gespräch beendet war.

Nachdem er die Tür hinter den beiden geschlossen hatte, trat er ans Fenster und blickte hinaus, über den Hof, in dem die grünweiß gestreiften Wagen der Streifenpolizei neben den Privatwagen der Kollegen parkten, über die Einfamilienhäuser, die am steilen Hang von St. Katharina zu kleben schienen bis zu den weißen Mauern der Burg, in der sich heute die Jugendherberge und das bekannte Restaurant Mästro befanden.

„Diese Frau hat etwas", dachte er. „Vielleicht sollte ich tatsächlich mal wieder in die Disko gehen ..." Er nahm sich vor, genau das zu tun, wenn der Fall gelöst war.

„Was meinte der Kommissar damit, dass du vielleicht Hilfe brauchen könntest?", fragte Mia ihren Sohn, als sie das Revier verlassen hatten.

„Keine Ahnung, wirklich nicht!", antwortete Sid ärgerlich. „Jetzt fängst du auch noch mit diesem Schwachsinn an! Ich muss dann mal los." Er drehte sich um und lief in die entgegengesetzte Richtung davon. Mia sah ihm nach.

Was hatte der Kommissar an ihrem Sohn bemerkt? Musste sie sich Sorgen machen? Sie seufzte. Seit dem Mord an dem Russen hatte er sich verändert. Seine Machoallüren hatten beträchtlich zugenommen. Das missfiel ihr außerordentlich, doch sie wusste nicht, was sie dagegen tun konnte.

Langsam ging sie die Seestraße in Richtung Altstadt hinauf. Neben ihr schoben sich die Autos in die Zufahrt zur Tiefgarage. Bevor sie zurück an ihren Arbeitsplatz musste, blieb ihr noch ein wenig Zeit. Das Wetter war so warm, dass man draußen sitzen konnte. Im Café Central bestellte sie sich einen Cappuccino und ein Stück Zwetschgenkuchen.

„Hoffentlich macht Sid keinen Scheiß", dachte sie. „Hoffentlich!"

Der Ravensburger Polizei war mit der Festnahme von Mitgliedern der Samarowskaja ein bemerkenswerter Schlag gegen das organisierte Verbrechen gelungen. Alle Männer waren erkennungsdienstlich behandelt worden und mehr als die Hälfte war von Interpol zur Fahndung ausgeschrieben, darunter der Mann, der den Schuss auf den Türsteher abgegeben hatte. Bei allen waren Waffen sichergestellt worden, bei einigen Drogen wie Ecstasy oder Kokain.

Der Staatsanwalt Dr. Angerer war voll des Lobes über den gelungenen Einsatz und auch die Presse überschlug sich vor Begeisterung. Kriminalkommissar Stefan Mangold sah sein Bild in allen Zeitungen und sogar abends in der Tagesschau, obwohl er darauf hingewiesen hatte, dass dieser Erfolg auf der Zusammenarbeit des ganzen Teams beruhte. Besonders hervorgehoben wurde die Tatsache, dass es keine Schießerei gegeben hatte und deshalb weder Tote noch Verletzte. Danach wurde Mehmet Öztürk gezeigt, der sich bei der Polizei bedankte, die diesen hinterhältigen Angriff auf ihn und seine Gäste vereitelt hatte.

„Ich habe keine Ahnung, warum die russische Mafia mein Lokal überfallen wollte, wirklich, keine Ahnung", verkündete er vor laufenden Kameras. „Ich bin glücklich, dass niemandem etwas passiert ist. Die Sicherheit meiner Gäste liegt mir sehr am Herzen!"

Stefan war froh, dass es dem Team gelungen war, den Bandenkrieg zu verhindern. Einen bitteren Beigeschmack hatte der Sieg jedoch: Smirnov befand sich nicht unter den Festgenommenen. Er hatte ein wasserdichtes Alibi: ein Essen mit einem Ravensburger Geschäftsmann in Begleitung ihrer Ehefrauen im Ravensburger Restaurant Mästro. Laut Smirnovs Aussage waren ihm alle Festgenommenen völlig unbekannt. Bei der Gegenüberstellung verzog er keine Miene. Einzig Sandro Vottari hätte ihn belasten können, doch auch wenn die Ndrangheta die Russen nicht liebte, würde ihr Pate in einem Prozess nicht gegen sie aussagen.

Am nächsten Morgen stolperte Stefan auf dem kurzen Weg von seiner Wohnung zum Präsidium quasi über ein Fahrrad, das der Beschreibung entsprach, die der Italiener in seiner Anzeige angegeben hatte. Er übergab das Rad den Kollegen.

„Des derf it wahr sei!", wunderte sich der eine. „Du hasch des Rad wirklich g'funde?"

„Des isch aber komisch", meinte der andere und damit traf er den Nagel auf den Kopf.

Sandro Vottari holte das Rad persönlich ab.

„Mille grazie!", rief er. „Die Polizei von Ravensburg, molto bene, molto bene. So effektiv! Richten Sie Commissario Stefano Mangold Grüße aus, von der ganzen Familie. Capisce? Da tutta la famiglia!"

Und das war die zweite Kröte, die Stefan schlucken musste: Er hatte der Ndrangheta geholfen, ihr Revier zu verteidigen, indem er die gefährlichen Mitbewerber ausgeschaltet hatte.

Die dritte Kröte war Mehmet Öztürk. Stefan war fest davon überzeugt, dass der Türke hinter der wachsenden Verbreitung der Droge Ecstasy in Oberschwaben steckte. Doch sie hatten den gesamten Laden auf den Kopf gestellt und nichts gefunden außer einem Büro, das durch einen verborgenen Eingang und Zahlencodes besonders gesichert war. Öztürk hatte ihnen den Safe gezeigt, in dem er die Einnahmen der Disko aufbewahrte. Es war nicht strafbar, sich gegen Diebstahl abzusichern. Das einzige, was sie ihm vorwerfen konnten, war die unerlaubte Video-Überwachung der Toiletten. Doch Drogen? Fehlanzeige. Auch die Hunde hatten nichts gefunden. Überhaupt nichts! Noch nicht einmal kleinste Mengen für den Eigenbedarf.

Dass Öztürk nichts von dem Überfall gewusst hatte, war

glaubhaft. Das bestätigten die Kollegen Anja und Oli. Doch damit war keineswegs ausgeschlossen, dass er nicht hinter dem Mord an Blankov steckte. Öztürk konnte das Fenster, aus dem der tödliche Schuss abgegeben worden war, auf einem seiner Monitore sehen. Doch Stefan musste zugeben, dass man den Schützen in der Dunkelheit nicht hatte erkennen können. Außerdem bestätigte der Türsteher, dass sein Boss sich zu diesem Zeitpunkt in dem anderen Büro befunden hatte.

Die beiden Jungen, vom Alter her die perfekten Drogenkuriere weil noch minderjährig, hatten gute Gründe für ihre Anwesenheit in der Diskothek. Frank und Andi bestätigten, dass die beiden den Müll vom Gelände gesammelt hatten und das regelmäßig taten, um ihr Taschengeld aufzubessern. Dass sich die beiden danach noch eine Cola genehmigten, war verständlich. Mit sechzehn Jahren durften sie sich abends bis zweiundzwanzig Uhr in der Disko aufhalten. Und dass Sidney seine Mutter angeschwindelt hatte, war eine Angelegenheit zwischen dem Jungen und seiner Mutter. Sie sahen deshalb keine Veranlassung, das Jugendamt einzuschalten.

„Der Junge weiß mehr, als er uns sagt", meinte seine Kollegin Hanna, „das hab ich im Gefühl."

„Dieses Gefühl teile ich", antwortete Stefan. „Doch wenn wir keine Beweise haben, bleibt's dabei."

Es war zum Verzweifeln! Die Drahtzieher der schweren Verbrechen blieben im Hintergrund, betrieben Diskotheken, Bordelle oder Pizzerien und ließen andere die Drecksarbeit verrichten. Auch über die Tatsache, dass Smirnov das Interesse an Ravensburg so plötzlich wieder verloren hatte und seine Villa für eine horrende Summe zum Verkauf anbot, konnte sich Stefan nicht wirklich freuen. Das Problem würde sich kurzfristig in eine andere Stadt verlagern und von dort würde es umso schlimmer zurückkommen. Er musste mit den Kollegen vom LKA sprechen. Sie durften Smirnov nicht aus den Augen lassen.

Sid blieb nach dem Überfall einige Abende zu Hause. Dann rief Mehmet an.

„Weißt du, Sid, du lässt dich hier nicht mehr blicken. Das fällt auf, verstehst du? Beweg deinen Arsch hierher, ganz konkret!"

„Ist klar, Boss", antwortete Sid, „du kannst dich auf mich verlassen."

„Was wollten die Bullen von dir?", fragte Mehmet, als er ihm gegenüberstand und fasste Sid scharf ins Auge.

„Die wollten wissen, warum ich für dich arbeite."

„Und?"

„Ich hab gesagt, dass ich mein Taschengeld aufbessere", sagte Sid und sah Mehmet ängstlich an. „Ich hab nichts verraten, Boss, wirklich nicht!" Mehmet lächelte kalt.

„Wenn du klug bist!"

Also arbeitete Sid wieder für Mehmet. Den Platz vor der Diskothek musste er jetzt alleine sauberhalten, denn Hasans Mutter hatte ihrem Jüngsten verboten, sich noch einmal im CLASH blicken zu lassen. Und daran hielt sich selbst Mehmet Öztürk. Vor seiner Mutter schien er noch mehr Angst zu haben als vor der russischen Mafia.

Am nächsten Tag passte Hamit ihn nach der Schule ab. Sid steig zu ihm in den BMW.

„Stimmt was nicht?", fragte er besorgt. „Ich hab doch gestern geliefert!"

„Alles in Ordnung!", bestätigte Hamit. „Alter, bald hast du die Schule fertig. Hast du konkrete Pläne?"

„Nein, keine Ahnung", meinte Sid, „irgendeine Ausbildung muss ich wohl machen."

„Ich mach dir ein Angebot, verstehst du? Ich habe eine Firma, Import & Export, Öztürk-Logistics. Wir importieren Waren für die Deutschen aus der Türkei. Olivenöl, Zitronen, Weintrauben, Tomaten und die kleinen runden Pillen, die du vertickst." Er legte den Finger auf die Lippen. „Top secret! Jetzt weißt du, woher die Ware stammt. Und wir exportieren Waren in die Türkei: Kühlschränke, Waschmaschinen, deutsche Technik, sehr beliebt bei den Türken. Du hast dich bewährt Sid, und deinen Job gut gemacht." Sid nickte erfreut und Hamit fuhr fort: „Weißt du, Mehmet will dich als Lehrling. Nach drei Jahren bist du fertig, ganz legal Speditionskaufmann."

„Ihr wollt doch nicht wirklich, dass ich für euch Zitronen verkaufe", fragte Sid grinsend.

„Nein, das wollen wir nicht", antwortete Hamit. „Mehmet will, dass du zwei Jungs aussuchst, die deinen Job übernehmen. Du findest neue Kunden und deine Jungs beliefern sie. Den Stoff kriegst du von uns. Wir beteiligen dich am Gewinn. Dann hast du bald schicke Klamotten und ein schickes Auto und kannst dir die Bräute aussuchen." Er kramte in seiner Aktentasche und reichte ihm ein Papier. „Ausbildungsvertrag", stand dort in Großbuchstaben.

„Du musst nur unterschreiben." Hamit hielt ihm einen Kugelschreiber entgegen.

„Ich bin noch nicht volljährig", sagte Sid. „Ich zeig den Vertrag meiner Mutter."

„Mach das", meinte Hamit. „Der Vertrag ist total legal."

Ninas Sorgen

Nina hatte sich verändert. Sie war schon lange nicht mehr das fröhliche Mädchen, das sie früher gewesen war. Und das lag nicht nur daran, dass sie älter und größer wurde. Die meiste Zeit war sie still und in sich gekehrt. Ihre Mutter glaubte, das läge an der Pubertät oder am Erwachsenwerden oder am Gymnasium. Mia beruhigte sich gerne damit, dass sie Gründe für das Verhalten ihrer Kinder erfand.

Im Gegensatz zu ihrem Bruder, der der Schule nichts abgewinnen konnte, lernte Nina gern und es war ihr wirklich wichtig, gute Noten zu schreiben. Sie besuchte die sechste Klasse des Gymnasiums in Ravensburg. Bald war das Schuljahr vorbei, sie würde ihr Zeugnis bekommen und sie wusste, dass sie gut abschneiden würde.

Sie kam mit allen Mädchen und Jungen in ihrer Klasse gut aus, obwohl sie keines der Mädchen ihre beste Freundin nennen würde. Es gab schlichtweg niemanden, dem sie so vertraute, dass sie mit ihm ihre Geheimnisse geteilt hätte. Vielleicht lag das aber auch daran, dass sie fest davon überzeugt war, ihre Geheimnisse seien sowieso viel zu kompliziert, um sie jemandem anzuvertrauen. Als sie vor zwei Monaten dreizehn Jahre alt geworden war, hatten die halbe Klasse und sogar einige Mädchen aus dem Dorf mit ihr zusammen im Garten gefeiert. Nach außen hin sah alles ganz normal aus und genau darauf legte Nina großen Wert.

Im Dorf blieb sie trotzdem eine Außenseiterin. Die Leute fanden ihre Mutter „komisch", das hatte sich nicht geändert. Nina war hier aufgewachsen und verstand die verdeckten Andeutungen und Hinweise, die sich oft nur darin offenbarten, wie etwas gesagt wurde. Und sie hatten ihr von dem Kinderwagen erzählt, in dem sie – das arme Mädle – gelegen hatte, dem schwarzen Ungetüm, beklebt mit Fledermäusen und Totenköpfen. Dabei hatten sie zwar gelacht, doch durch die Art und Weise, wie die Leute lachten, teilten sie gleichzeitig ihre Missbilligung mit. Wie konnte man seinem Kind so etwas antun?

Nina kannte die Dorfbewohner: Der erste Eindruck war entscheidend und durch nichts zu erschüttern! Und dieser Eindruck war durch Tessa, die merkwürdige Frau aus Hamburg, die immer mal wieder zu Besuch kam, im Dorfladen einkaufte, so seltsam aussah und noch seltsamer redete, noch verstärkt worden. Wie die ausgesehen hatte! Diese Haare …

Genauso unmöglich hatte ihr Bruder damals ausgesehen. Nina kannte die Geschichte von Sids erster Fahrt mit dem Bus. Ihre Mutter hatte ihr davon erzählt und die Frauen nachgemacht, die sich über sie mokiert hatten. Mia hatte keinen Hehl daraus gemacht, dass sie die Dorfbewohner für Spießer hielt und sie im Grunde ihres Herzens verachtete.

Erst allmählich hatte Nina verstanden, dass ihre Mutter die Dorfbewohner genauso pauschal verurteilte wie diese sie abwerteten. Vielleicht war das der Grund, warum Nina es vorzog, so wenig wie möglich aufzufallen und zum Leidwesen ihrer Mutter nur Klamotten trug, die alle anderen Mädchen auch trugen.

Und dann hatte sich ihr Bruder ausgerechnet mit einem Türken angefreundet! Nicht, dass die Dorfbewohner etwas gegen Ausländer hatten, nein! Hatte nicht der Markus eine Österreicherin geheiratet? Allerdings sang die Marlene im Kirchenchor und machte beim Frauenturnen mit und vor allem schwätzte sie schwäbisch. Nein, die Leute waren liberal und sie kauften gern bei Ahmed ihr Gemüse, denn es war frischer und vor allem günstiger als das Grünzeug beim Discounter.

Dass David sich mit Hasan angefreundet hatte, statt mit ihren Söhnen, hatten sie zutiefst missbilligt. Der Mord vor der Diskothek CLASH, das dem Ältesten der Öztürk-Brüder gehörte, und der nur knapp verhinderte Anschlag der russischen Mafia auf diese Diskothek bewies den Leuten geradezu, dass sie Recht hatten. So etwas taten ihre eigenen Buben nicht! Die waren zwar keine Engel, doch das wurde von ihnen auch gar nicht erwartet.

„Gleich und gleich gesellt sich gern", sagten die Leute und jetzt waren sie froh, dass David keinen ihrer Söhne mit sich in den Sumpf gezogen hatte. Nina war ein nett's Mädle, sie schwätzte so wie alle anderen im Dorf, doch sie blieb gleichzeitig eine von denen, und deshalb waren die Leute ihr gegenüber zwar freundlich aber dennoch zurückhaltend. Kurz: Die Neuen gehörten nicht dazu und würden nie dazugehören! Das wusste Nina und sie hätte deshalb viel lieber in Ravensburg gelebt als in Borkenweiler, doch dazu fehlte ihnen ganz einfach das Geld.

David war ihr engster Vertrauter, enger noch als ihre Mutter. Mit ihm hatte sie die Abenteuer ihrer Kindheit geteilt, er tröstete sie, wenn sie hingefallen war oder wenn sie sich einsam fühlte. Ihren Vater oder ihren Erzeuger, wie sie ihn nannte, den Fotografen aus New York, mit dem ihre Mutter ihre wilde Zeit in Hamburg verbracht hatte, kannte sie nicht. Er hatte sich nie bei ihr gemeldet und so konnte er ihr gestohlen bleiben. Ihr Bruder war dagegen immer für sie da und sie liebte ihn von Herzen. Für ihn würde sie alles tun. Und gerade jetzt wusste sie nicht mehr, ob das möglicherweise bedeutete, dass nicht alles so bleiben konnte wie es war. Denn ihr Bruder hatte sich verändert.

Wenn sie genauer darüber nachdachte, war die Veränderung schleichend geschehen. Begonnen hatte sie schon vor einigen Jahren, genauer gesagt, vor sechs Jahren, als sie gerade in die Schule gekommen und er in die Hauptschule gewechselt war. Wahrscheinlich hatte die Veränderung mit Hasan zu tun, seinem besten Freund, der wie Sid ein Außenseiter gewesen war.

Sie überlegte. Vielleicht hing es gar nicht mit Hasan zusammen, sondern viel eher mit seinen Brüdern, mit Mehmet und Hamit! Sie mochte Hasan, doch seine so viel älteren Brüder machten ihr Angst. Warum nur verbrachte ihr Bruder so viel Zeit mit ihnen? Und warum zeigten diese erwachsenen Männer so viel Interesse an ihrem Bruder? Sie hatten etwas an sich, das sie nicht mochte. Und Sid wurde ihnen immer ähnlicher.

Den David, den sie aus Kindertagen kannte und liebte, gab es so gut wie gar nicht mehr. Ab und zu tauchte er auf, wenn sie beide mit ihrer Mutter Zeit verbrachten, aber das wurde immer seltener. Besonders schlimm war es, wenn Mia nicht zu Hause war. Dann behandelte er sie wie seine Angestellte, nein schlimmer, wie seine Leibeigene.

„Nina, verdammt noch mal, wo ist mein blaues T-Shirt?"

„Nina, komm sofort. Ich hab keinen Bock auf dich zu warten!"

Sie gehorchte, denn sie wusste, dass es gar nichts brachte, wenn sie sich wehrte. Einmal hatte sie es versucht und dann hatte er sie geschlagen. Am nächsten Tag brachte er ihr ein rosafarbenes Einhorn mit, verziert mit Glitzersteinen, das sie sich schon sehr lange wünschte und das sicher sehr teuer gewesen war. Sie hatte sich gefreut, doch das konnte den Schlag nicht ungeschehen machen. Sie war zutiefst erschüttert gewesen und seitdem tat sie, was er von ihr verlangte. Durch den Schlag war ihr klar geworden, wie sehr er sich verändert hatte. Obwohl sie ihren Bruder liebte, machte er ihr gleichzeitig immer mehr Angst.

Auch ihrer Mutter gegenüber wurde Sid immer unverschämter. Nina seufzte. Wie sehr sehnte sie sich nach David, ihrem Vertrauten! Mit Sid konnte sie nichts anfangen, auch wenn er so aussah wie David; ihm konnte man nicht trauen, das hatte sie schon oft erfahren müssen.

Dass er sich seit einem Jahr derartig für den Holzvorrat verantwortlich fühlte, den sie für den Winter anlegen mussten, und deshalb fast täglich im Schuppen Holz hackte, nahm sie ihm genauso wenig ab wie seinen Hang zum Müllsammeln. Ausgerechnet ihr Bruder, der zu Hause den Müll nicht einmal bemerkte, wenn er darüber stolperte! Und was wollte ihr Bruder so oft im Schuppen? Er hackte dort wirklich Holz, das konnte sie hören, und danach stapelte er es auf, das konnte sie sehen, doch sie blieb misstrauisch.

Genauso wenig glaubte sie ihm, dass er so gar nichts über die Hintergründe des Überfalls auf das CLASH wusste. Er, der den größten Teil seiner Freizeit dort verbrachte! Sie sah ihm im Gegensatz zu ihrer Mutter an, wenn er log, und er hatte gelogen. Nina befürchtete, dass er sich in etwas verstrickt hatte, dass er in etwas hineingeraten war, das aus ihm einen anderen Menschen machte. Und wenn sie nichts unternahm, würde er dieser andere bleiben, dieser Sid Vicious. Sie hatte das englische Wort in ihrem Wörterbuch nachgeschlagen. Vicious bedeutete böse, grausam, brutal, gemein, schlimm und verdorben. Und ihr Bruder tat gerade alles, um genau so zu werden!

Was sollte sie tun? Mit wem konnte sie darüber reden?

Nicht mit ihrer Mutter. Die würde entweder beschwichtigen, so wie sie das immer tat, oder sie würde sich total aufregen. Und dann würde sie Sid darauf ansprechen und der würde ihr ins Gesicht lügen. Und dann blieb alles wie es war, denn ihre Mutter glaubte gerne, was in ihr Weltbild passte.

Außerdem wollte sie keinen Staub aufwirbeln. Es sollte alles so normal wie möglich bleiben. Wenn sie noch mehr Aufsehen im Dorf erregten, dann würden sie nur weiter ins Abseits geraten. Ob sie dann überhaupt noch hier wohnen konnten, war fraglich.

Plötzlich fiel ihr Isabell ein, Tessas Tochter, die seit einem Semester in Ravensburg an der dualen Hochschule studierte. Zu ihr hatte sie einen guten Draht. Sie blätterte in dem kleinen Büchlein, in dem sie alles notierte, was ihr wichtig war. Nina fand Isabells Telefonnummer und nahm ihr Handy, ein Geschenk von Sid.

Handys waren teuer! Nur ihre Mutter glaubte, dass man durch Müllsammeln so viel Geld verdienen konnte, um ein Handy zu kaufen. Ihr konnte er jedoch nichts vormachen. Er musste andere Einkünfte haben, davon war sie überzeugt. Sie tippte Isabells Nummer.

„Hei, Isabell, ich bin's, Nina. Können wir uns treffen? Nach der Schule morgen? Im Café Meinold um eins. … Ja, die haben sogar einen Mittagstisch. … nein, nicht so teuer … gut, bis morgen." Nina atmete auf. Sie würde Isabell viel erzählen, wenn auch nicht alles. Alles war sowieso zu viel. Für jeden!

Das Meinold war in der Mittagszeit gut besucht. Nina hatte draußen einen Tisch ergattert. Sie winkte Isabell zu, die lächelnd näherkam.

„Das war eine gute Idee. Hei Nina." Sie setzte sich zu ihr. „Ich nehm das Sandwich und ne Cola", sagte sie dem Kellner, der zu ihnen an den Tisch getreten war.

„Und ich den Salat und ein Wasser", bestellte Nina. Isabell sah das Mädchen prüfend an.

„Was ist los, Nina? Du hast doch was!", fragte sie.

„Du bist wie deine Mama", lachte Nina, „die redet auch nicht um den heißen Brei herum."

„Das tut in Hamburg niemand, im Gegensatz zu hier", meinte Isabell. Der Kellner stellte die gefüllten Teller und die Getränke auf den Tisch. Nina atmete tief durch.

„Lass uns zuerst essen", schlug sie vor, „sonst krieg ich nichts mehr runter."

„Wenn es so schlimm ist, dann machen wir das", stimmte ihr Isabell zu.

„Ich mach mir Sorgen um meinen Bruder", begann Nina, als die beiden ihre Teller geleert hatten, und dann erzählte sie. Sie sagte nicht alles, doch das, was sie erzählte, schien Isabell zu überzeugen. Die junge Frau sah sie nachdenklich und besorgt an.

„Wie alt bist du, Nina?", fragte sie schließlich.

„Dreizehn, warum?"

„Weil du dich nicht wie eine Dreizehnjährige benimmst. Du klingst vernünftiger als viele meiner Kommilitoninnen und die sind im Schnitt zehn Jahre älter als du." Nina zuckte die Achseln und lächelte schief.

„Weißt du", begann sie, „die anderen Mädels in meiner Klasse sind richtige Kinder. Das hab ich mir schon lange abgewöhnt!" Isabell ergriff ihre Hand.

„Weiß deine Mutter von deinen Sorgen?"

„Nein", antwortete Nina, „natürlich nicht."

„Warum nicht? Vertraust du Mia nicht?"

„Doch, aber ich kenne sie. Sie glaubt den Lügen meines Bruders nur zu gern, weil sie die Wahrheit gar nicht aushält."

„Und was ist die Wahrheit?"

„Dass mein Bruder schon lange macht, was er will, und dass sie nichts, aber auch gar nichts, dagegen tun kann!" Nina traten Tränen in die Augen. Wütend verwischte sie die verräterischen Spuren mit der Hand. „Heulen nützt nichts", sagte sie mit belegter Stimme. „Das hab ich mir auch schon lange abgewöhnt." Isabell seufzte.

„Es ist gut, dass du dich mir anvertraust", begann sie. „Dein Bruder hat natürlich kein Recht, so mit dir umzugehen. Hast du das deiner Mutter erzählt?"

„Sie hat es sogar einmal miterlebt und ihn ausgeschimpft. Mein Bruder tut dann so, als würde er alles einsehen, und dann macht er wieder, was er will. Ich habe Angst, dass er böse wird. Er ist da in etwas hineingeraten, Isabell, und ich will ihn nicht verlieren."

„Das versteh ich nicht", meinte Isabell. „Dein Bruder behandelt dich wie Scheiße und du willst ihn nicht verlieren!"

„Das ist nicht so einfach", erwiderte Nina. „Meine Mutter hat viel gearbeitet, um uns durchzubringen. Als ich in die Schule kam, war ich nachmittags oft mit ihm alleine. Ich hatte nur ihn, er hat mich beschützt und war immer für mich da. Im Gegensatz zu meinem Erzeuger! Der hat noch nicht einmal für uns gezahlt. Ich verstehe nicht, warum meine Mutter nicht geklagt hat! Wir hätten das Geld gut gebrauchen können."

„Weil das nichts genützt hätte. Bei Jake ist nichts zu holen."

„Du kennst meinen Vater?", fragte Nina erstaunt.

„Er kommt ab und zu in den Club, wenn er nicht gerade high oder auf Entzug ist."

„Entzug?"

„Jake ist ein Junkie", erklärte Isabell. „Er nimmt, was er kriegen kann. Dass er Kinder hat, checkt der sowieso nicht mehr. Wahrscheinlich ist nicht viel Hirn übrig. Mia hatte keine andere Wahl, als euch alleine durchzubringen, oder sie hätte das Jugendamt einschalten müssen." Nina schüttelte den Kopf.

„Das ist für meine Mutter ein rotes Tuch. Sie hatte immer Angst, dass wir ihr vom Amt weggenommen werden." Isabell sah Nina ernst an.

„Meine Mutter hat es sich leichtgemacht. Ich bin bei meinen Großeltern aufgewachsen, damit sie ihr verrücktes Leben weiterleben konnte. Für mich ist Tessa eher wie eine große Schwester oder eine Freundin. Doch wenn ich dich so höre, weiß ich nicht, ob das nicht besser für mich war."

„Ich liebe meine Mama über alles", entgegnete Nina. „Dass sie meinen Bruder nicht im Griff hat, ist nicht ihre Schuld."

„Nein, natürlich nicht", beschwichtigte Isabell.

„Es macht mich besonders misstrauisch, dass Sid neuerdings so oft im Schuppen ist und Holz hackt", brachte Nina das Gespräch wieder zurück auf ihren Bruder.

„Warum macht dich das misstrauisch?"

„Weil er Dinge tut, die überhaupt nicht zu ihm passen. Ich glaub ihm auch nicht, dass er begeistert Müll sammelt. Die Umwelt ist ihm völlig egal. Ich denke, dass Sid nur deshalb Holz hackt, um den Grund, warum er wirklich im Schuppen ist, zu verbergen."

„An was denkst du da?", fragte Isabell.

„Ich glaube, dass er dort etwas versteckt, etwas, von dem wir nichts wissen dürfen."

„Hast du schon mal im Schuppen nachgeschaut?"

„Ja, im Regal habe ich nachgeschaut, da ist nichts", erklärte Nina. „Außerdem finde ich es dort gruselig." Isabell lächelte. Das klang schon eher nach einer Dreizehnjährigen. Natürlich würde sie Nina helfen.

„Dann werd' ich dich demnächst besuchen", versprach sie. „Zu zweit schaffen wir das locker." Nina sah sie dankbar an.

„Das ist echt nett von dir, Isabell", sagte sie. „Und du meinst nicht, dass ich übertreibe?"

„Keine Ahnung", meinte Isabell. „Wir werden es herausfinden. Wenn du Recht hast, finden wir etwas, wenn nicht, dann beruhigt Sid vielleicht sein schlechtes Gewissen damit, dass er etwas für die Familie tut. Lass es uns einfach herausfinden. Wann würde es dir passen?"

„Dienstag oder Donnerstag. Das sind die Tage, an denen Sid im CLASH arbeitet und bestimmt nicht nach Hause kommt." Isabell nahm einen kleinen Taschenkalender aus ihrer Handtasche und blätterte darin.

„Ich komm am Donnerstag", sagte sie. „Da habe ich nachmittags keine Vorlesung." Nina schaute sie erleichtert an.

„Du, das ist echt klasse von dir", sagte sie.

„Ist doch selbstverständlich", antwortete Isabell lächelnd. „Das tun echte Freundinnen füreinander."

„So wie deine Mutter und meine Mutter?"

„Genau so! Wenn ich dich mal brauchen sollte, dann hilfst du mir." Nina nickte.

„Worauf du Gift nehmen kannst!"

Mia freute sich, als Sid ihr den Ausbildungsvertrag zeigte.

„Speditionskaufmann? Das klingt gut. Ich wusste gar nicht, dass Hamit eine Speditionsfirma hat. Und du wirst im ersten Lehrjahr fünfhundert Euro im Monat verdienen?" Sie unterschrieb den Vertrag.

„Ich glaube, er mag mich", antwortete Sid. „Ich gehör sozusagen zur Familie."

„Hamit Öztürk ist wirklich ein großzügiger Mann", sagte Mia. „Ich habe bei Wickermann damals nur hundertfünfzig Mark im Monat verdient. Stell dir vor, Sid, das wären heute nur fünfundsiebzig Euro! Und die Überstunden hat er mir auch nicht bezahlt."

„Der war ein richtig mieser Typ", bestätigte Sid. „Ich geb dir die Hälfte von meinem Lohn."

„Nein", wehrte Mia ab, „ich komm schon zurecht. Du musst kein Geld abgeben. Sicher willst du den Führerschein machen und bald brauchst du ein eigenes Auto."

„Ich krieg einen Firmenwagen und den Führerschein bezahlt Hamit", log Sid. „Ich will dir das Geld geben, Mama. Kauf etwas für Nina oder spar für ihren Führerschein." Mia blickte ihren Sohn zärtlich an.

„Du bist ein großartiger Mensch, Sid", sagte sie. „Ich finde

es wunderbar, wie du dich um deine Schwester kümmerst."
Sid atmete tief durch.

„So toll bin ich nicht", sagte er, doch dann verstummte
er. Das war Davids Text! David hätte sich entschuldigt. Er
hätte seiner Mutter alles gebeichtet, wirklich alles! Doch David hatte keinen Platz mehr in seinem Leben. Immer wieder
ließ sich Sid davon überrumpeln, dass seine Mutter ihn wie
David behandelte. Immer wieder ließ er sich zu Reaktionen
hinreißen, die für Sid völlig inakzeptabel waren. Sid regel-
te die Beziehung zu Mutter und Schwester dadurch, dass er
einen kleinen Teil seiner Kohle abgab, und damit war die
Sache klar. Seine Mutter musste nicht wissen, dass er ein
Vielfaches verdienen würde. Es wurde Zeit, dass Sid das Ru-
der übernahm.

„Ab jetzt helf ich Mehmet in der Disko und wenn es spät
wird, schlaf ich dort", sagte er. Mia sah ihren Sohn erstaunt
an. Er war groß wie sein Vater und das Boxtraining hatte
ihm zu einem muskulösen Körper verholfen. Ihr Sohn war
ein Mann geworden. Er hatte sie nicht gefragt, er hatte sie
über seinen Entschluss informiert. Obwohl er erst im nächsten Jahr volljährig werden würde. Das hätte sie sich in seinem Alter nicht getraut. Doch hatte sie eine Wahl? Sie wusste, dass sie ihn schon lange verloren hatte.

„Es ist dein Leben", sagte sie schließlich und sie wusste
nicht, ob sie das Richtige tat, „mach was draus!"

Die Falle

„Hier bin ich", rief Isabell fröhlich, „und ich hab total Bock auf Schatzsuche!" Sie hatte ihr kleines Auto vor dem Gartentörchen geparkt. Nina blickte ihr mit gemischten Gefühlen entgegen.

„Ich weiß nicht, ob wir das Richtige tun", sagte sie, nachdem sie die Freundin umarmt hatte. „Eigentlich sollte ich meinem Bruder doch vertrauen!"

„Du sagst es", antwortete Isabell trocken, „eigentlich! Lass uns einfach nachschauen, dann weißt du Bescheid. Wenn du dich geirrt hast, kannst du gern Asche auf dein Haupt streuen. Ihr habt doch sicher noch ein bisschen Asche im Ofen?" Nina lachte und dann nickte sie.

„Du hast ja Recht. Also los, kommt mit." Der alte, windschiefe Schuppen stand hinter dem Haus. Von der Straße aus konnte man ihn nicht sehen und kein Fenster des Hauses ging in seine Richtung, kurz, ein ideales Versteck für jemanden, der etwas zu verbergen hatte. Die Tür war durch ein altes, rostiges Vorhängeschloss gesichert. Nina zog den Schlüssel aus der Jackentasche. Sie brauchte Kraft, um ihn zu drehen, doch dann sprang der Bügel auf und die Tür gab dem Druck quietschend und knarrend nach.

„Dann hätten wir jetzt eine mögliche Erklärung dafür, warum dein Bruder seine Liebe fürs Holzhacken entdeckt hat", meinte Isabell und deutete auf die Tür. „Die Tür macht so viel Krach, dass er eine Erklärung braucht, wenn er hier reingeht." Die beiden jungen Frauen betraten den dämmrigen Raum. Die Sonne malte helle Streifen auf den von Sägespänen und Holzstückchen bedeckten Boden. Staubflöckchen tanzten im Sonnenlicht.

In der Mitte des Raums stand ein Holzblock und die Axt, die darin steckte, zeigte dessen Funktion. Dahinter an der Wand lagen sauber aufgeschichtete Reihen gespaltenes Holz. In der Ecke stand ein alter Rasenmäher und darüber hingen ein paar Gartengeräte. Daneben befand sich ein Regal, vollgestopft mit Blumentöpfen, kleineren Gartengeräten und dem Krimskrams, den sie nicht weggeworfen hatten, weil sie dachten, ihn vielleicht irgendwann noch einmal gebrauchen zu können. Ein Stapel mit Brettern und Holzbohlen lehnte an der Seitenwand.

„Wir brauchen mehr Licht", stellte Isabell fest und sah sich suchend nach einem Schalter um. Doch als sie ihn betätigt hatte, lieferte die trübe, von staubigen Spinnweben überzogene Funzel an der Decke nicht das gewünschte Resultat. Nina zog eine kleine aber sehr lichtstarke Taschenlampe aus der Jacke.

„Gute Idee", meinte Isabell anerkennend. Nina beleuchtete das Sammelsurium im Regal.

„Da hab ich schon geschaut und nichts gefunden. Es ist unwahrscheinlich, dass er an dieser Stelle etwas versteckt", sagte sie nachdenklich. „Hier suchen wir, wenn wir etwas im Haus nicht finden. Zu gefährlich, wenn man etwas verbergen will."

„Richtig", bestätigte Isabell. „Wir müssen dort suchen, wo man kein Versteck vermutet. Warum fangen wir nicht mit dem Holzblock an?" Sie zog die Axt aus dem Block und gemeinsam schoben sie ihn zur Seite. Nina nahm einen Reisigbesen vom Haken und fegte Staub und Holzstückchen beiseite. Isabell griff nach einer Harke und klopfte mit dem Stiel auf die Bretter, die unter dem Staub zum Vorschein gekommen waren.

„Kein Hohlraum", sagte sie. Dann versuchte sie, die Bretter anzuheben, doch diese bewegten sich keinen Millimeter. Nina schüttelte den Kopf.

„Hier ist nichts!" Isabell nickte. Die beiden rückten den Holzblock zurück und Nina verwischte die Schiebespuren mit dem Besen. Isabell sah sich das aufgeschichtete Holz an.

„Den Stapel müssen wir als nächstes untersuchen", meinte sie und es klang nicht begeistert.

„Bestimmt gerät alles ins Rutschen, wenn wir irgendwo einen Scheit herausziehen", befürchtete Nina und beleuchtete den Stapel mit der Taschenlampe. „Ich schätze, den müssen wir Stück für Stück abbauen." Seufzend griff sie nach dem obersten Holz.

„Ne, warte mal", bremste Isabell. „Dein Bruder geht öfter in den Schuppen. Sein Versteck braucht er also fast täglich und dann wird er sicher nicht jedes Mal den ganzen Stapel abbauen. Lass uns suchen, ob es irgendwo etwas gibt, das aus der Reihe fällt!" Nina nickt erleichtert.

„Du hast Recht!" Die beiden untersuchten die sauber aufgeschichteten Reihen.

„Er hat sich wirklich Mühe gegeben, das Holz platzsparend zu beugen", meinte Isabell. „Das dauert seine Zeit. Hier wird er kaum etwas verstecken."

„Ich kann auch nichts entdecken, das aus der Reihe fällt", meinte Nina, die den Holzstapel mit der Taschenlampe sorgfältig abgesucht hatte, und ihre Stimme klang erleichtert.

„Freu dich nicht zu früh", warnte Isabell, „wir sind noch lange nicht fertig. Vielleicht hat er etwas auf den Balken hier oben versteckt. Leuchte mal hoch!" Sie deutet auf die horizontal verlaufenden Balken, die ihr Bestes gaben, um das schiefe Dach am Einsturz zu hindern. Nina kletterte auf den Holzblock und richtete die Lampe auf die Oberseite der alten Bohlen.

„Puh!", rief sie. „Mäusekacke, tote Insekten, Spinnweben und jede Menge Staub. Das liegt hier nicht erst seit gestern." Sie stieg hinunter, nahm die Axt vom Boden und schlug sie wieder in den Hackklotz. „Lass uns die Wände absuchen! Vielleicht steckt etwas zwischen den Spalten." Doch auch in den unzähligen Ritzen fanden sie nichts. Die beiden sahen sich an.

„Jetzt bleibt nur noch dieser Stapel", meinte Isabell. „Das wird eine schmutzige Angelegenheit." Nina richtete den Strahl der Taschenlampe auf die alten Bretter, die sich in verschiedenen Stadien des Verfalls befanden, bedeckt von alten Spinnweben, Insektenlarven und Mäusekot.

„Igitt!" Nina schüttelte sich. Plötzlich blieb ihr Blick an einem breiteren Brett hängen, das aus der Reihe fiel: genauso modrig und wurmstichig, wie alle anderen, und doch anders. „Schau mal hier!", rief sie. Isabell beugte sich zu ihr. „Keine Spinnweben, keine toten Viecher und keine Mäusekacke." Isabell stieß einen leisen Pfiff aus.

„Wow! Lass uns dieses Brett wegräumen!" Die beiden packten zu und wuchteten das Holz beiseite. Darunter lag ein viereckiger Gegenstand, gut verpackt in eine Plastiktüte.

„Ich weiß nicht, ob ich wissen will, was da drin ist", sagte Nina unsicher.

„Ach Nina", meinte Isabell, „schau nicht so unglücklich. Jetzt wissen wir gleich, ob dein Bruder hier seine Glasmurmeln vor dir versteckt oder ob deine Sorgen berechtigt sind." Sie zerrte die Tüte aus dem Loch. „Gar nicht so leicht!" Vorsichtig zog sie die mit einem Zugband verschlossene Öffnung der Tüte auseinander und nahm einen Schuhkarton heraus. Nina sog hörbar die Luft ein.

„Jetzt naht die Stunde der Wahrheit", sagte Isabell und hob den Deckel. „Geld!", rief sie erstaunt. „Viel Geld!" Nina leuchtete in den Karton. Darin befanden sich sauber gebündelte Päckchen aus Geldscheinen, zusammengehalten von roten Gummibändern.

„Merkwürdig! Nur Zwanziger und Fünfziger", stellte Isabell fest und reichte Nina die Zwanziger. „Zähl du die, ich zähl die Fünfziger." Nina legte Päckchen von je zehn Scheinen auf das Brett, mit dem das Versteck abgedeckt worden war und Isabell legte Stapel von Fünfzigern daneben. Zum Schluss kamen sie auf eine Summe von 3630,- €. Die beiden jungen Frauen schauten einander an.

„Du hattest Recht mit deinen Sorgen", sagte Isabell schließlich. „Was hat dein Bruder noch mal für einen Job?"

„Er sammelt seit einem Jahr den Müll vom Vorplatz einer Disko", sagte Nina. „Dafür kriegt er jedes Mal zwanzig Euro. Vielleicht hat er das Geld gespart?" Ihre Stimme klang voller Hoffnung. Isabell schüttelte den Kopf.

„Das wären nach einem Jahr 240,- €", sagte sie trocken, „und das nur, wenn er keinen Cent davon ausgegeben hätte. Hier liegt mehr als zehn Mal so viel!"

„Er hat sich immer wieder Gameboyspiele gekauft und

mir hat er Geschenke gemacht", antwortete Nina resigniert, „nein, da ist definitiv etwas faul! Woher hat er das viele Geld?"

„Gute Frage", antwortete Isabell. „Was machen wir jetzt damit? Willst du ihm sagen, dass du seinen Schatz gefunden hast?" Nina schüttelte den Kopf.

„Ich weiß nicht", antwortete sie zögernd. „Du warst doch an dem Abend bei uns, als die russische Mafia die Diskothek überfallen hat. Ich habe Angst, dass Sid da mit drin hängt."

„Das kann nicht dein Ernst sein!" Isabell klang entrüstet. „Du sprichst von organisiertem Verbrechen."

„Doch, das ist mein Ernst!" Nina nickte bekräftigend. „Sid wusste, dass es die Samarowskaja war, und die Polizei wusste es nicht. Aber er wusste es, Isabell! Weißt du, was das bedeutet?" Sie konnte in der Miene ihrer Freundin beobachten, dass sie die Tragweite von Ninas Sorgen plötzlich verstand.

„Dann steckt er richtig in der Scheiße", sagte Isabell schließlich.

„Die bringen die Leute um, die ihnen in die Quere kommen", flüsterte Nina, „so wie diesen Russen, den sie vor der Disko erschossen haben. Und Sid kannte den Mann. Er war total schockiert, als er sein Foto in der Zeitung sah. Ich befürchte, dass er da nicht so einfach aussteigen kann, selbst wenn er es wollte. Isabell, ich hab Angst!" Die Freundin nahm sie in die Arme.

„Das versteh ich, Nina", antwortete sie leise.

„Und Sid wird so wie die", fuhr Nina fort. „Er wird immer unverschämter. Er nimmt sich, was er will!" Sie brach in Tränen aus. Isabell erschrak.

„Nina, was nimmt er sich?", fragte sie.

„Alles", schluchzte Nina, „einfach alles!"

„Was denn, Nina, was denn?", bohrte Isabell, doch Nina sagte nichts mehr. Als sie sich beruhigt hatte, packten sie das Geld in den Karton, stopften ihn in die Plastiktüte und platzierten die Tüte genau an der Stelle, wo sie sie gefunden hatten. Zum Schluss hievten sie das Brett darüber. Bevor sie den Schuppen verließen, schauten sie sich noch einmal um. Nein, nichts verriet ihre Suche.

„Sid beginnt im September eine Lehre bei Öztürk Logistics. Ich glaube, dass er damit noch tiefer in die Sache reinrutscht und dann werde ich ihn verlieren, Isabell, dann wird er einer von denen." Die beiden jungen Frauen saßen jede mit einer Tasse dampfenden Tees am Küchentisch. „Ich kann das Ganze stoppen, doch ich brauch noch einen Beweis. Hilfst du mir?", fragte Nina.

„Klar", antwortete Isabell. „Aber mit dem organisierten Verbrechen lasse ich mich nicht ein, das musst du verstehen, Nina." Sie zuckte entschuldigend mit den Schultern.

„Mit dem organisierten Verbrechen will ich mich auch nicht anlegen, keine Sorge. Ich hab mir da was überlegt."

Als Mia eine halbe Stunde später nach Hause kam, saßen die beiden entspannt auf dem Sofa und hörten Musik.

„Wie schön, dich zu sehen, Isabell", freute sie sich und umarmte die junge Frau. „Ihr beide habt euch angefreundet! Das wusste ich ja gar nicht."

„Ist doch klar", lachte Isabell. „Ich bin so ähnlich wie Tessa, und da Nina dir ähnlich ist, müssen wir uns ja gut verstehen."

„Ich hab Hähnchen mitgebracht", verkündete Mia und nahm zwei Papiertüten aus ihrer Tasche. „Die reichen auch für drei. Du bleibst doch zum Abendessen?"

Zwei Tage später holte Isabell Nina mit ihrem kleinen Auto von der Schule ab. Es war Dienstag und damit Müllsammeltag. Sie fuhren zur Diskothek und parkten auf einem öffentlichen Parkplatz an der einzigen Zufahrtsstraße zu Mehmet Öztürks Lokal. Eine halbe Stunde später sahen sie Sid, der auf dem Fahrrad in Richtung CLASH vorbeiradelte, den prall gefüllten Rucksack mit seinen Schulsachen auf dem Rücken.

„Wenn er wirklich Müll sammelt, haben wir jetzt zwei freie Stunden", sagte Nina.

„Damit uns nicht langweilig wird, hab ich Musik mitgebracht." Isabell kramte in ihrer Handtasche und nahm eine CD heraus. „Schau mal! Die Nina-Hagen-Band! Auf diese Musik sind unsere Mütter abgefahren." Sie schob die CD ein und startete die Musik.

„Rangehen! Rangehen, rangehen! Wenn du scharf bist, musst du rangehen. Hingehen, hingehen! Dann ist alles gut, ist alles okay. Jeje", schallte Nina Hagens Empfehlung für das Anknüpfen von Beziehungen aus den Lautsprechern.

„Bei diesem Lied hat es zwischen deinen Eltern gefunkt", schrie Isabell, um die laute Musik zu übertönen. „Das hat mir meine Mutter erzählt. Bei dem Song haben sie Sid gemacht: in der Besenkammer!" Sie quietschte vor Vergnügen. Nina drehte die Musik leiser.

„Mein Vater war Mias große Liebe", sagte sie. „Danach hat sie keinen Mann mehr an sich rangelassen." Isabell wurde schlagartig ernst.

„Perlen vor die Säue", sagte sie trocken, „das hat meine Mutter immer gesagt. Und dass dein Vater eine so tolle Frau wie Mia nicht verdient hat."

„Ich glaube, meine Mutter war sehr glücklich mit Jake", erwiderte Nina. „Damals scheint er genau der Richtige für sie gewesen zu sein, obwohl ich es natürlich unmöglich finde, dass er sich überhaupt nicht für uns Kinder interessiert hat."

„Du hast Recht", bestätigte Isabell. „Wer will schon beurteilen, wer wen …". Sie unterbrach sich und deutete auf den Radfahrer, der gerade an ihnen vorbeiflitzte. „Das war Sid! Und sein Rucksack sah anders aus als vor zehn Minuten. Da ist jetzt definitiv etwas anderes drin!"

„Von wegen Müllsammeln", rief Nina. Isabell ließ den Motor an und fuhr langsam vom Parkplatz. Sie wartete eine Weile und folgte dem Fahrrad in gebührendem Abstand.

„Woher weißt du, wie man jemanden beschattet?", fragte Nina erstaunt.

„Aus dem Fernsehen", antwortete Isabell. „So was lernst du beim Tatort!" Sid bog in eine Seitenstraße. Isabell hielt vor der Straße an. Die Frauen sahen, wie Sid sein Rad an einen Gartenzaun lehnte, klingelte und durch den Vorgarten zu einem Haus ging. Ein Mann öffnete die Haustür, begrüßte Sid wie einen alten Bekannten und gab ihm etwas. Sid überreichte ein Päckchen, die beiden wechselten noch ein paar Worte, dann stieg Sid wieder auf sein Fahrrad.

Sie folgten ihm und konnten beobachten, dass sich diese Prozedur einige Male wiederholte.

„Also, dein Bruder liefert Ware aus", meinte Isabell, „und dafür wird er bezahlt. Nicht fürs Müllsammeln."

„Wir müssen herausfinden, was er ausliefert", sagte Nina. „Vielleicht ist es etwas Harmloses."

„Träum weiter, Nina. Dann müsste er seinen Lohn nicht vor seiner Familie verstecken."

„Da hast du auch wieder Recht", antwortete Nina kleinlaut. Sid war in die Stadt zurückgeradelt und fuhr auf einen großen Parkplatz, auf dem die Pendler ihre Fahrzeuge abstellten.

„Die ideale Tarnung", sagte Isabell und parkte ihr Auto neben einem Lieferwagen. „Wenn wir hinter diesem Bus bleiben, können wir sogar aussteigen." Mit diesen Worten öffnete sie die Autotür, kletterte heraus und stellte sich so hinter den Lieferwagen, dass sie Sid durch die Scheiben beobachten konnte. Nina folgte ihr zögernd.

Sid hatte sein Fahrrad abgestellt und ging auf einen jungen Mann in einem dunklen Kapuzenpulli zu, und diesmal war es niemand, den er zu kennen schien.

„Vergiss es!", hörten sie Sid sagen. „Du schiebst augenblicklich die Kohle rüber!" Der junge Mann ballte drohend die Fäuste.

„Arschloch", zischte er, „ich lass mir doch von so ´nem Wichser wie dir nichts vorschreiben. Erst die Ware, dann die Kohle."

Sid baute sich drohend vor ihm auf. Er packte ihn und hatte plötzlich ein Messer in der Hand. Nina entfuhr ein leiser Aufschrei.

„Still", zischte Isabell, doch die beiden jungen Männer hatten nichts gehört.

„Pass mal auf, du schwule Sau", hörten sie Sids drohende Stimme, „entweder du lässt die Kohle rüberwachsen, oder dein Freund muss sich heute allein einen runterholen." Er setzte ihm das Messer an die Kehle, der Mann schrie auf, denn Sid hatte die Haut ein wenig geritzt und ein paar Tropfen Blut perlten aus dem Schnitt. Nina hielt sich die Hand vor den Mund und biss sich vor Anspannung in die Knöchel. Der junge Mann im Kapuzenpulli keuchte:

„Beruhig dich, nimm das Ding da weg. Ich zahl ja schon."

Sid ließ das Messer sinken und der Mann fummelte einen Hunderteuroschein aus der Hosentasche. Sid steckte ihn ein und gab dem Mann das Päckchen.

„Ich weiß nicht, wo du vorher gekauft hast", sagte er abschätzig. „Bei den Russen? Du hast genauso wenig Manieren wie die Iwans. Ab jetzt kaufst du bei mir und nur bei mir, sonst gibt's richtig Ärger. Verstehst du?"

„Kapiert, Boss", wiederholte der junge Mann ängstlich. „Ab jetzt mach ich es so wie du willst." Sid grinste.

„Geht doch!", sagte er, schnappte sein Rad und fuhr davon.

„Ich glaube, wir haben genug gesehen", flüsterte Isabell. „Setz dich schon mal ins Auto." Ehe Nina etwas sagen konnte, trat sie hinter dem Lieferwagen vor und ging auf den jungen Mann zu.

„Hallo. Ich könnt was brauchen", sagte sie.

„Hast du Kohle?", fragte er lauernd.

„Klar." Sie hielt einen Zwanzigeuroschein vor seine Nase. Er schnappte sich das Geld, zog das Päckchen heraus, das er gerade von Sid gekauft hatte, und zählte zwei hellblaue Pillen in ihre Hand.

„Falls du Nachschub brauchst, findest du mich immer zwischen vier und fünf auf diesem Parkplatz", sagte er.

„Danke. Du bist ein echter Kumpel", flötete Isabell. Sie ging zurück zu ihrem Wagen, stieg ein und fuhr aus der Parkbucht.

„Dein Bruder vertickt Drogen", sagte sie. „Das ist die Wahrheit, Nina, und das tut er nicht erst seit gestern. Damit verdient er so viel Geld." Nina schluckte.

„Wie er den Mann bedroht hat. Das sah so aus, als würde er auch das nicht zum ersten Mal machen."

„Sicher nicht", bestätigte Isabel. „Dein Bruder hat sich zu einem Arschloch entwickelt. Schade! Er war mal ein richtig netter Junge."

„Dann muss ich ihn stoppen", flüsterte Nina.

„Wie willst du das machen?", fragte Isabell.

„Das wirst du noch früh genug erfahren", erwiderte Nina und dann schwieg sie.

Sie wusste: Wenn Sie ihren Plan tatsächlich ausführte, würde es nicht leicht werden, für sie nicht, für Sid nicht und vor allem nicht für ihre Mutter. Auch wenn Sid sich ihr gegenüber wie ein Arschloch benahm, liebte sie ihn. Diese Liebe empfand sie, ganz gleich, was er ihr antat. Und deshalb blieb ihr keine andere Wahl. Entweder tat sie, was sie tun musste, oder sie würde ihren Bruder an die Verbrecher verlieren. Dann würde David, der einfühlsame, liebevolle Mensch, von Sid Vicious, dem Gemeinen, Bösartigen endgültig verdrängt werden.

Sechs

Sid kam immer seltener nach Hause und so musste Nina eine Weile warten, bis sie ihren Plan in die Tat umsetzen konnte. Als sich am frühen Nachmittag ein Schlüssel im Schloss drehte, wusste sie, dass es heute so weit sein würde. Noch einmal musste sie über sich ergehen lassen, was er von ihr wollte.

Nur noch einmal. Nur noch dieses eine Mal!!!

Sid stand in der Tür und betrachtete schweigend seine Schwester. Sie sah ihn abwartend an. War noch ein bisschen David in ihm oder hatte Sid die Kontrolle vollkommen übernommen? Davon hing ab, wie die nächste Stunde werden würde.

„Du machst mir jetzt was zu essen und dann kommst du zu mir!", befahl er, warf sich im Wohnzimmer auf das Sofa und stellte den Fernseher an. Nina ging in die Küche, nahm eine Packung Spaghetti aus dem Schrank, setzte Wasser auf, kochte die Nudeln und öffnete ein Glas mit Tomatensauce. Sie fand im Kühlschrank Pilze und dünstete diese mit einer Zwiebel an. Dann brachte sie ihrem Bruder die Mahlzeit. Er nahm den Teller ohne sie anzusehen und stopfte das Essen in sich hinein.

„Wo bleibt mein Bier?", rief er fordernd. Sie nahm die Flasche aus dem Kühlschrank, öffnete sie und brachte sie ihm. Wenn sie alles tat, was er von ihr wollte, war er vielleicht etwas weniger brutal mit ihr.

Mit dem, was er sonst noch von ihr wollte.

Mit dem, was er sich einfach nahm und was sie bis heute zugelassen hatte, weil sie ihn liebte und weil sie ihn nicht verlieren wollte. Sie wusste, dass das, was er tat, nicht in Ordnung war. Sie wusste, dass er dafür bestraft werden würde. Sie ging in die Dusche und danach in ihr Zimmer, wo er schon auf sie wartete. So wie er seit drei Jahren auf sie wartete.

Als Mia gegen Abend nach Hause kam, saß Sid im Wohnzimmer vor dem Fernseher und Nina wusch in der Küche das Geschirr ab, das sich in der Zwischenzeit dort angesammelt hatte.

„Hallo, Sid", begrüßte sie ihren Sohn. „Schön, dass du dich auch mal wieder blicken lässt."

„Ich brauch frische Klamotten", sagte er. Mia schluckte. Ihr Sohn war ihr entglitten. Wie lange hatte sie keinen richtigen Kontakt mehr zu ihm herstellen können?

„Noch bist du nicht volljährig", antwortete sie und versuchte, selbstsicher zu klingen. „Du kannst nicht einfach machen, was du willst."

„Und was willst du dagegen tun?", fragte er frech. Mia sah ihn fassungslos an. Er hatte Recht! Sie konnte tatsächlich nichts dagegen tun!

Nina war aus der Küche ins Wohnzimmer getreten. Sie schaute ihren Bruder an. Und dann ballte sie die Hände zu Fäusten, streckte eine Faust vor, als wollte sie jemanden schlagen. Sie öffnete die geschlossene Hand und spreizte alle fünf Finger. Danach nahm sie die andere Faust nach vorne, doch hier streckte sie nur einen Finger aus.

„Was machst du da, Nina?", fragte ihre Mutter irritiert.

„Sechs!", sagte Nina. Sid war blass geworden.

„Nina! Hör endlich auf mit dem Blödsinn", rief Mia ärgerlich. Das fehlte noch, dass Nina jetzt auch noch anfing, sich komisch zu verhalten.

„Sechs!", sagte Nina und dann schrie sie: „SECHS! SEX!"

„Was soll das? Spinnst du jetzt?" Mia blickte sie entgeistert an. In Ninas Gesicht sah sie Angst und Entschlossenheit. Tränen liefen ihr über die Wangen.

„Sex! Sid hat Sex mit mir. Er vergewaltigt mich jedes Mal, wenn er hier ist", schrie sie. Mia spürte, wie die Knie unter ihr nachgaben. Sie rutschte am Türrahmen zu Boden.

„Déjà vue", dachte sie. „Das hab ich schon mal erlebt. Der Boden unter meinen Füßen verschwindet."

„Weißt du, was du da sagst, Nina?", fragte sie mit zitternder Stimme.

„Ja, das weiß ich", schluchzte Nina. „Er war da drin!" Sie deutete mit ihrem Finger auf ihren Unterleib. „Da drin war er mit seinem Schwanz. Immer wieder da drin!" Sid war im Sessel zusammengesunken. Er starrte Nina fassungslos an. Dann bedeckte er das Gesicht mit den Händen.

„Verdammt noch mal, Mama", schrie Nina. „Soll ich das jetzt alleine durchstehen oder bist du endlich auch mal für mich da?" Mia fuhr zusammen. Dann stand sie langsam auf und ging zu ihrer Tochter.

„Du hast völlig Recht", sagte sie und nahm sie in die Arme. „Du hast völlig Recht." Sie streichelte ihre Tochter, ihr kleines Mädchen. Als Mutter hatte sie völlig versagt, denn sie hatte nichts bemerkt. Nichts! Und diesmal war keine Tessa da, die sie auffing. Diesmal musste sie alleine ihre Frau stehen. Und sie musste ihre Kleine retten, zumindest das was von ihrer Kleinen noch übriggeblieben war.

„Du hast nicht die Zahl ‚sechs' gemeint", sagte sie langsam, „du meintest Sex! Warum hast du mir das nicht schon viel früher gesagt?" Nina schaute sie aus rotgeweinten Augen an.

„Das hätte unsere Familie zerstört", wisperte sie. „Und jetzt muss ich sie zerstören, sonst wird alles immer noch schlimmer." Mia schaute ihren Sohn an.

„Sieh mich an Sidney David", fuhr sie ihn an. „Sieh mir in die Augen." Sid schüttelte langsam den Kopf.

„Nina hat Recht", flüsterte er. „Ich bin ein noch viel schlimmeres Arschloch als mein Vater." Mia nickte.

„Genau das bist du!" Ihre Stimme klang hart und kalt. „Du rührst dich nicht von der Stelle! Ich werde jetzt mit deiner Schwester zur Polizei fahren und dich anzeigen, denn dafür, was du ihr angetan hast, sollst du bestraft werden!" Sie legte Nina einen Arm um die Schultern und führte sie aus dem Zimmer.

„Ich bin ab jetzt nur noch für dich da", flüsterte sie. „Versprochen!"

Mia fühlte sich wie in einem eiskalten Nebel. Ihr Gehirn funktionierte, sie setzte ihre Füße voreinander, stützte ihre Tochter, fand den Weg zur Bushaltestelle, konnte dem Fahrer die Fahrkarten zeigen und sich auf den Platz neben Nina setzen, ohne sie loszulassen. Außerhalb des Nebels konnte sie nichts wahrnehmen, nicht die idyllische Landschaft, nicht die gepflegten Dörfer, nicht die Frauen aus dem Dorf, die die Köpfe zusammensteckten, weil sie nicht gegrüßt hatte und das Mädchen völlig verweint aussah.

Sie fühlte nichts außer der Eiseskälte, zusammengesetzt aus fassungslosem Entsetzen, rasender Enttäuschung und dem Gefühl, total versagt zu haben. Sie hatte nichts bemerkt, nichts von dem Unheil, das sich unmittelbar neben ihr ereignete. Stattdessen hatte sie abgeschottet in ihrer Welt gelebt, einer Welt, in der sie es sich bequem gemacht hatte. Dabei hatte sie ihren Sohn verloren, mit dem etwas Unerklärliches geschehen sein musste.

Wie konnte sich die herzliche Zuneigung zu seiner Schwester in sexuelle Gewalt verwandeln?

Wie schlecht es ihrer Tochter gegangen war, hatte sie überhaupt nicht mitgekriegt! Sie schien so unproblematisch, so unkompliziert, so fleißig, so lieb. Sie hatte Nina nicht geschützt, weil ihr entgangen war, dass sie Schutz benötigte.

Die Bauchschmerzen und die Blasenentzündungen!

Es fiel ihr wie Schuppen von den Augen: Das waren keine psychosomatischen Störungen gewesen, keine Reaktionen auf schulische Anforderungen, kein unvorsichtiges Sitzen auf kalten Steinen, kein übermäßiger Verzehr von Eis oder Kuchen! Ihr kleines Mädchen war wirklich verletzt worden, hatte echte Schmerzen gehabt durch einen gewaltsam erzwungenen Geschlechtsverkehr! Als ihr das klar wurde, liefen ihr die Tränen über die Wangen. Sie weinte still, um ihre Tochter nicht noch mehr zu verstören.

Und Ninas vermeintlicher Spleen mit den Sechsen! Sie hatte um Hilfe gerufen, nein, sie hatte um Hilfe geschrien, und sie, ihre Mutter, hatte ihre Rufe nicht gehört. Das Schlimmste war, dass sie ihre Tochter noch nicht einmal nach der Bedeutung der vermeintlichen Zahlen gefragt, sondern sich mit oberflächlichen Erklärungen zufrieden gegeben hatte.

Stattdessen hatte sie das Mädchen einem schrecklichen Verbrechen überlassen.

Begangen durch den eigenen Bruder, ihren Sohn!

Ihren geliebten Sid!

Sie merkte, wie sich ein Abgrund vor ihr öffnete. Dieses Gefühl durfte sie nicht zu stark werden lassen, sonst würde sie in ihm versinken, und das durfte nicht geschehen, denn sie musste da sein, da sein für ihre Tochter. Sie wusste, dass sie das, was sie versäumt hatte, nie wieder gutmachen konnte. Doch sie konnte ihrer Tochter jetzt beistehen.

„Be true to yourself!" Der Satz stimmte immer noch. Ja, das musste sie! Sie musste wahrhaftig sein, auch wenn das bedeutete, ihren Sohn der Justiz zu überantworten, damit diese das tun konnte, was sie nicht geschafft hatte: Sid zur Vernunft zu bringen und Nina zu beschützen.

Die Anzeige

Kriminalkommissar Stefan Mangold klappte die Akte zu. Für heute hatte er genug. Es war und blieb schleierhaft, woher die Drogen kamen, die seit dem siegreichen Kampf gegen die Samarowskaja den Markt in Ravensburg überschwemmten. Stefan ahnte, dass die Polizei und damit auch er selbst unfreiwillig dabei geholfen hatten, die Lage für die Drogendealer zu klären.

Die Russen waren abgezogen, die Ndrangheta engagierte sich in anderen Sparten und so konnten es nur noch die Türken sein, die profitierten. Er hielt Mehmet Öztürk für den Drahtzieher, zumal dieser mit dem Logistik-Unternehmen seines Bruders viele Möglichkeiten hatte, die Drogen ins Land zu bringen. Doch dem Staatsanwalt reichte die Faktenlage nicht, um beim Richter einen Durchsuchungsbeschluss für die LKWs oder gar die Geschäftsräume von Hamit Öztürks Firma zu erwirken.

Seit dem Einsatz im Rahmen des Bandenkriegs kannte Öztürk die Mitglieder der Ravensburger Polizei, so dass sie nicht mehr verdeckt ermitteln konnten. Stefan hätte Verstärkung aus Ulm oder Konstanz anfordern müssen, doch dazu reichte auch dem Polizeipräsidenten die Faktenlage nicht.

„Herr Öztürk ist ein Geschäftsmann, der seine Steuern pünktlich bezahlt. Die Stadt Ravensburg profitiert von der nicht unerheblich hohen Gewerbesteuer. Ich schätze Sie sehr, Kollege Mangold, doch wenn Sie mir nicht mehr bringen, kann ich einer verdeckten Ermittlung durch Kollegen anderer Präsidien nicht zustimmen."

Bei einer Razzia in den Räumen der Diskothek, die sie deshalb durchsetzen konnten, weil bei Gästen des Lokals Drogen sichergestellt wurden, hatten sie genauso wenig gefunden wie nach dem Bandenkrieg. Und wer Sergej Blankov ermordet hatte, war immer noch ein Rätsel. Stefan stand auf, schnappte sich seine Aktentasche und ging zur Tür. Zeit für ein Bad im Flappach, dem beliebten Ravensburger Badesee!

Gerade als er die Hand auf die Klinke legte, schrillte sein Telefon. Stefan hielt inne. Am liebsten wäre er einfach weitergegangen und hätte die Tür hinter sich zugezogen. Es gab schließlich einen Hinterausgang. Er hatte in den letzten Monaten so viele Überstunden gesammelt, dass es nur recht und billig war, heute etwas früher zu verschwinden. Das Telefon klingelte weiter. Er seufzte, ging zum Schreibtisch und sah, dass es die Kollegen von der Wache waren, die ihn sprechen wollten. Er nahm den Hörer ab.

„Stefan hier", meldete er sich, „was gibt's?"

„Grüß Gott, Stefan, hier ist eine Frau, die behauptet, dich zu kennen. Sie will jemanden anzeigen, und das will sie nur bei dir", hörte er die Stimme der Kollegin.

„Das ist ja eigentlich nicht mein Job", sagte er. „Muss das denn wirklich sein?"

„Ich weiß, dass das nicht dein Job ist, Stefan", antwortete die Kollegin, „und ich weiß, wie viel Überstunden du in den letzten Wochen gemacht hast. Doch der Frau geht es sehr schlecht und sie hat ihre Tochter bei sich und der geht es genauso schlecht. Sie sagt, du hast sie wegen Blankov vernommen."

„Das muss Mia Ritter sein", antwortete Stefan elektrisiert. Seine Müdigkeit war wie fortgeblasen. Die Kollegin klang erstaunt.

„Ja, so heißt sie."

„Schick sie hoch in den Befragungsraum", bat Stefan.

„In den gemütlichen?", fragte die Kollegin.

„Klar", antwortete Stefan, „wohin denn sonst?" Er verließ sein Büro und überquerte den Flur. Etwas war geschehen, etwas, das alles verändern konnte.

Wenig später klopfte es an die Tür des Befragungsraums. Stefan stand auf und öffnete sie. Hinter der Kollegin stand Mia Ritter und sie sah schrecklich aus. An der Hand hatte sie ein Mädchen, das nicht minder mitgenommen wirkte. Sein Herz zog sich zusammen vor Mitgefühl und Sorge. Was war geschehen?

„Frau Ritter", rief Stefan und ging ihr entgegen. „Bitte, kommen Sie herein. Was ist passiert?" Er reichte ihr die Hand, die sie mechanisch schüttelte, und führte sie zu der gemütlichen Sitzgruppe, die dem Zimmer seinen Namen gab.

„Ich muss Anzeige erstatten", sagte Mia und auch ihre Stimme klang mechanisch. So klang ein Mensch, der mit äußerster Willenskraft seine Fassung bewahrte!

„Das machen wir gleich", beruhigte sie Stefan und sah das Mädchen an. „Und du bist …?", fragte er.

„Nina Ritter", antwortete das Mädchen.

„Bitte, setzt euch", sagte Stefan und deutete auf die Sitzgruppe. Mutter und Tochter nahmen Platz. Stefan holte

Gläser und eine Flasche Orangensaft aus dem Schrank und schenkte beiden ein. Das Mädchen leerte sein Glas in einem Zug. Stefan schenkte nach.

„Sie möchten Anzeige erstatten, Frau Ritter?", fragte er behutsam.

„Ich möchte nicht", antwortete Mia, „ich muss!" Stefan sah sie fragend an.

„Ja?"

„Ich muss meinen Sohn anzeigen", wiederholte sie.

„Meinen Sie Sidney?", fragte er.

„Ich habe nur diesen einen Sohn", antwortete Mia. „Er missbraucht seine Schwester, meine Tochter, seit drei Jahren." Sie verstummte. Stefan sog die Luft ein. Das Mädchen, das mit rotgeweinten Augen vor ihm auf dem Sofa saß, war höchstens vierzehn Jahre alt.

„Wie alt bist du, Nina?", fragte er.

„Ich bin dreizehn", antwortete sie so leise, dass er sich nicht sicher war, ob er sie richtig verstanden hatte.

„Du bist dreizehn Jahre alt?", wiederholte er. Sie nickte. „Und dein Bruder hat dich sexuell missbraucht?" Sie nickte wieder. „Entschuldigen Sie, Frau Ritter", sagte er, „ich möchte eine Kollegin hinzuziehen." Er stand auf, ging zum Schreibtisch und tippte Hannas Nummer.

„Ich brauch dich hier", sagte er, als sie sich meldete.

„Ich komme", antwortete sie und wenig später setzte sie sich neben ihn.

„Das ist Mia Ritter", begann er, doch sie unterbrach ihn.

„Ich kennen Frau Ritter aus dem CLASH. Guten Tag", grüßte sie freundlich. Mia nickte ihr zu, sagte aber nichts.

„Frau Ritter muss ihren Sohn anzeigen", fuhr Stefan fort, wobei er ihre Worte wiederholte. Mia nickte.

„Genau!", bestätigte sie. Stefan hatte nicht nur einmal erlebt, wie viel besser sich Menschen verstanden fühlten, wenn er genau die Worte verwendete, die sie selbst gebraucht hatten. Er fuhr fort:

„Ihr Sohn, Sidney David, hat seine Schwester Nina sexuell missbraucht."

„Wann hat er das getan, Nina?", fragte Hanna.

„Vor drei Jahren hat er damit angefangen", antwortete das Mädchen.

„Weißt du, was sexueller Missbrauch ist?"

„Er hat seinen Schwanz hier", sie deutete mit ihrem Finger auf ihre Vagina, „hier reingesteckt."

„Da warst du zehn?", fragte Hanna.

„Elf! Ich bin gerade ins Gymi gekommen", antwortete das Mädchen.

„Es muss dir sehr weh getan haben", sagte Stefan und Nina nickte.

„Der Doktor meinte, das Bauchweh kommt vom Gluten in den Brötchen und die Blasenentzündungen davon, dass ich mir den Hintern falsch abwische", sagte sie. Hanna holte hörbar Atem. Immer dasselbe! Niemand fragte die Kinder, weil die Erwachsenen glaubten, alles besser zu wissen.

„Wann warst du beim Arzt?", fragte sie. Nina schaute ihre Mutter fragend an.

„Die Bauchschmerzen begannen, als sie elf Jahre alt geworden war und ins Gymnasium wechselte", berichtete diese mit leiser Stimme. „Die erste Blasenentzündung war auch ungefähr zu dieser Zeit."

„Hat der Arzt dich untersucht?", fragte Hanna. Nina schüttelte den Kopf.

„Er hat nur ihren Urin untersucht", sagte Mia. Ihre Augen weiteten sich vor Schreck. „Er hätte es merken können! Wenn dieser Kinderarzt Nina untersucht hätte, dann hätte er verstanden, was ihr passiert war. Stattdessen meinte der Klugscheißer, sie solle mehr Kontakt zu ihrem Vater haben."

„Hatte Nina Kontakt zu ihrem Vater?", fragte Stefan.

„Nein. Jake war damals auf Heroin. Der hat sich nur um seinen nächsten Schuss gekümmert."

„Warum hast du es erst heute gesagt und nicht schon vor drei Jahren, Nina?", fragte Hanna.

„Weil es nicht mehr anders ging", antwortete Nina und jetzt fing sie an zu weinen. Mia legte ihr den Arm um die Schultern und auch sie begann zu weinen.

„Wann hat er dich zum letzten Mal vergewaltigt?", fragte Hanna.

„Heute", antwortete Nina mit gesenktem Blick. Stefan und Hanna sahen einander an.

„Dann fahr ich jetzt mit dir ins Krankenhaus", sagte Hanna, „damit dich ein Arzt untersucht." Sie wandte sich an Mia: „Sie können ihre Tochter selbstverständlich begleiten." Mia erhob sich. Nina schüttelte den Kopf.

„Nein, Mama, ich möchte nicht, dass du mitfährst", sagte sie leise. „Wenn du dabei bist, schäm ich mich noch mehr. Und das ertrage ich nicht."

„Bist du sicher?", fragte Mia. Nina nickte.

„Ich bin mir ganz sicher." Hanna schaute die beiden mitfühlend an.

„Dann kommst du jetzt mit mir, Nina?", fragte sie. Das Mädchen stand auf und folgte ihr. Als die beiden den Raum verlassen hatten, wandte sich Stefan an Mia.

„Frau Ritter", fragte er, „haben Sie sich ihre Anzeige gut

überlegt? Sie wissen, dass ich jetzt einen Streifenwagen los-
schicken muss, um ihren Sohn abzuholen." Mia schaute ihn
verständnislos an.

„Was glauben Sie denn?", fragte sie. „Soll er ungestraft davonkommen, nur weil ich die beschissene Fassade wahren
will? Soll ich meine Tochter verraten?" Sie brach in Tränen
aus. Stefan biss sich auf die Lippe. Die Formulierung war
unglücklich gewesen.

„Ich hab mich blöd ausgedrückt", gab er zu. „Natürlich
haben Sie sich das gut überlegt, sonst wären Sie nicht hier.
Es tut mir leid, wenn ich Sie verletzt haben sollte. Das war
nicht meine Absicht." Sie sah auf und blickte ihn aus tränen-
verschleierten Augen an.

Ein Mann, der einen Fehler zugab und sich entschuldigte? Das hatte sie noch nie erlebt. Selbst ihr Vater, den sie sehr
mochte, hatte das noch nie getan. Er sagte dann: „Nicht bös
sein, Mia, mein Schatz", und das war's.

„Ist schon gut", sagte sie. „Manchmal sagt man Dinge einfach so dahin und merkt nicht, dass man Fehler macht. Man
denkt nicht nach, man gibt sich zufrieden. Genau das habe
ich getan, zum Schaden meiner Tochter."

„Möchten Sie mir davon erzählen, Mia?", fragte er und
merkte im selben Augenblick, dass er ihren Vornamen gebraucht hatte! Es war ihm einfach so herausgerutscht. Stefan wischte sich über die Stirn. Irgendetwas an ihr rührte
ihn an. Mia hatte nichts davon bemerkt. Sie kreiste in ihrem Universum um einen grauenvollen Planeten, dessen
Schwerkraft sie sich nicht entziehen konnte.

„Ich habe mich mit den Erklärungen des Doktors zufriedengegeben", begann sie ihre Aufzählung. „Ich habe Sids fa-
denscheinige Ausreden geglaubt. Und das habe ich getan,

weil sie in mein Weltbild passten! Weil sich nichts verändern sollte! Ich habe nicht nachgefragt, weder bei Nina, noch bei Sid." Sie schlug die Hände vors Gesicht.

„Vielleicht ist jetzt der falsche Zeitpunkt, um sich Vorwürfe zu machen", sagte Stefan ruhig. „Sie haben gerade etwas Schreckliches erfahren. Geben Sie sich Zeit." Sie sah ihm geradewegs in die Augen.

„Ich habe keine Schonung verdient", rief sie, „nicht ich! Das Schlimmste, was ein Mensch tun kann, ist, nicht aus seinen Fehlern zu lernen! Damit macht er sich schuldig, weil er die Chance gehabt hätte, etwas anders, etwas besser zu machen. Diese Chance habe ich verspielt! Und das ist meine Schuld." Sie hatte jetzt wieder mehr Farbe im Gesicht und ihre Stimme klang erregt.

„Gut", dachte Stefan, „sie ist nicht mehr im Schock!" „Woraus hätten Sie lernen können?", fragte er behutsam.

„Dasselbe ist mir schon einmal passiert", sagte Mia leise, „mit Jake. Er war der erste Mann, mit dem ich Sex hatte, und ich war so verliebt in ihn, dass ich vollkommen den Verstand verlor. Er ist der Vater meiner Kinder." Stefan nickte, um ihr zu zeigen, dass er zuhörte.

„Wollen Sie mir davon erzählen, Mia?", fragte er.

„Das ist eine lange Geschichte", warnte sie ihn, „genauso lang, wie die, die ich Ihnen beim letzten Mal erzählt habe."

„Ich habe Zeit." Mia zögerte.

„Aber ist Nina jetzt nicht viel wichtiger als meine alte Geschichte?", wandte sie ein.

„Um Nina kümmert sich meine Kollegin", beruhigte sie Stefan. „Oft verstehen wir das, was wir in der Gegenwart tun, viel besser, wenn wir die Vergangenheit berücksichtigen." Sie nickte.

„Da haben Sie wohl Recht. Wo soll ich beginnen?"

„Vielleicht erzählen Sie mir, wie Sie ihren Mann kennengelernt haben, wenn die Zeit mit ihm eine so große Rolle spielt", schlug Stefan vor.

„Da war ich in meiner Punk-Phase", begann sie. „Ich war zwanzig Jahre alt, meine Mutter hatte mich rausgeschmissen, ich hatte meinen Job gekündigt und den Kopf voller Flausen."

„Mich interessieren ihre Flausen", antwortete er und sah sie erwartungsvoll an.

„Also gut", sagte sie und begann zu erzählen.

Punk, Sex and Rock' n' Roll

1986 - 1991

Nach ihrem glanzvollen Abgang bei Wickermann & Söhne lief Mia auf direktem Weg zum Bahnhof. Wie immer musste sie beim Fahrpreis sparen, was bedeutete, dass sie 'zig Mal umsteigen musste und schließlich war sie mitten in der Nacht auf einem Bahnhof irgendwo im Nirgendwo gestrandet. Sie hatte sich auf dem Bahnsteig auf eine Bank gelegt, mit dem Schlafsack zugedeckt und kein Auge zugetan.

„Jetzt siehst du, was du davon hast", meckerte eine innere Stimme, die Mia bis jetzt mit sich selbst verwechselt hatte. „Du bist quasi obdachlos. Was, wenn du überfallen und ausgeraubt wirst? Oder vergewaltigt?" Doch zum Glück wohnten in diesem gottverlassenen Kaff nur brave Bürger. Niemand hatte sie gestört.

Als morgens um sechs Uhr die ersten Pendler mit müden Gesichtern aufgetauchten, hatte sie den Schlafsack schon zusammengerollt und auf dem Rucksack verstaut. Viele brave Bürger schauten demonstrativ an ihr vorbei, um ihr zu zeigen, dass sie nichts mit ihr zu tun haben wollten. Einige grinsten jedoch spöttisch. Als Mia später im Zug auf der

Toilette in den Spiegel sah, verstand sie den Spott der Leute: Ihr Make-up war total verschmiert und sie glich eher einem Kind, das sich als Clown verkleidet hatte, als einer Punkerin. Mit einem muffelnden Papierhandtuch und etwas geraspelter Seife aus dem Seifenspender beseitigte sie die Katastrophe so gut wie möglich und legte neues Make-up auf.

Als der Zug gegen Mittag endlich in Hamburg am Bahnhof Altona hielt und sie ausstieg, stand sie so unter Strom, dass sie die Folgen der schlaflosen Nacht nicht mehr spürte. Jetzt genoss sie es, dass niemand sie beachtete, denn sie war weiß Gott nicht der einzige Punk an diesem Bahnhof. Zwei Jungs mit blauen und grünen Iros fragte sie nach dem Weg zum Punkrockclub „Milzbrand", überquerte die Max-Brauer-Allee und trottete die Große Bergstraße entlang, auf der Autokolonnen an großen Wohnblocks vorbeirauschten. Später, am jüdischen Friedhof, bog sie nach links in den Walter-Möller-Park ab, überquerte die Holsten-Straße und lief rechts in die Paul-Roosen-Straße.

Das Straßenbild wandelte sich, als sie St. Pauli erreichte. Hier waren die Häuser älter und weniger hoch, die Wände mit den künstlerischen Ergüssen der Sprayer verziert. Das „Milzbrand" lag auf der rechten Seite, der Eingang von Efeu überwuchert, die Fenster mit hellgelben Totenköpfen auf dunkelrotem Grund dekoriert. Sie blieb andächtig stehen und betrachtete das Plakat an der Tür, das den Auftritt der Nina-Hagen-Band heute Abend ankündigte. Einige Jungs und Mädchen rauchten Kippen, zwei teilten sich einen Joint und einige ließen Bierdosen kreisen.

„Hei! Willst du 'nen Schluck?", fragte ein gut aussehender junger Mann mit englischem Akzent und reichte ihr eine Dose.

„Ja, gerne", antwortete Mia, die Bier eigentlich nicht ausstehen konnte. Sie nahm die Dose, trank einen großen Schluck, und konnte ein angeekeltes Schaudern nicht unterdrücken. Der Mann lachte:

„You didn't like it! Das hat dir nicht geschmeckt. Du musst neu hier sein. So eine hübsche Lady wär mir aufgefallen."

„Bin ich", bestätigte Mia. „Ich bin Mia." Der Typ gefiel ihr, seine engen schwarzen Lederklamotten, das schwarze T-Shirt, das ein Totenkopf zierte. Seine dunklen Augen strahlten sie an.

„Jake", stellte er sich vor, „Jake aus New York. Hallo Mia, woher kommst du?"

„Aus Niederwillsborn", erklärte sie und als sie seine fragende Miene sah, fügte sie hinzu: „Das ist ein Dorf in Hessen."

„Okay. Du bist ein Landei?" Er lachte. „Und was willst du in der großen Stadt?", fragte er und dabei machte er ein so gefährliches Gesicht wie der böse Wolf, wobei Mia die Rolle des „Rotkäppchens" zufiel. Dieses Spiel gefiel ihr. Sie lachte ebenfalls.

„Ich bin fertig mit Niederwillsborn. Erst hat mich meine Mutter rausgeschmissen, dann mein Chef. Jetzt bin ich endlich frei."

„Wow!", sagte Jake. „Das klingt nach Drama. Willst du 'nen Joint? Zum Entspannen?" Mia machte große Augen.

„Nee, lass mal", winkte sie ab, „aber gegen eine Cola und was zu essen hätte ich nichts einzuwenden."

„Komm rein!" Er hielt ihr die Tür auf, als gehörte ihm der Club. Sie folgte ihm die Treppen hinunter in einen großen, nur schwach beleuchteten Raum, dessen Wände mit unzähligen Aufklebern und Postern von Bands behängt waren. In einer Ecke war die Bühne und einige Jungs waren damit beschäftigt, die Technik für das abendliche Konzert aufzubauen. Gegenüber, am anderen Ende des Raums, befand sich die Bar.

Die Frau hinter dem Tresen trug eine pinkfarbene Korsage über schwarzen Netzstrümpfen. Sie hatte die Lippen passend geschminkt und die Augen mit großen lilafarbenen Schatten vergrößert. In ihrer knallrot gefärbten Irokesenfrisur trug sie eine pinkfarbene Schleife.

„Tessa, das ist Mia, das Landei", stellte Jake sie vor. „Mia braucht eine Cola und einen Burger. Geht auf mich." Tessa musterte sie prüfend.

„Was willst du hier, Schätzchen?", fragte sie. „Bist du aus Mamis Nest gefallen und machst jetzt auf Punklady? Das ist nichts für kleine Mädchen." Mia, die geglaubt hatte, mit offenen Armen empfangen zu werden und endlich ihresgleichen zu treffen, rutschte das Herz in die Hose.

„Nee", sagte sie unsicher, „doch, ja, meine Mutter hat mich rausgeschmissen. Und, äh, ich hab eine Karte für Nina Hagen heute Abend." Sie schaute dabei so unglücklich, dass Jake sich einmischte.

„Jesus, Tessa, lass sie in Ruhe und bring was zu essen. Die Kleine hat's nicht leicht. Denk an dein Coming-out."

„Schon gut", lenkte Tessa ein, „aber pass auf dich auf, Mia. Der Superman hier will nur Sex." Sie bedachte Jake mit einem finsteren Blick und verschwand in der Küche. Jake zeigte ihr den Mittelfinger und lotste Mia zu einem der kleinen Tische.

„Und nach dem concert, Mia Landei, was hast du vor?", fragte er und lächelte sie so strahlend an, dass ihr Herz eine Gangart schneller klopfte.

„Ich werd mir einen Job suchen und eine Wohnung, am liebsten hier in Hamburg. Mein Geld reicht vielleicht noch eine Woche, wenn ich im Park schlafe." Jake sah sie scharf an.

„Nichts da, du wirst sicher nicht im Park schlafen", sagte er bestimmt. „Das ist viel zu gefährlich für ein Landei wie dich. Ich frag mal in der Hafenstraße nach. Da kannst du mit Sicherheit pennen. Ist nicht weit von hier, direkt am Fischmarkt." Mia staunte. Von den Hausbesetzern in der Hafenstraße hatte sie in der Zeitung gelesen. Dort zu wohnen fand sie spannend.

„Was für eine Art Job brauchst du? Modell?", fragte er und sie fühlte sich geschmeichelt.

„Nein", gab sie zu, „ich bin Buchhalterin."

„Jesus!", kreischte er, „Das ist nicht dein Ernst. So ein fucking Spießerjob?"

„Die muss es geben", mischte sich Tessa ein, die mit Mias Bestellung an den Tisch getreten war. „Wer, glaubst du, hält uns das Finanzamt vom Leib? Bestimmt nicht du, Superman, sondern unsere fucking Buchhaltung!" Sie stellte die Cola und den Burger vor Mia ab.

„Guten Appetit, Schätzchen. Bleibst du in Hamburg oder fährst du zurück zu Mami und rutscht vor ihr auf den Knien, damit du wieder in dein Kinderzimmer darfst?" Mia schüttelte vehement den Kopf.

„Nee danke, sicher nicht! Ich such mir hier 'nen Job." Tessa schaute sie nachdenklich an.

„Du bist Buchhalterin? Willst du den Job weitermachen, oder suchst du was Neues?"

„Ich würde gerne in einem Club arbeiten", antwortete Mia, „wo es egal ist, wie ich aussehe."

„Hier ist das auch nicht egal", antwortete Tessa trocken, „doch dein Look würde hier passen. Ich könnte tatsächlich Hilfe im Service brauchen und das Büro, das die Buchhaltung für mich macht, ist schweineteuer. Wenn du beides erledigst, hast du den Job." Mia strahlte. Das Blatt schien sich zu wenden.

„Klar mach ich beides", antwortete sie glücklich.

„Dann fängst du morgen an", schlug Tessa vor, „abgemacht?"

„Abgemacht!" Mia atmete auf. „Und was machst du, Jake aus New York?", fragte sie, nachdem Tessa wieder in der Küche verschwunden war.

„Ich bin Fotograf und fotografiere heute Abend Nina Hagen. Ich steh nämlich auf Punkladies!", erklärte er und strahlte sie an. Mias Herz schlug noch schneller. Sie fand ihn äußerst attraktiv, seine schlanke Figur, das lange dunkle Haar, das er zu einem Zopf gebunden hatte, die vollen Lippen, um die dieses wissende Lächeln spielte. Er sah so sexy aus! Mia spürte ein Ziehen in ihrem Unterleib.

Plötzlich fiel ihr die Strophe aus Nina Hagens Song ein: *„Rangehen! Rangehen, rangehen! Wenn du scharf bist, musst du rangehen. Hingehen, hingehen! Dann ist alles gut, ist alles okay."* Und nachdem Nina das einzige Vorbild war, das Mia hatte, sagte sie – und sie versuchte, ihrer Stimme einen verführerischen Klang zu geben:

„Und ich steh auf dich, Jake aus New York."

Jake beugte sich über den Tisch, nahm ihr Gesicht in seine Hände und küsste sie. Er küsste sie richtig, drang mit seiner Zunge zwischen ihre Lippen und spielte mit ihrer Zunge. Dann zog er seine Zunge zurück und Mia, die noch nie einen Mann geküsst hatte, steckte vorsichtig ihre Zunge in seinen Mund, schmeckte, dass er geraucht hatte, spürte seine Zähne, berührte seine Zunge, und gleichzeitig fuhr ihr wieder dieser siedendheiße Schauer in den Unterleib. Etwas brannte in ihr und dieses Brennen verstärkte sich, als plötzlich seine Hand unter ihr T-Shirt fuhr, unter ihren BH griff und ihre Brustwarze packte. Mia entfuhr ein leiser Schrei.

„Na, na, Superman", ließ sich Tessa hören, „du entjungferst die Kleine nicht in der Bar, Jake."

Jake ließ Mia los. Er hatte ein seltsames Glitzern in den Augen und legte ihre Hand auf die deutlich sichtbare Beule in seiner Hose. Mia sog hörbar die Luft ein, als sie seinen steifen Penis spürte. Tessa schaute ihn finster an.

„Lass sie in Ruhe, Jake", warnte sie. „Sie ist zu jung."

„Bist du ihre Mama?", entgegnete er, „Was geht dich das an! Fuck off!"

„Egoist", zischte Tessa, doch da einige Jungs nach Bier verlangten, blieb ihr nichts anderes übrig, als diese zu bedienen.

„Du bist scharf, Mia Landei", murmelte Jake. „Nein, das mach ich nicht in der Bar!" Er zog sie vom Stuhl hoch hinter sich her durch eine Tür in einen schwach beleuchteten Gang, an dessen Ende er eine weitere Tür öffnete, auf der „Putzmittel" stand. Er schob sie in den Raum, warf die Tür zu, drückte Mia mit dem Unterleib dagegen, küsste sie heftig und streifte ihr dabei das T-Shirt über den Kopf. Geübt öffnete er ihren BH und packte mit beiden Händen ihre Brüste. Mia keuchte, als er in ihre Brustwarzen kniff.

Das Brennen in ihrem Unterleib verstärkte sich. Er griff ihr zwischen die Beine, riss ihren Slip herunter und nahm ihre Klitoris zwischen Daumen und Zeigefinger. Mia stöhnte auf. Das Brennen wurde unerträglich stark, ihr Atem beschleunigte sich und sie erwiderte seine Küsse. Als er mit dem Finger in sie eindrang, entfuhr ihr ein erstaunter Schrei. Sex! Er wollte Sex mit ihr! So war das also. Sie fand es wunderbar.

Jake ließ sie los, öffnete seine Hose, ließ sie zu Boden fallen. Er trug keinen Slip und drückte seinen steifen Penis gegen ihren Unterleib. Er kickte seine Hose weg, hob Mia hoch und trug sie zu einem Tisch, auf dem verschiedene Putzmittel standen. Mit einer ungeduldigen Handbewegung fegte er die Flaschen hinunter und warf Mia auf die Platte.

„Du bist so scharf", flüsterte er, spreizte ihre Beine und setzte seinen Penis genau dorthin, wo das Brennen am stärksten war. Mit gezielten Bewegungen drang er in sie ein und als er einen Widerstand spürte, stieß er heftig zu und Mia spürte, wie etwas tief in ihr zerriss. Es tat weh, doch es war ein lustvoller Schmerz, und diese Lust steigerte sich, während er immer wieder tief in sie eindrang und dabei ihre Brüste zusammendrückte und in ihre Brustwarzen kniff.

Plötzlich stöhnte er auf und sie fühlte, wie sich etwas Heißes in sie ergoss. Er ließ ihre Brüste los und zog seinen Penis aus ihrer Vagina. Mia schaute ihn fragend an.

War's das jetzt?

War es schon zu Ende?

Ging Sex so schnell?

„Du warst ja wirklich noch Jungfrau", stellt er nüchtern fest. „Da ist Blut auf meinem Schwanz." Mia, die noch immer brannte, nickte.

„Hat's dir gefallen? Du bist ja gar nicht gekommen." Gekommen? Mia sah ihn ratlos an.

„Was meinst du damit?", fragte sie verwirrt.

„Das weißt du nicht? Hast du es dir noch nie gemacht? Du

bist tatsächlich ein Landei! Da musst du noch viel lernen." Er zog seine Hose hoch und reichte ihr den Slip. „Wenn du willst, bring ich es dir bei. Du kannst bei mir wohnen. Schade, dass du das Konzert hören willst. Am liebsten würde ich gleich mit dem Unterricht beginnen."

Mia zog sich schweigend an. In ihrem Unterleib kämpften Schmerz und Begierde. Am liebsten hätte sie sich in seine Arme gekuschelt und den überwältigenden Gefühlen nachgespürt, die sie gerade zum ersten Mal empfunden hatte. Und sehr, sehr gerne hätte sie das lustvolle Brennen befriedet. Doch für Jake war Sex offensichtlich das Normalste der Welt. Um sich keine Blöße zu geben, tat sie einfach, was er sagte.

„Wenn ich bei dir wohne, heißt das, dass ich deine Freundin bin, Jake?", fragte sie unsicher.

„Ich bin ehrlich zu dir, Mia. I don't need a fucking girlfriend! Gewöhn dir diese Spießerscheiße ab. Ich brauch Sex mit 'ner geilen Punklady. Du kriegst Sex und kannst bei mir wohnen. That's all!"

„Das reicht dir nicht!", sagte die bedächtige Stimme in Mia. „Du willst eine richtige Beziehung!"

„Ach, halt doch endlich die Klappe", fauchte die innere Rebellin und Mia stimmte ihr zu. Sie hatte sich Hals über Kopf in Jake verliebt und sie würde alles tun, um das zu bekommen, was sie von ihm bekommen konnte, koste es, was es wolle!

Als sie zurück in die Bar kamen, waren alle Plätze bis auf ihre beiden besetzt. Die Luft waberte vom Qualm unzähliger Zigaretten. Aus den Lautsprechern dröhnten die Stones: „I can't get no satisfaction". Tessa, die gerade mit einer Bestellung zur Bar zurücklief, schaute sie wissend an.

„Sag nicht, ich hätte dich nicht gewarnt, Mia", rief sie, um den Lärm zu übertönen. „Pass auf dich auf! Wenn er genug hat, lässt er dich fallen wie eine heiße Kartoffel."

„Gleich nimmt dich Glucke Tessa unter ihre Fittiche", spottete Jake. „Fuck off! And you", wandte er sich an Mia, „iss brav deinen Burger. Sonst kippst du um, bevor das Konzert zu Ende ist." Und Mia biss hungrig in das kalte Fleisch.

Mit dieser Nacht änderte sich Mias Leben. Nach dem Konzert – Nina war in Bestform gewesen – hatte Jake sie in seine große chaotische Wohnung mitgenommen. Seitdem teilte sie sein Bett und hatte jeden Tag mehrfach Sex mit ihm, was sie sehr genoss, denn er hatte ihr gezeigt, wie sie zum Orgasmus kommen konnte.

Abends ging sie in den Club und half Tessa im Service. Die Kellnerei ging ihr jeden Tag leichter von der Hand und seit sie die Rechnungen kontrollierte, stimmte auch die Kasse. Nach wenigen Wochen übernahm sie die gesamte Buchhaltung für den Club. Der angenehme Nebeneffekt ihrer neuen Arbeit war, dass sie dabei ihre Lieblingsmusik hören konnte. Hier störte es niemanden, dass sie ab und zu mitsang oder tanzte.

Bei der Auswahl ihres Outfits half ihr Tessa. Es gab in Hamburg einige Läden, die sich darauf spezialisierten, punkige Klamotten zu verkaufen. Mia schaute außerdem regelmäßig in einer Second-Hand-Boutique vorbei, seit sie dort ein T-Shirt von Vivianne Westwood ergattert hatte, auf das – genau an der richtigen Stelle – ein nackter Busen gedruckt war. Sie liebte es, die verschiedensten Kleidungsstücke zu kombinieren, vor allem solche, die eigentlich nicht zusammenpassten. Vor dem großen Spiegel posierte sie, schnitt

Grimassen und brachte oft den ganzen Laden zum Lachen.

Dass sie regelrecht aufblühte, schrieb sie ihrem neuen Leben zu, und dass ihr Busen anschwoll, schien eine Folge ihres intensiven Sexlebens zu sein. Jake gefiel das sehr, nur Tessa schaute sie immer öfter prüfend an.

„Geht's dir gut, Mia, Schätzchen?", fragte sie mindestens einmal am Tag.

„Mir geht's prima, Mama Tessa", pflegte sie lachend zu antworten und damit war die Sache für sie erledigt. Endlich war sie auf der Sonnenseite des Lebens angekommen. Sie hatte sogar zugenommen. Die knallrote Lacklederhose passte nicht mehr, doch das störte Mia nicht.

Als sie den Laden wieder einmal für den abendlichen Ansturm vorbereiteten, fragte Tessa:

„Mia, Schätzchen, warum ziehst du deine rote Lieblingshose nicht mehr an?"

„Ach, Tessa", grinste Mia, „ich hab wohl zu viel gegessen. Sie passt nicht mehr." Tessa schaute sie nachdenklich an.

„Nimmst du die Pille?", fragte sie.

„Ich hab sie mir verschreiben lassen", antwortete Mia. „Bei meiner nächsten Periode fang ich damit an."

„Und wann erwartest du deine nächste Periode?" Langsam nervte Mia die Fragerei.

„Weiß ich nicht. Was geht dich das an? Du klingst wie meine Mutter", antwortete sie patzig.

„Du weißt nicht, wann du deine nächste Periode hast?", fragte Tessa beunruhigt. „Wann war deine letzte Blutung?" Mia schaute sie ärgerlich an.

„Ich hab wirklich keine Ahnung, was dich das angeht. Meine Mens ist nicht regelmäßig! Manchmal hab ich wochenlang Pause."

„Mia!" Tessa klang jetzt sehr bestimmt. „Wie verhütest du? Benutzt Jake Kondome?" Mia schüttelte den Kopf und blickte Tessa unsicher an.

„Von ungeschütztem Sex kann man schwanger werden, Schätzchen. Das sollte auch zu dir in die Provinz durchgedrungen sein."

Plötzlich fühlte Mia eine eiskalte Faust in ihrem Magen. Das besorgte Gesicht der Freundin steigerte ihre Angst.

„Tessa, meinst du etwa, dass ich schwanger bin?"

„Du hast ungeschützten Sex, dein Busen schwillt an und du nimmst zu. Das ist fast so wie bei deinen Rechnungen: Eins und eins gibt fast immer zwei!" Sie schüttelte ärgerlich den Kopf. „Jake, dieser Scheißkerl, denkt nur an sein Vergnügen."

„Aber muss mir da nicht schlecht sein? Ich kotze nicht!", wandte Mia ein, die an Nina Hagens Lied *„Unbeschreiblich weiblich"* dachte: *„Ich war schwanger, mir ging's zum Kotzen, ich wollt's nicht haben, musste gar nicht danach fragen."*

„Es muss dir nicht übel sein", antwortete Tessa, „ich hab auch nicht gekotzt."

„Du hast ein Kind?", fragte Mia erstaunt.

„Ja", antwortete Tessa, „ich war auch mal so ein Landei wie du. Isabell lebt bei meinen Eltern, das ist besser so für mich und für sie. Ich besuch sie jede Woche, damit sie ihre verrückte Mama nicht vergisst."

„Was mach ich denn jetzt?" Mia sah so unglücklich aus, dass Tessa sie spontan umarmte.

„Da gibt es jetzt diese neuen Tests in der Apotheke. Du pinkelst über den Teststreifen. Wenn er sich verfärbt, weißt du, dass du schwanger bist."

„Ich will noch kein Kind", heulte Mia, die völlig die Fassung verlor. „Was soll ich nur machen? Und was wird Jake sagen? Kann ich es nicht wegmachen lassen?"

„Das kommt darauf an, wie lange du schon schwanger bist. Nach zwölf Wochen geht das nicht mehr. Aber bevor du dich weiter aufregst, besorgst du dir einen Test." Und sie schob Mia sanft zum Ausgang. Mia griff nach ihrer Tasche und stürzte die Treppe hoch.

Es war so, wie Tessa vermutet hatte. Das Fenster im Teststreifen verfärbte sich sofort. Mia spürte, wie Panik ihr die Luft nahm. Sie musste so schnell wie möglich zu einem Arzt, um das Malheur beseitigen zu lassen.

Der Gynäkologe hatte eine hochmoderne Maschine, ein Ultraschallgerät, mit dem er durch ihre Bauchdecke hindurch ihren Uterus betrachten konnte. Er zeigte ihr einen dunklen Fleck auf dem Monitor. Für Mia sah der Fleck, der einmal ihr Kind werden sollte, eher aus wie ein großer Fisch in einem dunklen See.

„Dem Entwicklungsgrad des Fötus nach sind Sie im vierten Monat schwanger", stellte der Arzt fest und damit zerstörte er Mias Hoffnung auf eine Abtreibung. Sie brach in Tränen aus.

„Lassen Sie sich ein paar Tage Zeit", tröstete der Arzt sie väterlich. „Machen Sie sich mit dem Gedanken vertraut, dass Sie Mutter werden. Und sprechen Sie mit dem Vater des Kindes." Dann drückte er auf eine Taste, ein Drucker sprang kreischend an und spuckte ein Bild von dem Fisch aus. Mia steckte es in ihre Tasche und schlich aus der Praxis wie ein geprügelter Hund.

„Wow!", sagte Jake, als sie ihm die Nachricht überbrachte. „Lass es wegmachen!"

„Das geht nicht mehr. Ich bin schon im vierten Monat", erklärte sie mit zittriger Stimme.

„Du blöde Kuh!", brüllte er wütend. „Bist zu doof, um zu merken, dass du schwanger bist. Du willst mir ein Kind anhängen. Ist der Balg überhaupt von mir?" Mia brach in Tränen aus. Das brachte ihn zur Vernunft.

„Mia, Landei, tut mir leid, du hast Recht, es muss von mir sein. Aber du weißt, ich bin Künstler. Ich brauch meine Freiheit. Ein Balg ist nicht in meiner Lebensplanung." Mia nickte schluchzend. Sie hätte sich so sehr gewünscht, dass er sie in die Arme genommen und getröstet hätte. Doch das war offensichtlich nicht punkig genug.

„Du kannst es weggeben", schlug er vor. „Krieg es und dann gib es Leuten, die so ein Baby wollen. Ich will keins!"

„Ich auch nicht, ich will auch kein Kind", heulte sie.

„Na, dann wäre das ja jetzt klar", stellte er nüchtern fest. Mit den Worten: „Ich brauch jetzt unbedingt was zu rauchen", rauschte er davon. Sie blieb allein zurück in ihrem Elend.

Abends ging sie wie jeden Tag zur Arbeit. Tessa nahm sie wortlos in die Arme.

„Hör auf mit Rauchen und mit Alkohol", mahnte sie, „sonst wird das Kind behindert und du hast noch mehr Ärger."

„Ich gebe es weg", sagte sie leise, „Jake will es nicht und ich will es auch nicht."

„Warte ab, bis es geboren ist", empfahl Tessa.

Mia versuchte, ihr gewohntes Leben wieder aufzunehmen. Sie hatte Sex mit Jake und der fand einen neuen Kick darin, mit einer Schwangeren zu schlafen.

„Schönen Gruß von Daddy", keuchte er jetzt immer, kurz bevor er kam. Mia wusste nicht, ob sie darüber lachen sollte. Immerhin zeigte es, dass er sich mit dem Kind befasste. Sie dagegen versuchte zu verdrängen, dass Leben in ihr wuchs.

Als sie die ersten Bewegungen des Ungeborenen in sich spürte, erschrak sie zutiefst. Doch diese Bewegungen waren immer häufiger spürbar geworden und ihr Gefühl zu ihrem „Mitbewohner", wie Jake das Baby nannte, veränderten sich. Dass man sie im Club nur noch „Mama" nannte, erschreckte und freute sie gleichzeitig. Es wurde ihr immer klarer, dass dieses Kind, das in ihrem Bauch heranwuchs, ein Kind der Liebe war. Sie liebte Jake, er war die Erfüllung ihrer Träume.

Doch würde sie für ihn auf das Kind verzichten? Ohne, dass sie es darauf angelegt hätte, meldete sich in ihr ein inniges Gefühl für das kleine Wesen in ihrem Bauch.

„Wie geht es weiter?", fragte sie Jake deshalb. „Ich weiß nicht, ob ich es wirklich weggeben will." Er schaute sie prüfend an.

„Fängst du jetzt mit diesem fucking mommy shit an? Das war so nicht abgemacht. Du kriegst es und du gibst es weg!"

„Jake, ich weiß nicht, ob ich das kann. Ich liebe es. Außerdem ist es auch dein Kind!" Sie sah ihn eindringlich an.

„Ich werde dich nicht heiraten, I don't marry you", antwortete er, „so ein spießiger Vertrag ist nichts für mich."

„Das will ich ja gar nicht", antwortete sie rasch.

„Und ich brauch meine Freiheit und ich brauch täglich Sex", sagte er bestimmt. „Wenn das mit dir nicht mehr geht, hol ich mir das, was ich brauche, bei einer anderen Frau."

„Aber ich mag Sex mit dir!", erwiderte Mia. „Warum sollte das nicht mehr funktionieren?"

„Weil der Junior genau da unten rauskriecht", stellte Jake trocken fest. „Keine Ahnung, ob sich mein Schwanz danach nicht fühlt wie das einzige Auto in einer Tiefgarage." Mia überlegte.

„Dafür gibt es eine Lösung. Ich sprech' mit meinem Arzt und hol mir einen Termin für einen Kaiserschnitt. Dann musst du nur zwei Wochen warten, bis der Reißverschluss in meinem Bauch wieder zu ist."

„Okay", sagte er, „dann mach das."

„Für dich tu ich alles", flüsterte sie, „ich liebe dich, Jake aus New York. Und ich will dich nicht verlieren. Aber um eines bitte ich dich."

„Was willst du von mir", fragte er misstrauisch.

„Wir entscheiden, ob wir das Kind behalten, wenn es geboren ist." Er saß eine Weile schweigend neben ihr.

„Das ist fair", sagte er dann. „So machen wir es." Nach diesem Gespräch ging es Mia viel besser. Das Kind in ihrem Bauch hatte eine reelle Chance. Und sie hatte eine reelle Chance, seine Mutter sein zu dürfen.

Am Abend vor dem Geburtstermin feierten sie ausgiebig mit ihren Freunden im Club. Jake begoss seine Vaterschaft mit einigen Dosen Bier und rauchte einen Joint, während Mia tapfer bei Orangensaft blieb. Morgen würde sie Mutter sein, würde das Kind in den Armen halten und dann musste sich Jake entscheiden. Sie dachte lieber nicht darüber nach, was sie tun würde, wenn er sich gegen das Kind entschied.

Sie nannten den Kleinen Sid, nach dem Punk-Rocker Sid Vicious, denn genauso frei wie der unangepasste Rockstar sollte der Junge aufwachsen. Jake, der erst nach der Geburt ins Krankenhaus kam, brachte ihr einen Kaktus – Rosen wären zu spießig gewesen – und nahm seinen Sohn zärtlich in die Arme.

„Mia, den behalten wir, we don't give him away", flüsterte er und drückte Küsse auf den schwarzen Schopf des Babys. „He looks like me – like a punk!"

Mia fiel ein Stein vom Herzen. Sie liebte ihren Sohn vom ersten Augenblick an und inzwischen war ihr klar geworden, dass sie sich für Sid und gegen Jake entschieden hätte. Doch diese Entscheidung war ja zum Glück nicht nötig, denn Jake besuchte sie jeden Tag und trieb sogar einen gebrauchten Kinderwagen auf, den er mit Fledermäusen und Totenköpfen passend zu ihrem Lebensstil besprühte.

Jake gönnte Mia sogar drei Wochen Pause, nachdem er die Narbe auf ihrem Bauch begutachtet hatte. Danach nahmen sie ihr gewohntes Leben wieder auf. Mia kümmerte sich um den Kleinen, ein zufriedenes Baby, während Jake seinem Job als Fotograf nachging.

Erstaunt registrierte Mia, wie sehr sie ihren Sohn liebte. Nie hätte sie gedacht, so viel für einen so kleinen Menschen empfinden zu können, der vollkommen von ihr abhängig war, obwohl es ihr eher schien, als sei sie von ihm abhängig, denn Sid bestimmte mit seinen Bedürfnissen ihr Leben. Jake ging das zunehmend auf die Nerven, besonders, wenn sie ihn stillte.

„Der kleine motherfucker hat mehr von deinen Titten als ich", murrte er. Schließlich stillte Mia ab und gab dem Kind die Flasche. Danach entspannte sich die Lage.

Als Familie waren sie eine kleine Attraktion für das „Milzbrand". Oft brachten sie den Kleinen mit. Mia verpasste seinen Haaren einen Irokesenschnitt und färbte die weiße Babywäsche in der Waschmaschine schwarz. Immer fand sich jemand, der sich um das Baby kümmerte, und so konnte sie Tessa im Service unterstützen. Besonders die Jungs konnten nicht genug von dem Kleinen bekommen, der zutraulich zu allen Kontakt aufnahm und nach den bunten Haarschöpfen griff. Wenn das Baby müde wurde, legten sie es einfach in den Kinderwagen. Der Lärm schien es nicht zu stören.

Als Sid ein Jahr alt wurde, machte Jake ein Foto von der kleinen Punkfamilie. Sie schrieb „Mein erster Geburtstag, 20. 5. 88, Grüße von Sid an seinen Grandpa", auf das Foto, notierte auf die Rückseite die Adresse ihres Vaters, klebte eine Briefmarke daneben und warf den Gruß in den Briefkasten. Auf einen Absender verzichtete sie. Sie hatte keine Lust auf Nachrichten aus der Heimat.

Dieses Ritual wiederholten sie jedes Jahr an Sids Geburtstag. Jake machte ein Foto von seiner Familie und dieses Foto schickte sie ihrem Vater.

Als der Junge drei Jahre alt wurde, kam er nicht wie die anderen Kindern in einen Kindergarten. Er war daran gewöhnt, die Nächte im Club zu verbringen und wachte, wie seine Eltern, erst mittags auf. Sid schien andere Kinder nicht zu vermissen, im Gegenteil: Wenn er welche traf, wusste er nicht, wie er sich ihnen gegenüber verhalten sollte. Dann lief er wieder zu seinen lustigen Babysittern, die herrlich mit ihm spielten und bei denen er alles durfte.

Jake liebte seinen Sohn, auch wenn er sich nicht viel mit ihm beschäftigte. Das überließ er Mia und sie achtete darauf, Jakes Freiheit nicht zu beschneiden. Immer wieder kam es jetzt vor, dass er sich tagelang nicht blicken ließ und in seinem Studio übernachtete, doch dann zeigte er ihr die Fotos, die er dort gemacht hatte, sozusagen als Beweis dafür, dass er hart gearbeitet hatte, und sie gab sich damit zufrieden.

Für Jake verwandelte sich die Exklusivität, die sie als Punkfamilie im Club genossen, in quälende Langeweile. Mia war ein richtiges Muttertier geworden, die Bedürfnisse des Kleinen waren Gesetz für sie. Sie hatten immer noch täglich Sex, eigentlich konnte er nicht klagen, doch Jake stellte fest, dass der Kick verlorengegangen war. Der Sex war so vorhersehbar geworden, Spießersex, wenn auch auf ziemlich hohem Niveau. Aber wenn er ehrlich war, brauchte er einen Kick, um auf seine Kosten zu kommen.

Er wusste, dass Mia alles tun würde, um für ihn interessant zu bleiben, doch genau das langweilte ihn. Ein bisschen mehr Widerstand hätte ihn erregt, doch dazu war sie viel zu ängstlich. Auch das verstand er: Sie war wirtschaftlich vollkommen von ihm abhängig! Das bisschen Geld, das sie im Club verdiente, reichte gerade für ihre Garderobe und das Make-up. Mehr arbeiten konnte sie nicht. Sie hätten Sid in einen Kindergarten geben müssen, und das wollten sie dem Jungen nicht antun.

Jake fühlte sich in der Falle. Er war zwar nicht gerade das, was man einen Gentleman nennen würde, doch für Mia und das Kind fühlte er sich trotzdem irgendwie verantwortlich. Er hatte ihr die Tür in dieses Leben geöffnet, statt sie zurück nach Hause in eine gesicherte Buchhalterinnenexistenz zu schicken. Deshalb blieb er in der Beziehung, auch wenn er seine Freiräume kontinuierlich erweiterte.

Es fing damit an, dass er nachts nach den Fotosessions

nicht nach Hause fuhr, sondern im Studio schlief. Mit den Frauen, die ihn bei den Sessions angemacht hatten, hatte er Sex, ohne dabei das Gefühl zu haben, Mia zu betrügen. Er befriedigte seine Bedürfnisse und danach kehrte er zufrieden nach Hause zurück, zeigte Mia die geilen Fotos und spielte mit seinem Sohn. Bis Sid drei Jahre alt geworden war, hatte er die Sache im Griff gehabt.

Dass Mia ihm so sehr vertraute, fand er gleichzeitig bequem und nervig. Wenn sie ihm Szenen gemacht hätte, hysterisch geworden wäre oder eifersüchtig, hätte er einen Grund gehabt, Schluss zu machen.

Doch dann war Lizzy aufgetaucht. Sie war Sängerin in der Band „Die Schlampen", selbstbewusst, dominant und unabhängig. Sie machte ihn bei der Fotosession hemmungslos an, doch als er ihr an den Busen fasste, gab sie ihm eine Ohrfeige und das gefiel ihm mehr, als er zugeben konnte.

„Das hättest du wohl gern, Jake", fauchte sie, „den Zeitpunkt, an dem du mich fickst, bestimme immer noch ich!" Das erregte ihn so heftig, dass er an Lizzy dachte, auch wenn er Sex mit Mia hatte. Schließlich erlaubte ihm Lizzy, mit ihr zu schlafen, und seitdem verbrachte er seine Nächte nicht mehr im Studio, sondern in ihrer Wohnung.

„Was ist mit Mia? Willst du es ihr nicht endlich sagen?", fragte Lizzy mindestens einmal in der Woche.

„Ich kann sie mit dem Kind nicht einfach vor die Tür setzen", antwortete er.

„Spießer", murrte Lizzy. „Schläfst du auch mit ihr?"

„Klar", sagte Jake. „Wenn dich das stört, bist du der Spießer." Lizzy lachte.

„Mia ist nett, ich mag sie", sagte sie. „Irgendwann musst du es ihr trotzdem sagen."

„Lass mir noch Zeit", bat er.

„Nur, wenn du mich jetzt so richtig verwöhnst", antwortete Lizzy, die Unersättliche. Das tat er gern und war froh gewesen, dass das Thema wieder einmal vom Tisch war.

Tessa war nicht blöd. Mia kam in der letzten Zeit nur noch mit Sid und ohne Jake in den Club. Tessa kannte ihn und sie begann, sich ernsthafte Sorgen zu machen.

„Warum sehe ich Jake nicht mehr?", fragte sie Mia eines Abends, während sie den Inhalt der Aschenbecher auf den Tischen in einen Zinkeimer leerte und diese danach mit einem breiten Pinsel reinigte.

„Er ist in der letzten Zeit geschäftlich viel unterwegs", erklärte Mia.

„Geschäftlich unterwegs?", fragte Tessa. Sie gab sich große Mühe, nicht übermäßig spöttisch zu klingen. „Was hat er denn für Geschäfte?"

„Du weißt doch, dass er fotografiert. Außerdem hat er jetzt ein Studio, und wenn es spät wird, übernachtet er dort."

„Jake, die Nachteule, findet den Weg nicht mehr nach Hause?", fragte Tessa und jetzt triefte ihre Stimme vor Ironie. „Weißt du denn, was dein Supermann so treibt? Ich finde es total daneben, dass er dich und den Süßen so oft allein lässt."

„So oft ist das gar nicht", verteidigte Mia ihren Freund, „und ich vertraue ihm." Tessa schüttelte den Kopf.

„Mia, Schätzchen, wirf nicht Perlen vor die Säue. Blindes Vertrauen zahlt sich nicht aus."

Doch Mia zog es auch weiterhin vor, Jakes Entschuldigungen und Ausreden zu glauben, obwohl es sie beunruhigte, dass er aufgrund seiner häufigen Abwesenheiten nicht mehr jeden Tag mit ihr schlafen konnte. Doch die Rebellin, die in ihrem neuen Leben die Regie übernommen hatte, erstickte alle Zweifel im Keim.

„Sei nicht albern. Eifersucht ist spießig. Jeder macht, was ihm guttut", sagte sie sich so lange, bis sie es sich glaubte.

Doch Tessa war nicht so leicht abzulenken. Sie konnte es nicht lassen, fuhr zu Jakes Studio und klingelte an der Tür. Jake öffnete und schaute sie erstaunt an.

„Tessa, was willst du denn hier?" In diesem Augenblick tauchte Lizzy auf mit nichts als einem Seidenschal mit Leopardenmuster bekleidet und steckte ihre Zunge in sein Ohr.

„Besuch?", fragte sie. „Will sie ein Foto oder machen wir's zu dritt? Ich steh da eigentlich mehr auf zwei Kerle, aber ich will keine Spielverderberin sein."

„Jake, du Scheißkerl", rief Tessa. „Ich wusste es. Mia kannst du belügen. Mich nicht!"

„Bist du Mias Mama?", fragte Lizzy unschuldig. „Was soll die Aufregung? Wir beide haben nur ein bisschen Spaß."

„Ein bisschen Spaß?", fauchte Tessa. „Und Mia und der Kleine?"

„Soll ich ehrlich sein und sie verlassen?", gab Jake wütend zurück. „Really? Wäre das besser?" Mit diesen Worten knallte er Tessa die Tür vor der Nase zu.

Für Tessa war es nicht leicht, ihr Wissen für sich zu behalten. Jakes Worte gaben ihr zu denken. Wenn er ehrlich war und Mia verließ, wäre das nicht viel schlimmer für sie und das Kind? Wo sollten die beiden hin? Tessa machte sich Vorwürfe, die Freundin nicht schon lange ermutigt zu haben, sich einen Job zu suchen, von dem sie hätte leben können.

Als Sid vier Jahre alt wurde, lud Tessa Mia und Sid zu einem Wochenende zu ihren Eltern aufs Land ein. Sie hatten es sehr nett gehabt, Tessas Tochter, die sechsjährige Isabell spielte begeistert mit dem kleinen Jungen und Tessas Eltern nahmen Mia so, wie sie war. Erst abends merkte sie, dass sie ihre Pille vergessen hatte.

„Wenn ich sie einmal nicht nehme, wird wohl nichts passieren", dachte sie. Außerdem konnte sie kaum von Tessa oder ihren Eltern verlangen, sie so spät noch nach Hamburg zu fahren. „Ich nehm sie morgen, wenn ich nach Hause komme", nahm sie sich fest vor.

Doch am nächsten Morgen dachte sie nicht mehr an die vergessene Pille. Das Frühstück im Garten dauerte bis in die Mittagszeit. Als sie am Abend in Hamburg in ihre Wohnung kam und Jake, nachdem der Kleine weit nach Mitternacht endlich eingeschlafen war, wie ein ausgehungerter Tiger über sie herfiel, dachte sie nicht mehr an Verhütung. Sie genoss die Lust, die ihr der jetzt selten gewordene Sex mit ihm bereitete.

Diesmal merkte sie sofort, dass sie wieder schwanger war. Und sie wusste, dass sie auch dieses Kind behalten wollte, obwohl sie bezweifelte, dass Jake einer Erweiterung ihrer Familie so einfach zustimmen würde. Im Gegensatz zu Sid, den sie erst kurz vor seiner Geburt so richtig angenommen hatte, liebte sie dieses Wesen in ihrem Uterus von dem Augenblick, an dem sie wusste, dass es existierte. Und sie schützte es und hielt ihr Wissen geheim, bis der vierte Monat sicher angebrochen war. Zuerst sagte sie es Tessa. Die Freundin erschrak.

„Was sagt Jake dazu?"

„Ich hab es ihm noch nicht gesagt."

„Wie weit bist du?"

„Weit genug!" Da schaute Tessa sie bestürzt an.

„Du willst dieses Kind?"

„Ja!"

„Auch wenn Jake dich deswegen verlässt?" Mia schluckte.

„Auch dann. Er ist sowieso ständig unterwegs. Ich seh ihn kaum noch. Eigentlich kann es ihn nicht stören, wenn wir zwei Kinder haben." Tessa wusste es besser, doch sie sagte nichts.

Jake blieb erstaunlich ruhig.

„Okay, Mia. Diesmal wusstest du, dass du schwanger bist, oder?" Sie nickte.

„Und du hast solange geschwiegen, bis du es nicht mehr wegmachen lassen konntest, oder?" Sie nickte wieder.

„Damit hast du mich hintergangen, das ist dir klar."

„Du bist doch ständig weg. Was stört es dich, wenn hier noch ein zweites Kind aufwächst", wehrte sie sich trotzig.

„Du warst nicht ehrlich zu mir, Mia", sagte er mit eisiger Stimme.

„Jake, bist du immer ehrlich zu mir?" Sie blickte ihm in die Augen und er konnte ihrem Blick nicht standhalten. „Ich war dir immer treu, Jake aus New York. Auch dieses Kind ist von dir." Er drehte sich wortlos um. Die Tür fiel ins Schloss und sie blieb mal wieder allein zurück.

Während der Schwangerschaft sah sie ihn nur noch an wenigen Tagen, immer dann, wenn er seine dreckige Wäsche in den Wäschekorb stopfte und sich mit frischer Kleidung eindeckte. Sie versuchte, zu ihm durchzudringen, doch er ignorierte sie. Viel zu selten nahm er sich Zeit für Sid, der sich jedes Mal unglaublich freute, wenn sein Vater auftauchte.

„Jake", krähte er fröhlich, „spielst du Fußball mit mir?" Und zuweilen hatte er Glück, sein Vater nahm ihn mit in den Park und half ihm, den Ball zwischen zwei Büsche – das Tor – zu kicken.

Als der Zeitpunkt der Geburt näher rückte, fragte sie Jake, ob er sich ein paar Tage um seinen Sohn kümmern würde, und zu ihrer Erleichterung willigte Jake ein. Als sie Sid seinem Vater übergab, freute sie sich für ihren Sohn. Wenn sie auch nur im Mindesten geahnt hätte, welche Folgen dieser Besuch einmal haben würde, hätte sie ihn stattdessen lieber in einem Kinderheim untergebracht. Doch Mia war ahnungslos.

Dieses Mal hatte sie sich für eine natürliche Geburt entschieden; es war ihr egal, ob sie danach für Jake noch eng genug sein würde. Tessa begleitete sie, hielt ihr die Hand und erinnerte sie ans Atmen, wenn die Wehen sie zu überwältigen drohten.

Endlich, nach achteinhalb Stunden, hielt sie ihre Tochter in den Armen. Sie wusste gleich, dass sie die richtige Entscheidung getroffen hatte. Nina, wie sie ihre Tochter nannte, war ein Mensch, auf den sie unter keinen Umständen verzichten wollte.

Schuld oder Verantwortung?

2005

„Den Rest kennen Sie ja schon", fuhr Mia fort. „Jake hat mich belogen und betrogen und obwohl ich gemerkt habe, dass er sich von mir abwandte, habe ich nicht nachgefragt. Statt Konsequenzen zu ziehen, habe ich einfach so weitergelebt wie zuvor, denn ich wollte nicht, dass sich etwas ändert." Sie sah ihn verzweifelt an.

„Und wie Jake die Konsequenzen gezogen hat, weiß ich", sagte Stefan. „Dann waren nicht nur Sie es, die versäumt hat, über die Beziehung zu sprechen."

„Jake, der Feigling, war ja längst mit Lizzy liiert. Von ihr hatte er die Drogen. Doch das ist seine Geschichte und die geht mich nichts an. Ich bin es, die es nicht geschafft hat, aus dieser Krise zu lernen! Ich wollte die Wahrheit wieder nicht wissen und bin in meinem inneren Film geblieben, statt die Realität wahrzunehmen, weil ich wollte, dass alles so bleibt wie es ist. Deshalb ist alles meine Schuld!" Sie schlug die Hände vors Gesicht. Stefan ließ ihr Zeit. Dann sagte er ruhig:

„Das bleibt ihre Verantwortung. Ich weiß nur nicht, ob

Schuld das richtige Wort für ihr Verhalten ist. Schuld ruft nach Strafe."

„Ich akzeptiere jede Strafe", unterbrach sie ihn leidenschaftlich. Stefan sah sie an. Er wusste, dass er seine Worte mit Bedacht wählen musste, um sie zu erreichen.

„Haben Sie gewusst, dass Sid seine Schwester sexuell missbraucht?", fragte er. Sie schüttelte heftig den Kopf.

„Natürlich nicht! Das ist ja das Schlimme!"

„Dann haben Sie nichts getan, womit Sie ihre Tochter bewusst geschädigt hätten. Deshalb spreche ich lieber von Verantwortung als von Schuld. Sie sind schon genug gestraft durch das, was in ihrer Familie geschehen ist." Mia nickte.

„Meine Strafe lautet lebenslänglich", sagte sie leise.

„Hoffentlich nicht", antwortete Stefan. „Wenn Sie sich im Gefängnis ihrer Schuld verkriechen, werden Sie weder ihrer Tochter, noch sich selbst helfen können. Im Gegenteil! Nina wird sich zu allem, was sie verkraften muss, auch noch dafür schuldig fühlen, dass Sie die Familie zerstört hat. Und dafür wird sie sich bestrafen. Wollen Sie das?"

„Nein, natürlich nicht!", rief Mia.

„Wenn Sie sich immer nur auf ihre Schuld konzentrieren, verbauen Sie sich den Blick auf mögliche Lösungen! Lernen Sie aus ihren Fehlern. Damit helfen Sie ihrer Tochter und Sie helfen sich selbst. Sidney dagegen hat sich schuldig gemacht", fuhr er fort. „Er hat seiner Schwester Gewalt angetan, obwohl er gesehen hat, dass sie Schmerzen litt und Infektionen bekam. Auch ein Vierzehnjähriger weiß, dass es Unrecht ist, einem anderen Menschen Schmerzen zuzufügen. Deshalb sind Jugendliche ab vierzehn Jahren bedingt strafmündig. Es ist richtig, dass Sid seine Strafe und damit die Gelegenheit erhält, über das, was er getan hat, nachzudenken." Er schaute sie an. „Ich werde den Kollegen jetzt Bescheid geben, dass sie Sid abholen. Wo finden wir ihn?"

„Zu Hause", antwortete sie. „Er wird zu Hause warten."

„Wollen wir die Anzeige aufnehmen?", fragte Stefan. Er stand auf und ging zum Schreibtisch. Mia nahm ihr Glas und trank es leer. Dann erhob sie sich ebenfalls auf und setzte sich ihm gegenüber.

„Beginnen wir!", sagte sie.

Stefan nahm ihre Personalien auf und notierte dann die Aussage. Sein Mobiltelefon klingelte und ein Foto von Hanna erschien auf dem Display.

„Meine Kollegin", sagte er entschuldigend und nahm das Gespräch an.

„Nina hatte Geschlechtsverkehr", berichtete Hanna ohne Umschweife. „Wir haben Spermaspuren sichergestellt. Die DNA-Probe kann ich gleich beim Labor abgeben."

„Mach das", antwortete Stefan. „Wie geht es Nina?" Hanna seufzte.

„Sie ist körperlich unverletzt, wenn man das überhaupt sagen kann. Natürlich ist sie aufgewühlt. Sie braucht unbedingt psychologische Betreuung."

„Das werde ich der Mutter empfehlen", antwortete Stefan. „Ich schicke Anja und Oli mit dem Streifenwagen zum Labor. Anja soll Nina zurück ins Präsidium bringen. Ich brauche ihre Aussage. Du fährst mit Oli nach Borkenweiler in die Kirchgasse Nr. 3 und holst den Jungen ab."

„Junge", spottete Hanna, „du meinst den Vergewaltiger!"

„Er ist trotzdem noch ein Junge", antwortete Stefan. „Lasst es ruhig angehen. Wir sprechen später."

Mia schaute ihn fragend an.

„Es hat sich bestätigt, dass Nina heute Geschlechtsverkehr hatte", sagte er. „Die Kollegen werden Sidney jetzt zu Hause abholen und ins Präsidium bringen. Gehen Sie davon aus, dass wir ihn hierbehalten." Sie nickte langsam.

„Es bricht mir das Herz", sagte sie leise. „Ich musste etwas tun, das mir das Herz bricht! Sid ist mein Sohn, trotz allem!" Stefan schaute sie verständnisvoll an.

„Ich kümmere mich persönlich um den Jungen", versprach er. Sie sah ihn offen an.

„Wissen Sie", sagte Mia, „ich halte nicht viel von Männern. Die meisten sind egoistisch und benutzen Frauen als Sexproviant oder unbezahlte Putzfrau. Und jetzt macht mein Sohn genau das! Benutzt seine Schwester!" Sie schüttelte sich. Stefan nickte.

„Es gibt solche Männer und Sie scheinen einige davon getroffen zu haben. Es gibt aber auch andere. Wenn Sie diese Krise hier verarbeitet haben, könnten Sie sich fragen, warum Sie nur die Egoisten anziehend fanden und ihnen erlaubten, sich in ihr Leben einzumischen." Mia stutzte.

„Das ist eine gute Frage", sagte sie nachdenklich. „Wie kommt es, dass Sie solche Fragen stellen? Was sind Sie für ein Mann?" Stefan lächelte.

„Ich hoffe, kein narzisstisches Arschloch. Ich bin so eine Art psychologischer Coach für meine Kollegen und natürlich habe ich eine entsprechende Ausbildung." Mia schaute ihn misstrauisch an.

„Dann ist das hier nur Psycho-Technik? Analysieren Sie mich, Herr Kommissar?" Stefan lächelte.

„Das überlasse ich Ihnen! Analysieren Sie sich selbst, Mia." Verdammt, er hatte schon wieder ihren Vornamen gebraucht. Er rief sich zur Ordnung, klickte mit der Maus den entsprechenden Button an und der Drucker spuckte ein ausgefülltes Formular aus. Er reichte es ihr.

„Lesen Sie sich ihre Aussage noch einmal genau durch. Wenn alles stimmt, dann unterschreiben Sie hier!" Er deutete mit dem Finger auf die dafür bestimmte Linie. Mia nahm das Blatt, las es und unterschrieb.

„Was passiert jetzt?", fragte sie.

„Gleich wird Nina von einer Kollegin gebracht. Ich werde ihre Aussage aufnehmen. Dann werden wir Sie beide nach Hause bringen." Mia nickte dankbar.

„Und Sid?"

„Ich werde ihn vernehmen."

„Vernehmen?", fragte Mia unsicher. „Wie vernehmen Sie ihn?"

„Ich rede genauso mit ihm wie mit Ihnen. Ich halte nichts davon, Menschen einzuschüchtern. Und Sid ist minderjährig."

„Ein minderjähriges Arschloch", begann sie und zögerte. „Was hat ihn dazu gemacht? Bin ich schuld?"

„Was könnten Sie getan haben, um so eine Reaktion auszulösen? Haben Sie Sid geschlagen oder eingesperrt?", fragte er. Sie erschrak.

„Nein, natürlich nicht! Ich war eher viel zu nachsichtig mit ihm.

„Und was ist mit seinem Vater? Es ist nicht nur die Mutter, die das Verhalten ihrer Kinder beeinflusst. Sie haben mir ja erzählt, dass Sidney seine ersten Lebensjahre mit Jake verbracht hat. Hatte der Junge nach ihrer Trennung nochmal Kontakt zu seinem Vater?" Mia dachte nach.

„Da fällt mir etwas ein", sagte sie langsam. „Sid war etwa eine Woche bei seinem Vater, als ich Nina geboren habe.

Danach war er verstört, doch ich habe natürlich gedacht, es liegt daran, dass er plötzlich eine kleine Schwester hatte und wir die Wohnung verlassen mussten. Viel später habe ich von meiner Freundin erfahren, dass Jake da schon mit Lizzy liiert war, einer völlig durchgeknallten Punksängerin. Ich habe keine Ahnung, was der Junge dort erlebt hat." Stefan sah sie nachdenklich an.

„Haben sie mit ihm darüber gesprochen?"

„Nein, er war ja noch so klein und ich musste mich um einen neuen Job und den Umzug kümmern." Sie legte den Zeigefinger an die Nase. „Da fällt mir noch etwas ein: Sid wollte danach seinen Vater nicht mehr sehen. Ich hab ihn immer wieder gefragt und er hat abgelehnt."

„Ich werde mit ihm darüber sprechen", antwortete er. „Menschen haben Gründe für das, was sie tun, auch wenn ihnen diese zuweilen nicht bewusst sind. Diese Gründe können die Tat nicht entschuldigen, doch häufig erklären sie das Handeln."

„Und was geschieht dann mit ihm?"

„Wenn er seine Tat zugibt, wird er dem Haftrichter vorgeführt. Danach kommt er bis zum Prozess in Untersuchungshaft. Je nach Schwere seiner Schuld erhält er eine Bewährungs- oder eine Gefängnisstrafe. Das entscheidet der Richter."

„Ich hoffe, er kommt ins Gefängnis", sagte Mia und schaute Stefan schuldbewusst an. „Gerade kann ich ihn nicht lieben, gerade hasse ich ihn dafür, was er Nina angetan hat." Sie blickte zu Boden. „Und dafür, was er sich selbst angetan hat."

„Und seiner Mutter!", ergänzte Stefan. „Das ist sehr nachvollziehbar." Es klopfte.

„Ich bring dir Nina", sagte Anja und schob das Mädchen

ins Zimmer. Nina sah gleichzeitig mitgenommen und erleichtert aus. Mia war aufgesprungen. Sie lief ihrer Tochter entgegen und schloss sie in die Arme.

„Wie geht es dir?", fragte sie besorgt. „War es schlimm?"

„Nein", antwortete Nina. „Alle waren sehr lieb zu mir.

„Soll ich bei deiner Vernehmung dableiben? Wenn du willst, dann bleibe ich bei dir", sagte Mia.

„Nein", antwortete Nina, „ich möchte alleine mit dem Kommissar sprechen."

„Begleiten Sie meine Kollegin, Frau Ritter", sagte Stefan. „Ich schicke Nina runter, wenn ich ihre Aussage aufgenommen habe."

Nina machte ihre Aussage und fügte ein paar schreckliche Details hinzu. Stefan spürte, wie kalter Zorn in ihm aufstieg. Doch dann hatte ihn Nina aus ihren großen traurigen Augen angeschaut.

„Ich liebe meinen Bruder", sagte sie leise. „Er war immer für mich da und als er vor drei Jahren auch das von mir wollte, habe ich es getan. Ich habe mich nicht gewehrt."

„Das ändert nichts", antwortete Stefan ruhig. „Es bleibt sexuelle Gewalt. Hätte er akzeptiert, wenn du es nicht gewollt hättest?"

„Nein", sagte Nina. „Ich habe es einmal probiert. Da hat er mich geschlagen. Es tat ihm danach sehr leid und er hat mir ein Geschenk gemacht. In diesem Moment habe ich verstanden, dass er nicht anders kann. Dass er das tun muss, weil er sonst durchdreht, verstehen Sie?" Stefan sah sie scharf an.

„Warum dreht dein Bruder durch, Nina?", fragte er. Sie schwieg. Dann sagte sie sehr bestimmt:

„Darüber möchte ich jetzt nicht sprechen. Es reicht, was ich heute gesagt habe." Stefan atmete tief durch und bezähmte seine Neugierde.

„In Ordnung, Nina. Wir sprechen ein anderes Mal darüber", sagte er. Er druckte ihre Aussage aus und gab ihr das Blatt. Sie las es und unterschrieb.

„Ich will Sid nicht sehen", sagte sie.

„Das musst du auch nicht", antwortete er. Nina stand auf und reichte ihm die Hand.

„Auf Wiedersehen, Herr Mangold", sagte sie.

„Soll ich dich runterbringen, Nina?", fragte er fürsorglich.

„Nicht nötig", antwortete sie. „Ich find den Weg allein." Sie wirkte unnatürlich erwachsen, viel älter als die dreizehn Jahre, die sie tatsächlich zählte. Die Kindheit war für Nina vorbei gewesen, als sie elf Jahre alt geworden war.

Mia und Nina wurden von einem Streifenwagen nach Hause gebracht. Natürlich hatten die Nachbarn hintern der Gardine gestanden und das Geschehen kommentiert.

„Mer hoffet sehr", sagte Frau Häusele im Dorfladen, „dass des koi G'wohnheit wird. Die Polizei im Dorf! Des goht it." Und die anderen hatten zustimmend genickt.

Gleichzeitig Opfer und Täter

Der Streifenwagen kam weder mit Blaulicht noch mit Martinshorn. Trotzdem verbreitete sich die Nachricht im Dorf wie ein Lauffeuer, dass die Polizei zum Haus der Ritters gefahren war. Die meisten Bewohner waren der Überzeugung, sie hätten es ja gleich gewusst: Gsocks blieb Gsocks! Einige wenige waren da zurückhaltender, doch dies hätten sie eher nicht in der Dorfkneipe am Stammtisch kundgetan. Es war besser, seine Meinung nicht an die große Glocke zu hängen, wenn sie der Meinung der Mehrheit widersprach. Demokratie hin oder her! In einem Dorf galten andere Regeln.

Hanna und Oli gingen die wenigen Meter durch den kleinen, verwilderten Vorgarten. Oli klopfte an die Haustür.

„Hier ist die Polizei! Mach die Tür auf, Sid!", rief er. Sid öffnete die Tür. Er hatte seine Schuhe schon angezogen.

„Ich habe Sie erwartet", sagte er, „wir können gleich gehen."

„Du weißt, warum wir dich abholen?", fragte Hanna.

„Wegen Nina", sagte er traurig. „Ich hab etwas Furchtbares mit Nina gemacht und ich bin froh, dass es vorbei ist." Hanna sah ihn an: Ein großer, athletisch gebauter Junge mit dunklem Haar und dunklen Augen. Dieser massive Typ hatte sich an dem zarten Mädchen vergangen! Sie persönlich hätte nichts dagegen gehabt, wenn er sich bei der Festnahme gewehrt hätte. Zu gern hätte sie ihm den Arm auf den Rücken gedreht und dann hochgebogen, um ihm zu zeigen, wie es war, wenn man gequält wurde. Doch das ging natürlich nicht. Sie vertrat den Rechtsstaat und so zügelte sie sich.

„Na, dann komm mal mit!", sagte sie stattdessen und bemühte sich, neutral zu klingen. Oli zückte die Handschellen.

„Nicht nötig", sagte Sid, „ich hau nicht ab." Hanna nickte ihrem Kollegen zu und Oli steckte die Handschellen wieder ein. Sie begleiteten Sid zum Auto. Oli wies ihm einen Platz auf dem Rücksitz zu und setzte sich neben ihn. Hanna startete den Motor.

„Hanna für Zentrale", sagte sie ins Funkgerät.

„Zentrale hört", antwortete Andis Stimme.

„Andi, wir haben Sidney Ritter im Auto und sind in einer halben Stunde im Revier", meldete sie.

„Das ist verstanden", antwortete Andi. Erst dann fuhr Hanna los.

Die Nachricht, dass Sid von der Polizei verhaftet worden war, erreichte Mehmet und Hamit Öztürk wenig später.

„Krasser Scheiß!", schrie Mehmet. „Er wird auspacken. Jede Wette! Dann sind wir geliefert. Am Besten verziehen wir uns in die Türkei! Die dürfen uns nicht ausliefern!"

„Doch, das dürfen die", berichtigte Hamit seinen Bruder. „Sid darf nicht auspacken. Dafür müssen wir sorgen." Mehmet überlegte.

„Onkel Cem?", fragte er. Hamit wackelte nachdenklich mit dem Kopf.

„Wenn wir den Jungen genauso abmurksen lassen wie den

Russen, fällt das auf. Das fressen die Bullen nicht nochmal. Ne, ich hab da eine bessere Idee." Er zog sein Handy aus der Tasche. „Abdullah schuldet mir noch einen Gefallen!"

„Abdullah? Du bist verrückt. Meinst du den Abdullah mit dem Imbiss?", fragte Mehmet.

„Ja, den Abdullah. Sein Cousin Faruk beliefert das Gefängnis in Ulm und dorthin kommt der Kleine in Untersuchungshaft. Und Faruks Kumpel Erol sitzt dort auch." Über Mehmets Gesicht glitt ein verstehendes Lächeln. Er klopfte seinem Bruder anerkennend auf die Schulter.

„Ruf Abdullah an, Hamit."

Sid wurde in den Raum gebracht, in dem die Polizei in Ravensburg üblicherweise ihre Verhöre abhielt. Dort gab es einen Tisch, einige Stühle und ein Aufnahmegerät, welches das Gespräch aufzeichnete. Stefan kam wenig später und setzte sich zu ihm.

„Hallo Sidney", begrüßte er ihn. „Du kennst mich noch?" Sid nickte mit dem Kopf.

„Ich schalte jetzt das Aufnahmegerät ein", sagte Stefan. „Vernehmung von Sidney David Ritter in Anwesenheit von Kriminalkommissar Stefan Mangold. Sidney, du hast das Recht, dich zu den Beschuldigungen zu äußern. Du musst es aber nicht tun. Du darfst einen Rechtsanwalt anrufen, wenn du das möchtest, deine Mutter oder eine andere Person, der du vertraust. Wenn du dich damit entlasten kannst, darfst du Zeugen benennen. Hast du das verstanden." Sid nickte. „Würdest du das bitte laut sagen. Das Gerät zeichnet nur die Sprache auf", erklärte Stefan.

„Ich hab verstanden", antwortete Sid. „Ich möchte niemanden anrufen und einen Anwalt kenne ich nicht."

„Dann werden wir dir einen besorgen", sagte Stefan und machte sich eine entsprechende Notiz. „Du weißt, was dir zur Last gelegt wird?"

„Ich habe mit meiner Schwester Sex gehabt", sagte Sid leise, „seit sie elf Jahre alt ist! Ich bin ein mieses Schwein, ein noch viel größeres Arschloch als mein Vater es je gewesen ist!"

„Warum hast du es dann getan?", fragte Stefan.

„Ich konnte nicht anders", antwortete Sid. „Ich hab's getan und danach ging es mir beschissen. Und dann hab ich's wieder getan, obwohl es uns beiden danach beschissen ging. Was bin ich für ein mieses Schwein!"

„Wann hast du damit begonnen?", fragte Stefan.

„Als sie ins Gymi gekommen ist. Da war sie elf."

„Und du hast es getan, obwohl du sie damit verletzt hast!"

„Ja!", schrie Sid und ehe Stefan es verhindern konnte, knallte er mit der Stirn auf den Tisch. Stefan packte ihn und hielt ihn fest.

„Hör auf mit dem Quatsch, sonst muss ich dich festbinden und das will ich nicht", sagte er ruhig. „Ich will mit dir reden und verstehen, was in dir vorgeht. Kann ich dich wieder loslassen?"

„Ist okay", antwortete Sid und richtet sich wieder auf.

„Wie alt warst du beim ersten Mal?"

„Ich war vierzehn."

„Was hast du dabei gefühlt?"

„Dass ich das endlich tun wollte. Aber es war nicht schön."

„Woher wusstest du, wie man Sex hat?", fragte Stefan. Sid lachte freudlos.

„Ich hatte Pornos für den Gameboy. Von meinem Freund Mehmet."

„Mehmet Öztürk ist dein Freund?"

„Klar. Er hat mir einen Job gegeben und ab und zu ein Gameboy-Spiel, damit ich ein Mann werde."

„Du hast Müll gesammelt vor seiner Disko", stellte Stefan fest.

„Das wissen Sie doch schon", antwortete Sid. „Und ab September sollte ich eine Lehre bei seinem Bruder Hamit machen. Aber das kann ich mir jetzt ja wohl abschminken."

„Wahrscheinlich", bestätigte Stefan. „Von Mehmet Öztürk hast du die Pornos bekommen?"

„Ja. Und dann hatte ich Lust, das nachzumachen."

„Mit deiner kleinen Schwester?" Sid sah zu Boden. „Beim ersten Mal wolltest du wissen, wie das ist, wenn man Sex hat. Warum hast du es wiederholt, wenn du doch gemerkt hast, wie schlecht es deiner Schwester damit ging?"

„Ich weiß nicht", heulte Sid.

„Denk nach. Warum hast du es immer wieder mit ihr gemacht?"

„Ich weiß es nicht, ich weiß es nicht!", wimmerte der Junge.

„Was war, bevor du sie vergewaltigt hast?", fragte Stefan.

„Ich hab mich Scheiße gefühlt", antwortete Sid.

„Du hast dich zuerst Scheiße gefühlt, und dann hast du sie vergewaltigt?" Sid nickte. „Warum hast du dich Scheiße gefühlt?"

„Weil alle so viel von mir wollten! Die Lehrer in der Schule. Ich hab versucht zu lernen, aber das war nicht mein Ding. Es blieb einfach nicht in meinem Kopf. Dann hab ich die Arbeiten verhauen. Und die Jungs in meiner Klasse. Am liebsten hätte ich denen was aufs Maul gegeben, doch das konnte ich lange nicht. Nina hat getan, was ich von ihr wollte. Sie war die Einzige, die das getan hat."

„Und deshalb hast du ihr weh getan?"

„Nein, nein, nein", rief Sid entsetzt. „Ich hab ja versucht, ihr nicht weh zu tun. Nina und ich, wir sind uns so nah", sagte er leise. „Ich war wie ihr Papa."

„Ein Papa hat keinen Sex mit seinem Kind", sagte Stefan. „Oder?" Sid sah ihn nachdenklich an.

„Mein Vater heißt Jake", sagte er, „und Jake hatte viel Sex."

„Mit wem hatte dein Vater Sex?" Sid überlegte.

„Mit Mia", antwortete er.

„Woher weißt du das?"

„Ich hab's gehört."

„Wie war das für dich?"

„Ich hab Angst gehabt, weil Mia so geschrien hat. Aber dann hat sie mir erklärt, dass Schreien normal ist beim Sex." Plötzlich schien ihm etwas einzufallen. „Mit Lizzy hatte Jake auch Sex."

„Wer ist Lizzy, Sid?", fragte Stefan.

„Lizzy hat die größten Titten und den geilsten Arsch."

„Wer sagt das?", fragte Stefan.

„Jake!"

„Und wer ist Lizzy?"

„Die Frau, die bei Papa war, als Mama die Nina gekriegt hat. Da musste ich zu Jake, weil Tessa bei Mama war", antwortete Sid und er sprach jetzt wie ein kleiner Junge.

„War Lizzy nett?", fragte Stefan.

„Lizzy? Nein." Er verbarg sein Gesicht in den Händen.

„Warum war Lizzy nicht nett?" Sid reagierte nicht. „Hat Lizzy etwas mit dir gemacht, was du nicht wolltest?" Sid nickte heftig.

„Magst du es mir sagen?" Sid schüttelte den Kopf. „Das war lange dein Geheimnis", sagte Stefan behutsam. „Warum konntest du nicht darüber sprechen?" Sid begann wieder zu weinen und Stefan gab ihm Zeit.

„Ich schäm mich so", flüsterte er. „Jake hat gesagt, dass ich ein motherfucker bin, ... dass ich mehr an Mias Titten war als er ...". Stefan atmete tief durch.

„Deine Mutter hat dich gestillt, Sidney", sagte er. „Alle Mütter tun das mir ihren Kindern. Du bist kein motherfucker." Sid schaute auf.

„Bin ich nicht?", fragte er.

„Nein, sicher nicht", bestätigte Stefan. „Möchtest du mir erzählen, was Lizzy mit dir gemacht hat?" Sid nickte.

„Lizzy hat mich angefasst", murmelte er durch die Finger vor seinem Gesicht.

„Wo hat Lizzy dich angefasst?" Sid schwieg lange. Dann flüsterte er:

„Das sag ich nicht."

„Hat Jake dich auch angefasst?", fragte Stefan. Sid nickte.

„Ja, Jake und die anderen, die auch da waren. Und ich sollte sie da anfassen, wo sie mich angefasst haben."

„Hast du das gemacht, Sid?" Er begann zu schluchzen.

„Ja, ich hab das gemacht, weil ich es machen sollte!"

Stefan seufzte. Immer dieselbe Geschichte! Wie ihn das ankotzte! Zuerst wurde das Kind zum Opfer gemacht und später wurde es dann selbst zum Täter. Würde das nie aufhören? Er wartete, bis sich der Junge beruhigt hatte.

„Wie ging es dir dabei, Sid?"

„Ich weiß nicht. Es war eklig und es tat weh."

„Wir machen Pause", sagte Stefan. „Möchtest du etwas trinken?" Sid schaute auf. Er sah jetzt auch aus wie ein kleiner Junge.

„Ne Cola, wenn ihr das habt", sagte er.

Stefan verließ den Raum. Hanna hatte hinter der Glasscheibe zugesehen. Sie wirkte erschüttert.

„Der Vater hat seinen Sohn einer ganzen Gruppe als Sexspielzeug überlassen. Das Verbrechen ist doch noch nicht verjährt, oder?"

„Nein", bestätigte Stefan, „Sid ist noch lange keine dreißig Jahre alt. Du hast Recht, er könnte Strafanzeige stellen, doch ob das was bringt ..." Hanna nickte traurig.

„Ich bin ganz deiner Meinung. Wenn ich so etwas höre, schreit alles in mir nach Vergeltung!" Stefan nickte.

„Das geht mir ähnlich. Die Täter kommen viel zu oft davon und die Opfer sind ein Leben lang geschädigt."

„Der Junge ist nicht nur Opfer", wandte Hanna ein.

„Das hab ich auch nicht gemeint", bestätigte Stefan. „Er bleibt schuldig für die sexuelle Gewalt, die er seiner Schwester angetan hat. Gleichzeitig war er Opfer seines Vaters und das erklärt vielleicht, warum er zum Täter wurde. Sid war damals vier Jahre alt. Es kann sein, dass die Staatsanwaltschaft gegen den Vater Anklage erhebt, wenn die Einzelheiten seiner Kindheit im Prozess zur Sprache kommen, auch wenn Sid als Zeuge natürlich nur bedingt glaubwürdig ist. Wer erinnert sich schon an genaue Einzelheiten aus seiner Kindergartenzeit!" Er öffnete den Kühlschrank, nahm eine Flasche Cola heraus und öffnete sie.

„Nina hat noch mehr zu berichten", sagte er. „Wenn wir Glück haben, weiß sie etwas über den Drogenhandel im CLASH und wir können mit ihrer Aussage die türkische Bande endlich hochnehmen."

„Sei behutsam", mahnte Hanna. „Sie wirkt so erwachsen, aber sie ist sehr verletzt." Sie reichte ihm ein Plastikröhrchen mit einem Wattestäbchen. „Nimmst du bitte eine Speichelprobe von Sid?" Stefan nickte und nahm das Röhrchen an sich

„Ich mach dann mal weiter", sagte er.

„Pass auf dich auf, Stefan. Das ist keine leichte Vernehmung. Für keinen von uns!" Er lächelte sie an.

„Danke", sagte er. „Ich weiß deine Fürsorglichkeit zu schätzen."

Stefan brachte dem Jungen sein Getränk. Sid trank durstig fast die ganze Flasche leer.

„Ist dir klar, dass dein Vater dich sexuell missbraucht hat?", fragte Stefan. Sid schüttelte den Kopf.

„Er hat mich nicht vergewaltigt, so wie ich die Nina vergewaltigt habe", sagte er.

„Nein, das wäre bei einem Vierjährigen auch schlecht möglich", antwortete Stefan. „Jede sexuelle Handlung von einem Erwachsenen oder älteren Jugendlichen an einem Kind ist strafbar. Du könntest deinen Vater sogar heute noch anzeigen."

„Echt jetzt?", fragte Sid erstaunt.

„Echt!", bestätigte Stefan. „Es ist übrigens gar nicht so selten, dass ein Junge, der früher ein Opfer war, später zum Täter wird." Sid schaute interessiert auf.

„Warum?", fragte er.

„Weil er nicht aushalten kann, dass ein anderer über ihn bestimmt: Dann muss er etwas tun, damit er die Kontrolle wiederbekommt. Egal was! Wie geht es dir, wenn du dich hilflos fühlst?"

„Echt Scheiße. Das geht gar nicht!", sagte Sid.

„Und was machst du dann?"

„Heute sag ich den anderen, wo's lang geht! Aber das hab

ich allein nicht immer hingekriegt." Sid richtete seinen Blick nach innen. Stefan sah, dass er sich an etwas erinnerte.

„Erzähl mir, was dir gerade einfällt", sagte er behutsam.

„Die Jungs im Dorf mochten mich nicht", begann Sid. „Im Bus hat mich meine Mutter beschützt. Doch als ich in die Schule kam, konnte sie mich nicht mehr beschützen …"

„Und was geschah dann?", fragte Stefan. Sid schluckte.

„Das hab ich noch niemandem gesagt!" Und dann erzählte er.

Mobbing

1994

Hätte er seiner Mutter erzählen sollen, dass es ihm die Jungs aus dem Bus täglich heimzahlten, dass sie ihn beschützte? Zuerst hatten sie nur hinter ihm hergejohlt und „Mamakind" gerufen. Dann hatten sich ihm drei der Größten und Ältesten in den Weg gestellt.

„Wenn du vorbei willsch, musch zahle!", rief deren Anführer, der größte der Jungs. David drehte sich um, um die Flucht zu ergreifen, doch da standen drei andere Jungs, versperrten ihm den Weg und lachten höhnisch.

„Des würd dir so passe!", sagte der Anführer und gab ihm einen so heftigen Stoß vor die Brust, dass er das Gleichgewicht verlor und zu Boden stürzte. „Zahle, hab i g'sagt, zahle!"

„Ich hab kein Geld", keuchte David. Da schnappte der Anführer seinen Ranzen, öffnete ihn und leerte den Inhalt in eine Pfütze.

„Des geschieht dir Recht", sagte er. „Morgen hasch du Geld." Bevor sie abzogen, traten ihn einige Jungs. David zog seine Sachen aus der Pfütze und stopfte sie in den Ranzen. Sein durchnässtes Pausenbrot warf er in die Mülltonne. Natürlich schimpfte die Lehrerin, weil er seine Hausaufgaben nicht vorweisen konnte. Dass es aus seinem Ranzen tropfte, machte die Sache nicht besser.

„Du musst wirklich lernen, besser auf deine Bücher achtzugeben", empfahl sie ihm und die Jungs in seiner Klasse lächelten andächtig, auch die, die ihn überfallen hatten. „Und wo ist dein Pausenbrot?", fragte die Lehrerin entrüstet. „Hat dir deine Mama wieder keins mitgegeben?"

Am nächsten Tag klingelte das Telefon an Mias Schreibtisch.

„Da ist eine Frau vom Jugendamt für dich, Mia", sagte Susi von der Rezeption. „Alles in Ordnung bei dir?"

„Ich hab keine Ahnung, was die von mir will", antwortete Mia erstaunt. „Stell sie durch."

„Johanna Birkle, Mitarbeiterin beim Jugendamt Ravensburg", stellte sich die Anruferin vor. „Die Klassenlehrerin Ihres Sohnes hat uns benachrichtigt. Ihr Sohn wirkt vernachlässigt. Er hat keine Hausaufgaben, sein Ranzen ist verschmutzt und ein Pausenbrot hatte er auch nicht."

„Wie bitte?", fragte Mia. „Ich hab mit ihm zusammen Hausaufgaben gemacht, das Pausenbrot hab ich ihm gestrichen und gestern war der Ranzen noch völlig in Ordnung."

„Sie sind alleinerziehend", fuhr Frau Birkle fort. „Schaffen Sie das mit den Kindern? Haben die Kinder Kontakt zu ihrem Vater?" Mia schnaubte.

„Nein, haben sie nicht. Der Vater wohnt in Hamburg und will nichts von ihnen wissen. Oder hat er sich bei Ihnen gemeldet?"

„Nein, das hat er nicht. Bekommen Sie Unterhalt?"

„Das geht Sie gar nichts an", gab Mia zurück. „Ich will kein Geld von Ihrem Amt."

„Uns geht's ums Kindeswohl", antwortete die Frau verstimmt. „Ich muss mich persönlich davon überzeugen, dass es Ihren Kindern gut geht." Mia atmete tief durch. Sie musste sich zusammenreißen. Es machte die Sache nicht besser, wenn sie sich mit der Frau vom Jugendamt anlegte.

„Dann lassen Sie uns einen Termin ausmachen", sagte sie in einem versöhnlichen Ton. „Kommen Sie bei uns vorbei und überzeugen Sie sich selbst."

Abends knöpfte sie sich ihren Sohn vor.

„Warum hattest du kein Pausenbrot und keine Hausaufgaben und warum ist dein Ranzen dreckig?" David sah sie unsicher an.

„Woher weißt du das?", fragte er.

„David, deine Lehrerin hat beim Jugendamt angerufen, weil sie glaubt, dass ich nicht gut für dich sorge." David erschrak. „Ich kümmere mich allein um dich und Nina, weil dein Vater mir nicht helfen will." David nickte. „Morgen kommt eine Frau vorbei. Sie prüft, ob es dir bei mir wirklich gut geht", fuhr Mia fort. David zuckte zusammen. „Sie meint, du müsstest deinen Vater sehen", schloss sie ihre Erklärungen.

„Nein", rief der Junge, „nein, das will ich nicht. Ich bleib bei dir, Mama!" Und er warf sich in ihre Arme und weinte.

„Ist ja gut, mein Kleiner", flüsterte sie und streichelte ihn, bis er sich beruhigt hatte. „Niemand nimmt dich mir weg. Aber jetzt erzähl mir, was geschehen ist."

David stand auf und holte seinen Ranzen. Mia sah die schlammbeschmierten Bücher und aufgeweichten Hefte.

„Ach, du lieber Himmel", rief sie, „wie ist denn das passiert?"

„Ich bin hingefallen, weil ich was in meinem Ranzen gesucht hab. Dabei ist alles in die Pfütze gefallen. Auch das Brot." David sah sie unsicher an. Würde sie die Geschichte glauben?

Mia deutete seinen Blick anders: als Angst vor Strafe.

„Das ist ja wirklich blöd", sagte sie mitfühlend. „Ich helf dir, die Bücher sauberzumachen."

Sie wischte die Bücher vorsichtig ab und trocknete die Seiten vor dem Ofen. Den Ranzen spülte sie in der Badewanne aus und hängte ihn zum Trocknen draußen an die Leine. Die Hefte waren zum größten Teil nicht mehr zu retten und sie gab ihrem Sohn Geld, um neue zu kaufen.

„Und jetzt räumen wir zusammen dein Zimmer auf", schlug sie vor und David maulte zur Abwechslung einmal nicht, sondern half mit.

Am nächsten Tag hatte Frau Birkle vom Jugendamt in Ravensburg nichts zu beanstanden. David zeigte ihr die aufgequollenen, schlammigen Hefte und die gereinigten Bücher.

„Es war meine eigene Schuld. Das Brot war auch nass, das musste ich wegschmeißen. Die Mama kann nichts dafür." Nachdem die Frau auch an Nina nichts auszusetzen fand, verabschiedete sie sich.

„Es tut mir leid, Frau Ritter, dass ich sie erschreckt habe", entschuldigte sie sich. „Die Lehrerin hat offensichtlich überreagiert. Sie glauben nicht, was wir mit Alleinerziehenden schon alles erlebt haben. Aber bei Ihnen ist ja wirklich alles in Ordnung. Und die Farbe von dem Schrank im Wohnzimmer find ich klasse!"

David schockte die Begegnung mit der Frau vom Jugendamt mehr, als er es zeigte. Er begriff, dass er die ganze Familie in Gefahr brachte, wenn er es nicht schaffte, die Situation selbst zu lösen. Von diesem Tag an achtete er darauf, immer zusammen mit älteren Schülern vom Bus in die Schule zu laufen. In den Pausen suchte er sich Plätze, die von den aufsichtführenden Lehrern überblickt wurden. Doch die Jungs aus dem Dorf ließen ihn nicht aus den Augen.

Es kam der Tag, an dem es ihm nicht gelungen war, sich zu schützen. Einige Jungs aus seiner Klasse versteckten seine Sachen. Als er sie endlich hinter den Heizkörpern fand, waren alle anderen Schüler schon weg. Nachdem auch der Lehrer in sein Auto gestiegen und davongefahren war, passten sie ihn ab. Sie zerrten ihn zurück in die Sporthalle und von dort aus gleich in die Toilette. Zwei tunkten seinen Kopf in die WC-Schüssel, während der Anführer auf ihn pinkelte. Dann betätigte dieser die Spülung und als David wieder Luft bekommen hatte, sagte der Anführer ganz ruhig:

„Morgen wirsch du zahle. Oder sollet wir uns dei Schweschter vorknöpfe? Wie heißt des Mädle? Nina?"

Am Abend bat David seine Mutter nochmal um zwei Mark für neue Hefte.

„Schon wieder?", fragte sie erstaunt.

„Das Heft für die Klassenarbeiten ist voll", log er. Danach fühlte er sich miserabel und hätte ihr am liebsten alles gebeichtet. Doch dann würden die Jungs sich seine Schwester vornehmen! Und Nina musste er schützen, koste es was es wolle. Also hatte er geschwiegen.

Am nächsten Morgen lieferte er das Geld ab. Der Anführer blickte verächtlich auf das Zwei-Mark-Stück.

„Des isch wenig", sagte er. „Des reicht nur für heut. Wenn du it mehr bringsch, wellet wir des jetzt jeden Morgen, isch des klar?" David hatte genickt, obwohl er nicht wusste, wie er so viel Geld auftreiben sollte.

Und so hatte er begonnen, die Jacken und Mäntel seiner Mitschüler an den Garderoben vor den Klassenräumen nach Geld zu durchsuchen. Das hatte einige Zeit gut geklappt, bis die Lehrerin in der Klasse ein Schreiben vorgelesen hatte, in dem der Direktor die Kinder aufforderte, ihr Geld nicht in den Mänteln zu lassen, es gäbe einen Dieb.

Danach hatte er sich eine Zeit lang am Geldbeutel seiner Mutter bedient, bis sich auch diese beklagte, sie wisse nicht, wo das Geld bliebe. Fast habe sie den Eindruck, als würde sie bestohlen.

Doch die Jungs aus dem Dorf kümmerte es nicht, wie er sich das Geld beschaffte, das sie ihm abnahmen. So begann David, es ihnen gleich zu tun. Er suchte sich ein kleines Mädchen mit hübschen Kleidern und einem hübschen Ranzen aus, was darauf schließen ließ, dass bei ihr etwas zu holen sein würde. Er drängte sie in ein Gebüsch und zischte:

„Gib mir dein Geld, sonst verhau ich dich." Das kleine Mädchen erstarrte vor Schreck. Da schubste er sie, um ihr zu zeigen, dass er es ernst meinte. Zitternd gab sie ihm eine kleine Geldbörse, aus der er fünf Mark erbeutete.

„Wenn du etwas sagst, dann schneid ich dir die Haare ab", drohte er ihr, denn von seiner Schwester wusste er, wie stolz kleine Mädchen auf ihre langen Locken waren. Da erschrak das Mädchen noch mehr und er genoss das Gefühl, dass sie tat, was er wollte.

Von diesem Tag an hatte er keine Geldsorgen mehr. Das Mädchen gab ihm jeden Morgen alles, was sie hatte, und er gab es seinen Peinigern.

Als David elf Jahre alt wurde, änderte sich vieles. Sein Großvater schenkte ihm einen Gameboy, ein kleines elektronisches Gerät, mit dem er spielen konnte. David freute sich sehr darüber. Außerdem beendete er die Grundschule. Ab jetzt besuchte er die Hauptschule und durfte, wenn der Unterricht zu Ende war, allein mit dem Bus nach Hause fahren. Nina, die jetzt auch in die Schule ging, begleitete ihn.

Die größte Veränderung für David bestand jedoch darin, dass er einen Freund fand. Hasan war wie er ein Außenseiter, der einzige türkische Junge im Nachbardorf und der einzige Türke in dieser Klasse. Mia fiel ein Stein vom Herzen, als David von Hasan erzählte.

„Lad ihn am Sonntag zu uns ein. Er kann mit uns essen und ihr könnt danach etwas zusammen unternehmen", schlug sie vor. Hasan kam und Mia mochte den offenen Jungen sofort. Er freundete sich auch mit Nina an. Sie hörte die drei zusammen lachen. Endlich hatte David seine Schwierigkeiten überwunden. Endlich musste sie sich um ihn keine Sorgen mehr machen.

Eines Tages hatte sich David seinem Freund anvertraut und erzählt, wie ihn die Jungs aus dem Dorf bedrängten.

„Die Scheißkerle, die beklauen dich!", stellte Hasan nüchtern fest. „Das lässt du dir gefallen?"

„Was soll ich denn machen?", klagte David. „Allein komm ich gegen die nicht an."

„Allein nicht", grinste Hasan. „Magst du meine großen Brüder kennenlernen?"

Am nächsten Samstag fuhr David mit dem Fahrrad ins Nachbardorf, in dem Hasans Familie in einem ähnlich alten Haus wohnte wie er selbst. Er wurde herzlich aufgenommen.

„Weißt du, Hasans Freund ist mein Freund", sagte Hamit, ein gutaussehender junger Mann, der sein Hemd so weit geöffnet trug, dass man sein Silberkettchen sehen konnte. Mehmet, der Älteste, dem man seine regelmäßigen Besuche in einem Boxclub deutlich ansah, klopfte ihm väterlich auf die Schulter und fragte:

„Oğlum, spuck's aus. Was ist dein Problem?" Und so erzählte David von den Jungs, die ihn seit vier Jahren beklauten und seine Schwester bedrohten. Die jungen Männer schüttelten voller Abscheu die Köpfe.

„Die Schwester unseres Freundes ist unsere Schwester, verstehst du?", fragte Mehmet. „Das regeln wir für dich! Zeig uns, wer das ist. Dann ficken wir sie." David horchte auf.

„Bist du auch aus Hamburg?", fragte er.

„Hamburg? Nein, Oğlum, aus Ankara, warum?"

„Weil du weißt, was ficken heißt", antwortete David. Die Männer wieherten vor Lachen.

„Worauf du dich verlassen kannst", sagte Hamit, „aber das weiß man auch in Ankara."

Am nächsten Mittag nach Schulschluss wartete David so lange, bis seine Mitschüler die Schule verlassen hatten. Dann schlenderte er zur Bushaltestelle. Der Anführer der Dorfjungs ging grinsend auf ihn zu, die anderen im Schlepptau.

„Heut koscht des mehr", sagte er. „Du hasch lange it b'zahlt. Denk an dei Schweschter!"

„Heute gibt's kein Geld", erwiderte David. „Ab heute fickst du dich selbst."

„Was hasch du g'sagt?", fauchte der Anführer und ging drohend auf ihn zu. „Sag des noch mal!"

„Fick dich selbst", wiederholte David laut. Und wie auf Kommando tauchten Hasans Brüder auf und sie hatten einige Freunde mitgebracht, die alle groß und kräftig waren. Den Anführer schlug Mehmet zu Boden, die anderen Jungs trieb Hamit zusammen, unterstützt von seinen Freunden. Verängstigt drängten sich die Jungs aneinander. Alles war so schnell gegangen! Einige zitterten heftig, ein Junge heulte und einer der Kleineren hatte sich tatsächlich vor lauter Angst bepinkelt.

Hamit hatte plötzlich ein Messer in der Hand, zog den Anführer hoch und hielt ihm die Klinge drohend an die Kehle.

„Ab heute lasst ihr ihn in Ruhe, verstehst du? Und seine Schwester auch, verstehst du?" Er sah den Jungen erwartungsvoll an. „Ich hör nichts! Hab ich was an den Ohren? Nein, es liegt an dir. Ich frag dich ein letztes Mal: Verstehst du das?" Der Anführer nickte.

„Lauter!", forderte Hamit. „Sonst schneid ich dir ein Teilchen aus dem Ohr. Es ist sowieso zu lang, dein Ohr." Er ritzte das Ohrläppchen mit dem Messer, worauf der Junge aufheulte.

„Ich hab's kapiert", kreischte er, „ja, ich hab's kapiert."

„Und wen sollen du und deine kleinen Freunde in Ruhe lassen?", brüllte Hamit. Der Junge fuhr zusammen.

„David", rief er.

„Und, wen noch?" Er hob das Messer. Der Junge heulte auf.

„Und seine Schweschter!", rief er.

„Wie heißt seine Schwester?"

„Nina", brüllte der Junge voller Angst. Hamit ließ das Messer sinken.

„Geht doch", meinte er, „und jetzt verpiss dich ganz schnell, bevor ich es mir anders überlege." Die Jungen waren davongerannt, so schnell sie konnten. Danach belästigten sie David nie mehr und dafür war er seinen neuen Freunden zutiefst dankbar.

„Jetzt kannst du das Mädchen in Ruhe lassen", schlug ihm Hasan vor.

„Das weißt du?", fragte David erschrocken.

„Logo!", grinste Hasan. „Weißt du, Mädchen tun wir nichts. Das ist gegen unsere Ehre! Und du gehörst doch jetzt zu unserer Familie!"

David hatte das Mädchen am nächsten Morgen angesprochen.

„Ich brauch dein Geld nicht mehr", sagte er, „aber wenn du mich verrätst, kriegst du es mit meiner Gang zu tun." Das Mädchen nickte ängstlich und erleichtert. Und sie hielt den Mund.

2005

„Wie lange haben dich die Jungs aus dem Dorf gemobbt?", fragte Stefan.

„Fast vier Jahre lang", antwortete Sid. „Ich hätte mich ja verprügeln lassen! Doch sie haben gedroht, meine Schwester zu überfallen, und das konnte ich doch nicht zulassen. Und dann haben mir Hasans Brüder geholfen ..."

Stefan atmete tief durch. So also hatten die Brüder Öztürk Sidney David Ritter gefügig gemacht. Zuerst hatten sie ihm einen Gefallen getan und ihn von seinen Peinigern befreit, dann hatten sie einen Gefallen von ihm erbeten. Nicht strafmündige Kinder waren die besten Drogenkuriere.

„Du könntest uns helfen, Sidney", begann Stefan. „Das

macht einen guten Eindruck beim Richter. Du kennst Mehmet und Hamit sehr gut und ich bin überzeugt davon, dass du weißt, welche Geschäfte die beiden in Wirklichkeit betreiben." Sid war blass geworden.

„Mehmet und Hamit sind meine besten Freunde", sagte er mit bebender Stimme. „Sie waren immer gut zu mir. Mehmet hat eine Diskothek. Damit verdient er sein Geld und Hamit importiert Zitronen und Olivenöl aus der Türkei und exportiert deutsche Technik."

„Weißt du, wer der türkische Geschäftspartner ist?"

„Ich hab von einem Onkel Cem gehört", sagte Sid. „Er hat sein Geschäft in Izmir. Mehr weiß ich wirklich nicht." Stefan schaute ihn scharf an.

„Ich glaube nicht, dass du die Wahrheit sagst, aber das ist deine Entscheidung. Wenn du deine Meinung ändern solltest, lass es mich wissen." Sid blickte ihn ängstlich an.

„Was passiert jetzt mit mir?"

„Sidney, du hast zwar gestanden. Wir brauchen aber noch eine DNA-Probe von dir. Bist du einverstanden?"

„Ich bin einverstanden", sagte er und öffnete den Mund. Routiniert benetzte Stefan das Wattestäbchen mit Sids Speichel und steckte das Stäbchen in das Plastikröhrchen. Er stand auf und öffnete die Tür zu dem Vorraum, in dem seine Kollegin Hanna die Vernehmung über den Monitor verfolgte.

„Das kann ins Labor", sagte er und gab Hanna das Röhrchen. „Kannst du das veranlassen?" Sie nickte und sagte:

„Klar, mach ich gleich!" Stefan lächelte ihr zu und ging zurück in den Vernehmungsraum und setzte sich.

„Wenn deine DNA mit den Spermaspuren, die wir bei Nina sichergestellt haben, übereinstimmt, haben wir den

Beweis, dass du die Wahrheit sagst", sagte er. „Nicht, dass ich es bezweifle, doch wir leben in einem Rechtsstaat, und da brauchen wir nachprüfbare Fakten. Dann wird die Staatsanwaltschaft Anklage erheben und du kommst in Untersuchungshaft nach Ulm." Sid nickte traurig.

„Das ist gut. Ich habe ja jetzt kein Zuhause mehr."

„Heute Nacht bleibst du in unserer Arrestzelle", informierte ihn Stefan, „und morgen reden wir weiter." Er öffnete die Tür und gab dem uniformierten Kollegen ein Zeichen. „Ohne Handschellen", sagte er, „der Junge ist kooperativ."

„Na, dann komm mal mit", sagte der Mann.

Stefan griff zum Telefonhörer und tippte die vertraute Nummer.

„Guten Abend, Herr Staatsanwalt. … Ja, ich weiß, wie spät es ist, aber es ist wichtig. Ich brauche einen Termin beim Haftrichter. … Ja, für morgen Vormittag. Sidney David Ritter hat gestanden, seine Schwester sexuell missbraucht zu haben. … Danke, Herr Dr. Angerer, Sidney hat von sich aus gestanden. Hätte er einen Vorteil, wenn er gegen die Brüder Öztürk als Kronzeuge aussagt? Sie kennen ja meine Vermutung. Es geht hier immerhin um organisiertes Verbrechen! … Ja, ich verstehe, dass Sie sich das durch den Kopf gehen lassen müssen, Herr Staatsanwalt. Ich melde mich morgen bei Ihnen. Gute Nacht!"

Stefan unterbrach die Verbindung. Dann stand er auf. Draußen traf er auf Hanna.

„Lass uns eine Runde schwimmen gehen", sagte sie. „Ich brauche dringend frische Luft!"

„Hervorragende Idee", sagte Stefan. „Auf zum Flappach!"

Der Komplott

Mehmet Öztürk schob das Foto seiner Eltern beiseite, das die Wand über seinem Schreibtisch zierte. Dahinter befand sich ein Tresor. Er gab den Zahlencode ein und die schwere Tür ließ sich mühelos öffnen. Mehmet nahm zwei Pässe aus dem obersten Fach, ausgestellt auf Ömer und Cafer Özdemir. Die Fotos zeigten ihn und seinen Bruder Hasan. Dann griff er nach den beiden Flugtickets von Frankfurt nach Kuala Lumpur. Malaysia war ein muslimisches Land und hatte keinen Auslieferungsvertrag mit Deutschland. Dort würden er und sein Bruder sicher sein.

Er tippte eine Nummer in sein Handy. Eine Stimme meldete sich:

„Air Malaysia, was kann ich für Sie tun?"

„Ich möchte die Open Tickets für Ömer und Cafer Özdemir nach Kuala Lumpur bestätigen. Welcher ist der nächste Flug, auf dem Sie zwei Plätze frei haben? ... Ja, erste Klasse. ... übermorgen, sieben Uhr zwanzig ab Frankfurt. Das habe ich verstanden. Buchen Sie die Flüge. Ja, die Bestätigung geht per Fax an mich. Vielen Dank. Auf Wiederhören." Er atmete auf. Dann rief er seinen Bruder an.

„Hasan, Zeit für einen kleinen Badeurlaub", sagte er.

„Wann?", fragte Hasan.

„Morgen fahren wir nach Frankfurt. Der Flieger geht übermorgen früh. Pack nur das Nötigste ein und denk daran: In Malaysia ist es warm."

„Es gibt keine andere Möglichkeit, oder?", fragte Hasan.

„Nein", antwortete Mehmet. „Mutter lassen wir nachkommen, wenn sich der Staub gelegt hat. Es ist besser, wenn sie gar nichts weiß." Hasan seufzte.

„Schade", sagte er. „Ich hab mich in Deutschland wohl gefühlt."

„In Malaysia ist es wärmer und die Frauen sind nicht so zickig", antwortete Mehmet. „Wir bauen uns dort etwas Neues auf, keine Sorge, kleiner Bruder."

„Und Hamit?", fragte Hasan.

„Hamit kann ich nicht retten", antwortete Mehmet. „Er wandert für ein paar Jahre in den Bau und da kann Mutter ihn besuchen. Dann hat sie wenigstens ihn. Und später kann er bei uns einsteigen."

„Ist gut, Mehmet", sagte Hasan. „Du bist das Oberhaupt der Familie."

Mehmet nickte und unterbrach die Verbindung. Dann steckte er die Kreditkarten ein, ausgestellt auf seinen neuen Namen. Die Bank befand sich auf den Cayman Islands und dort befand sich seit gestern auch sein Geld. Sie würden in ihrem neuen Leben keine Not leiden müssen.

Als sie die Haustür hinter sich geschlossen hatte, brach Mias Selbstbeherrschung in sich zusammen wie ein Kartenhaus. Nina ging es ähnlich und zitternd klammerten sich die beiden aneinander. Als sie ihre Fassung einigermaßen wiedergewonnen hatte, rief Mia ihren Vater an.

„Papa", brachte sie heraus und fing wieder an zu weinen.

„Gib mir mal Nina", sagte ihr Vater, doch als diese auch nur noch weinte, sagte er: „Ich komme!" Einige Stunden später stand er vor der Haustür. Mia öffnete ihm die Tür und zog ihn herein. Nach und nach hatte er die ganze schreckliche Geschichte erfahren. Er war furchtbar wütend geworden.

„Das sind die Gene seines Vaters!", rief er. „Von unserer Familie hat er das nicht!"

„Opa, das klingt so nach Nazi, das mit den schlechten Genen", erwiderte Nina leise. „Und außerdem hab ich die gleichen Gene." Das ließ ihn verstummen.

„Du hast Recht, Nina", sagte er schließlich. „Ich halt dann besser mal den Mund. Es ist alles sowieso schon schlimm genug. Da muss ich es mit meinem hirnlosen Geschwätz nicht noch schlimmer machen." Dann ging er in die Küche und öffnete den Kühlschrank. Wenig später duftete es nach gebratenen Zwiebeln.

„Es ist nur strammer Max", sagte er entschuldigend, als er die Teller mit Brot, gerösteten Zwiebeln, Schinken und Spiegelei auf den Esstisch stellte. „Kommt jetzt. Ihr müsst etwas essen." Mia öffnete den Mund, um etwas Abwehrendes zu sagen.

„Keine Widerrede", unterbrach sie ihr Vater. „Ihr beide esst jetzt, sonst steht ihr die Geschichte hier nicht durch." Mia hob den Kopf und sah ihren Vater verwundert an. So bestimmt hatte sie ihn noch nie erlebt.

„Da müssen wir ja wohl gehorchen", sagte sie.

„Wenn ihr klug seid", antwortete er und brachte sogar die Andeutung eines Lächelns zustande. „Ich bleib bei euch, bis alles vorüber ist", sagte er. „Ihr braucht jetzt jemanden, der sich um euch kümmert."

„Und Wickermann?", fragte Mia.

„Mach dir um den keine Sorgen. Ich geh in Rente. Hab ich dir das noch nicht erzählt? Und bis dahin hab ich noch genügend Resturlaub und nicht vergütete Überstunden."

Nach dem Essen räumte er die Teller zusammen und stellte sie in die Spüle. Als er Nina wenig später zum Abtrocknen rief, war Mia ihm sehr dankbar. Ihr Vater sorgte dafür, dass das normale Leben weiterging. So normal, wie das Leben nach dem heutigen Tag überhaupt noch weitergehen konnte.

Am nächsten Tag wurde Sid dem Haftrichter vorgeführt. Da er sich schuldig bekannte und die DNA-Analyse in der Zwischenzeit belegt hatte, dass es sein Sperma war, das bei seiner Schwester sichergestellt worden war, erhob der Staatsanwalt Anklage und der Haftrichter bestimmte, ihn in die Justizvollzugsanstalt nach Ulm zu überführen. Bevor er abgeholt wurde, nahm ihn Stefan beiseite.

„Sid, wenn du etwas weißt, womit wir den Öztürk-Brüdern und ihrem Drogenring auf die Schliche kommen können, lass es mich wissen. Ich habe mit dem Staatsanwalt besprochen, dass in diesem Fall für dich die Kronzeugenreglung gilt. Den sexuellen Missbrauch betrifft das natürlich nicht. Dafür wirst du in jedem Fall bestraft. Aber wenn du dich in der Gang der Öztürk-Brüder schuldig gemacht haben solltest und uns Informationen lieferst, mit denen wir sie hinter Gitter bringen können, wirst du für die Dealerei nicht bestraft. Hast du das verstanden?" Sid nickte.

„Ich weiß nichts von einem Drogenring", sagte er müde. „Mehmet und Hamit sind immer gut zu mir gewesen." Dann drehte er sich wortlos um und ging zwischen den beiden uniformierten Kollegen zu dem Transporter mit den vergitterten Fenstern, in dem er zur JVA gebracht werden sollte. Stefan lief hinter ihm her und steckte ihm seine Karte in die Jackentasche.

„Wenn dir etwas einfällt oder du deine Meinung änderst, kannst du mich jederzeit anrufen. Auch aus der JVA!" Sid drehte sich nicht um und ließ mit keiner Regung erkennen, ob er ihn verstanden hatte. Stefan blickte ihm nachdenklich hinterher.

„Ich bin mir sicher, dass der Junge viel mehr weiß, als er uns sagt", meinte er später zu seiner Kollegin Hanna.

„Ich bin ganz deiner Meinung", bestätigte sie ihn. „Vielleicht bringt ihn die U-Haft zur Vernunft."

Hamit verspürte plötzlich Appetit auf Döner und ging in die Grüne-Turmstraße, um sich bei seinem Freund Abdullah eine große Portion Schaffleisch mit Knoblauchsoße zu gönnen. Niemand machte eine so würzige, scharfe Knoblauchsoße wie Abdullah.

„Abdullah, mein Freund, Merhaba", begrüßte er ihn und drückte ihn an seine Brust.

„Merhaba, Hamit. Du kommst selten. Schmeckt dir mein Döner nicht?", fragte Abdullah.

„Wo denkst du hin?", fragte Hamit empört. „Dein Döner ist der beste in Ravensburg. Mach mir eine große Portion mit extra scharfer Knoblauchsoße!"

„Es ist mir eine Ehre, dich zu bewirten, Hamit", antwortete Abdullah. „Natürlich lade ich dich ein!"

„Nein, wo denkst du hin?", lehnte Hamit ab. „Glaubst du, dass ich mir deinen Döner nicht leisten kann?"

„Mein Freund", wandte Abdullah ein, „erweise mir die

Ehre und nimm die Einladung an." Er schnippte mit dem Finger und ein Junge brachte zwei Gläser Çay, süßen heißen Tee.

„Helal olsun", wünschte Abdullah.

„Zu deinem besonderen Wohl", antwortete Hamit. Sie leerten ihre Gläser.

„Ich werde persönlich deinen Döner zubereiten", kündigte Abdullah an und stand auf. „Viel Schaf und extra viel Knoblauchsoße?" Hamit nickte.

„Ich sehe, du hast ein gutes Gedächtnis, Bruder", sagte er.

„Sei mein Gast", erwiderte Abdullah.

„Inschallah", nickte Hamit zufrieden. Er wäre beleidigt gewesen, wenn Abdullah ihn nicht ein drittes Mal gefragt hätte.

Der Döner schmeckte vortrefflich. Danach servierte Abdullah Raki und sie tauschten eine Weile die Neuigkeiten über gemeinsame Bekannte aus. Endlich fragte Hamit:

„Wie geht es deinem Cousin Faruk?"

„Es geht ihm gut. Seine Frau hat ihm drei Söhne geboren und eine Tochter, Allaha schükür!"

„Das freut mich", log Hamit. Es wurde Zeit, das Geschäftliche anzusprechen. „Backt Faruk immer noch Brötchen für das Gefängnis in Ulm?" Abdullah stutzte und tat überrascht.

„Ja, das tut er", antwortete er. „Warum willst du das wissen?"

„Weißt du, es gab eine schlimme Zeit für dich, Abdullah. Jamal, der dreckige Iraker, wollte Geld von dir, das ihm nicht zustand. Erinnerst du dich, wer dir geholfen hat?" Abdullah nickte langsam. Er schien zu verstehen, worauf Hamit hinauswollte.

„Das warst du mit deinem Bruder Mehmet. Ihr habt Jamal überzeugt, zurück in den Irak zu gehen. Ich wünsche ihm ein langes Leben, Inschallah."

„Inschallah", bestätigte Hamit.

„Wie kann dir Faruk behilflich sein?", erkundigte sich Abdullah. Hamit lächelte.

„Ich möchte ihn treffen, in zwei Stunden. Ruf ihn an. Sofort!" Abdullah nickte und fischte sein Handy aus der Hosentasche.

„Faruk", sagte er, „Merhaba, Hamit will dich sprechen. In zwei Stunden ... Bei dir. ... Denk an Jamal ..."

Faruk verstand bemerkenswert rasch, welche Gefahr von Sid ausgehen konnte.

„Weißt du, Hamit", sagte er, „ich versteh deine Sorgen. Der Junge ist ein echtes Risiko. Und nur Tote reden nicht. Willst du, dass wir das Problem so aus der Welt schaffen?"

„Es ist schade um Sid", meinte Hamit, „er ist ein krass netter Kerl. Aber du hast Recht: Nur Tote reden nicht!"

„Ich schätze mich glücklich, dir behilflich sein zu können", sagte Faruk. „Abdullahs Freunde sind auch meine Freunde. Und ich bin mir sicher, dass mir deine Geschäftsbeziehungen auch einmal von Nutzen sein können." Hamit nickte. Faruk würde diesen Gefallen eines Tages von ihm zurückfordern. So funktionierte das System zur Zufriedenheit aller Beteiligten.

„Es wird mir eine Ehre sein", antwortete er, „Inschallah!"

„Allaha ismarladik", sagte Faruk, „auf Wiedersehen." Als Hamit gegangen war, drückte er die Stopptaste seines Diktiergerätes, das er unter dem Schreibtisch versteckt hatte. Er spulte das Band zurück und hörte sich die Aufnahme an. Der Mordauftrag war klar zu verstehen. Faruk nahm das Band aus dem Rekorder und legte es auf den Schreibtisch. Dann öffnete er eine Schublade und holte ein Klebeetikett heraus. Er beschriftete es mit dem heutigen Datum und dem Namen des Auftraggebers und klebte es auf die kleine Kassette. Danach stand er auf und ging zu dem großen Tresor, der demonstrierte, wie viel Geld mit einer Bäckerei zu verdienen war. Er tippte einen Zahlencode, öffnete die Tür und legte die Kassette hinein. Manchmal waren die Leute krass vergesslich, wenn es darum ging, Schulden zu begleichen. Im Bedarfsfall würde diese kleine Aufnahme besser wirken als ein Trupp seiner schlagkräftigsten Männer.

Faruk grinste. Dieser Hamit war gefährlich naiv. Ohne seinen Bruder Mehmet wäre er schon längst aufgeflogen. Die Sache mit den Russen wäre fast schiefgegangen und das hätte auch er zu spüren bekommen. Die Russen bezogen ihre Zigaretten direkt aus Vietnam und bezahlten fast nichts dafür. Mit deren Kampfpreisen hätte er nicht mithalten können. Dass ausgerechnet die Polizei dafür gesorgt hatte, dass er sein Geld weiterhin so leicht verdiente, war für ihn eine Quelle stetigen Vergnügens.

Doch der Junge konnte all das in Gefahr bringen! Er seufzte. Sein Freund Erol hatte sich bei einer Lieferung geschmuggelter Zigaretten erwischen lassen. Natürlich hatte er dicht gehalten und arbeitete während seiner Haft in der Küche der JVA Ulm. Ihm konnte er zu hundert Prozent vertrauen, dass er die Anweisungen, die er ihm zukommen ließ, ausführen würde.

Die genauen Instruktionen für den Mord würde Faruk in einem Brötchen verstecken, das ein ganz bestimmtes Aussehen haben würde, nicht auffällig anders, aber auffällig genug, um Erol den entscheidenden Hinweis zu geben, dass darin eine Botschaft für ihn versteckt war. Faruk kommunizierte gern auf diese Weise, denn er liebte die Spionagethriller von John le Carré.

Er nahm einen Papierstreifen aus der Schublade und schrieb eine Nachricht darauf. Den Streifen steckte er in eine kleine Metallkapsel, welche die Hitze im Ofen problemlos überstehen würde. Dann ging er in die Backstube, in der zu dieser späten Stunde niemand mehr arbeitete und öffnete die Kühlkammer. Hier lagerten die Bleche mit den bereits geformten Brötchen für die JVA, die am folgenden Morgen gebacken werden sollten. Er nahm einen Teigklumpen vom vordersten Blech und schob die Metallkapsel in das Teigstück. Dann markierte er dieses Brötchen mit dem Messer nicht nur einmal, sondern zweimal. Die beiden Schnitte würden auch nach dem Backen sichtbar bleiben.

Erol war in der Gefängnisküche für den Empfang der morgendlichen Lieferung aus der Bäckerei zuständig und würde das markierte Brötchen aussortieren. Er ließ ihm die Botschaften nur Samstags zukommen und so war Erol an Samstagen immer besonders aufmerksam.

Lächelnd legte Faruk das Teigstück auf das vorderste Blech. Er würde persönlich dafür sorgen, dass dieses Blech am nächsten Morgen als erstes ganz oben in den Tablettwagen geschoben würde. Auch wenn er kein Spion war, sondern nur ein durch seine Bäckerei getarnter Schmuggler, fühlte er sich bei solchen Aktionen wie ein Geheimagent in eigener Sache, und dieses Gefühl liebte er. Er hätte Erol natürlich auch einfach anrufen können. Doch wo blieb da der Spaß?

Knast

Nina hatte kaum geschlafen. Sie wusste, dass es richtig gewesen war, Sid anzuzeigen. Er musste unter allen Umständen gestoppt werden. Doch was würde geschehen, wenn er aus dem Gefängnis entlassen wurde? Würde er nicht gleich wieder zu Mehmet und Hamit laufen, um da weiterzumachen, wo er aufgehört hatte?

Sie hatte sich im Bett hin und her gewälzt, um die richtige Entscheidung zu treffen. Schließlich war ihr klar geworden, dass sie dem Kommissar auch den Rest erzählen musste.

Beim Frühstück war sie einsilbig gewesen und ihre Mutter und ihr Opa hatten sie in Ruhe gelassen.

„Es ist noch nicht alles gesagt", sagte sie schließlich leise.

„Hat Sid noch mehr angestellt?", fragte Mia verzweifelt. „Noch mehr, Nina? Warum weißt du das und ich nicht?" Nina schaute zu Boden.

„Lass sie in Ruhe, Mia", mischte sich ihr Opa ein. „Wem musst du das sagen, Nina?", fragte er.

„Dem Kommissar", sagte Nina so leise, als ob das die Brisanz ihrer Worte verringern würde. Mia raufte sich die Haare.

„Was hat Sid sonst noch angestellt? Nina, sprich mit mir, bitte!"

„Er hat Drogen vertickt", antwortete Nina leise. „Ich hab dafür Beweise." Mia riss die Augen auf.

„Drogen ...", flüsterte sie. „Woher hat er die?"

„Das sag ich dem Kommissar", antwortete Nina. „Das musst du nicht wissen."

„Dann kommt er noch viel länger ins Gefängnis", rief Mia. „Willst du das?" Die Worte waren ihr so schnell herausgerutscht, dass sie keine Zeit gehabt hatte, darüber nachzudenken. Nina schaute sie erschrocken an. Das brachte Mia zu sich. „Schatz, verzeih mir", flüsterte Mia. „Das war eine saublöde Bemerkung."

„Er macht genau da weiter, wo er aufgehört hat", rief Nina verzweifelt. „Kapiert ihr das nicht? Er ist da in was reingeraten und da kommt er alleine nicht mehr raus. Das hier ist die einzige Chance für ihn, die Gang hinter sich zu lassen! Sonst hätte ich ihn nie verraten!" Ihr Großvater blickte sie erstaunt an.

„Deswegen hast du ihn verraten?", fragte er schließlich. „Nicht wegen dir? Nicht, weil er dich verletzt und missbraucht hat?"

„Ich hab geglaubt, dass er irgendwann damit aufhört, dass er mich nicht mehr braucht, wenn er eine Freundin hat", antwortete sie leise, „aber leider wurde alles immer nur noch schlimmer." Sie schaute ihre Mutter und ihren Großvater hilflos an. „Hab ich etwas falsch gemacht?"

„Ich weiß nicht, Nina", sagte Mia langsam. „Ich weiß nur, dass ich mir gewünscht hätte, dass nichts von all dem passiert wäre. Du hättest mich ins Vertrauen ziehen können!"

„Nein", rief sie verzweifelt, „das konnte ich nicht! Dann wäre alles kaputtgegangen! Unsere Familie, unser Zuhause, das hätten wir nicht geschafft. Ich hatte Angst, dass das Jugendamt mich und Sid dann von dir wegnimmt. Das wollte ich nicht! Nicht für mich, nicht für Sid und nicht für dich."

„Das Jugendamt?", fragte ihr Großvater erstaunt. „Hattet ihr Besuch vom Jugendamt? Davon weiß ich ja gar nichts."

„Einmal war eine Mitarbeiterin da, hat aber nichts auszusetzen gehabt", antwortete Mia schuldbewusst. „Aber schon vorher hatte ich immer Angst, dass mir die Kinder weggenommen werden. Und sicher habe ich darüber gesprochen." Nina nickte.

„Dann hast du dich geopfert, Nina?", fragte ihr Großvater.

„Geopfert! Das ist ein großes Wort", rief das Mädchen. „Ich habe nichts gesagt, damit alles so bleiben konnte wie es war."

„Aber, so wie es war, war es doch nicht gut", stellte der Großvater fest.

„Nein, es war nicht gut, aber ich hatte Angst, dass es noch viel schlechter wird, wenn ich Sid verrate."

„Oh, Gott", flüsterte Mia entsetzt. „Du hast genau das getan, was ich auch gemacht habe. Ich hab es dir vorgelebt und du hast meinen Fehler wiederholt. Es ist alles meine Schuld!" Sie verbarg ihr Gesicht in den Händen. Ihr Vater funkelte sie wütend an.

„Dein Selbstmitleid ist genau das, was hier jetzt keiner brauchen kann", rief er. „Du hast getan, was du getan hast, ja, und deine Tochter hat von dir gelernt, wie man Katastrophen bewältigt: Man kehrt sie solange unter den Teppich, bis die Bombe explodiert! Und genau das hast du von deiner Mutter und mir gelernt! Wenn ich jetzt auch noch rumheule, hat Nina niemanden mehr. Kapierst du das?"

Er setzte sich aufrecht hin und straffte die Schultern. „Es nützt nichts, wenn wir uns ans Kreuz nageln", fuhr er ruhi-

307

ger fort. „Wir müssen etwas anders machen, grundsätzlich anders! Und deshalb fahr ich jetzt mit Nina nach Ravensburg zur Polizei." Mia nahm die Hände vom Gesicht und stand auf.

„Du hast Recht", sagte sie und jetzt klang ihre Stimme wieder fest. „Wir müssen etwas anders machen! Das hat mir der Kommissar auch schon gesagt. Ich fahre mit, Nina."

Als das Telefon auf seinem Schreibtisch summte, wusste Faruk, dass es wichtig sein musste. Nur wenige hatten seine private Telefonnummer. Erol meldete sich.

„Merhaba", begrüßte er ihn und seine Stimme klang ärgerlich. „Warum rufst du mich nicht an, wenn du was von mir willst? Die Nummer mit den Brötchen kann krass in die Hose gehen! Du hast ganz konkret zu viele Thriller geglotzt."

„Merhaba", antwortete Faruk amüsiert. „Aber die Brötchen machen mehr Spaß."

„Weißt du, Faruk, du spinnst. Was machst du, wenn ich grad beim Scheißen bin und jemand anderes das Brötchen nimmt? Wenn der mich nicht verpfeift, kann der mich erpressen und dann hab ich hier nichts mehr zu lachen! Außerdem kriegst auch du dann Ärger."

„Okay, okay", beschwichtigte Faruk. „Du hast ja Recht. Ich mach's nicht mehr, versprochen. Lass uns zum Geschäft kommen. Ist der Junge schon da?"

„Soviel ich weiß, ist heute noch kein Frischfleisch eingetroffen", antwortete Erol. „Aber so einfach, wie du dir das vorstellst, ist das nicht. Der Junge kommt in U-Haft und hat, außer beim Essen, keinen direkten Kontakt zu uns. So leicht komm ich an den nicht heran."

„Erol", mahnte Faruk, „lass dir besser was einfallen. Der Junge ist Dynamit. Wenn der auspackt, gehen wir alle hoch! Nicht nur hier, sondern auch in der Türkei, verstehst du?"

„Krasser Scheiß", antwortete Erol. „Ich überleg mir was. Weißt du, ich kenn den Putzmann von der U-Haft. Wenn jemand was checkt, dann Ahmed. Ich treff den beim Essen und ruf dich danach wieder an." Es klickte und die Verbindung war unterbrochen. Faruk tippte eine Nummer.

„Merhaba, Hamit", begrüßte er ihn. „Erol kümmert sich um die Angelegenheit. Heute Abend weiß ich mehr."

„Inschallah", antwortete Hamit, „Allah segne dein Backwerk."

Die beiden Polizisten ließen Sid in den Transporter mit den vergitterten Fenstern steigen. Der hintere Teil mit den Sitzbänken war durch Sicherheitsglas von der Fahrerkabine abgetrennt. Sie wiesen ihm einen Platz zu und nachdem er sich angeschnallt hatte, legten sie ihm Handschellen an. Einer der beiden setzte sich neben ihn, der andere verschloss die Tür, stieg vorne ein und schwang sich hinters Steuer.

„Genieß die Fahrt", riet ihm der Uniformierte. „Das nächste Mal fährscht du die Strecke, wenn dein Prozess beginnt. Und des kann dauern!" Sid schwieg. Was sollte er auch dazu sagen?

Das Gefängnis lag in der Nähe eines kleinen Dorfes. Sid konnte Teile einer hohen Mauer sehen und als ob das nicht schon genügte, ragten von der Mauerkrone Stahlträger schräg nach innen, an denen gewundener Stacheldraht befestigt war. Dort kam niemand rein, der nicht reinkommen sollte, und es kam auch niemand heraus.

Sie bogen in eine schmale Straße ab und hielten wenig

später vor einem flachen Gebäude mit einem großen Tor. Dort parkte der Fahrer den Wagen, stieg aus und trat an eine Glaswand, in die ein Lautsprecher eingelassen war.

„Grüß Gott, Maria", sagte er. „I bring 'nen jungen Kerl aus Ravensburg."

„I woiß, Günter", antwortete die Frau hinter der Panzerglasscheibe. „Fahr nei. I lass ihn abhole."

„Dank dir, Maria", antwortete der Polizist und ging zurück zum Auto. Eine rote Lampe begann zu blinken und langsam schob sich das Tor zur Seite. Gleichzeitig ertönte ein nervtötend schriller Ton. Der Transporter fuhr hinein, das Tor schloss sich hinter ihnen und das Warnsignal verstummte. Der Fahrer hielt vor einem zweiten großen Tor und stellte den Motor ab.

Zwei uniformierte Männer, auf deren Uniformjacken das Wort „Justiz" geschrieben stand, betraten die Schleuse. Als sie die Tür aufschlossen hatten, ertönte wieder das nervtötende Piepen, das erst verstummte, als sie die Tür wieder abgeschlossen hatten. Der Bereich war also nicht nur durch Überwachungskameras, sondern auch durch akustische Signale gesichert.

Der Polizist, der den Transporter gefahren hatte, stieg aus, begrüßte die beiden Männer und reichte ihnen eine Mappe mit Papieren.

„Sidney David Ritter", hörte Sid den einen sagen. „Der Kerl isch no so jung und braucht scho Sicherheitsverwahrung."

„Sicherheitsverwahrung?", fragte der Polizist. „I denk' der Bub soll in U-Haft?"

„Der Staatsanwalt het ang'rufe und des ang'ordnet", erklärte der Justizvollzugsbeamte. „Er het g'meint, dass wir ihn schütze sollte, weil er sei kloine Schweschter missbraucht het. Des mag hier niemand. Du woisch, was da passiere ka."

„Isch des wirklich besser für den Bub?", fragte der Polizist, immer noch nicht wirklich überzeugt. „Da isch er mit dene erwachsene Männer z'samme. Wär er nicht besser bei den Jugendlichen aufg'hobe?"

„Woisch", erklärte der Justizvollzugsbeamte, „die Sexualstraftäter machet sich gegenseitig nix. Da wär der Kerl sicher. Der landet mit dem, was er g'tan het, ganz unten in dere Hierarchie. I hät Sorg, was die anderen mit ihm mache, wenn die schnallet, was der verbroche het. Und der Staatsanwalt sieht des au so."

„Er kommt in die Zelle neben Gerard, unserem Dauergast. Der steht nur auf kloine Bube", mischte sich sein Kollege ein. „Da kann der Kerl ebbes lerne. Wenn er so weitertut, dann sieht sei Lebe aus wie das vom Gerard."

„Wenn der Staatsanwalt des ang'ordnet het, dann müsset ihr des mache", bestätigte der Polizist. „Wo soll i ihn rauslasse?"

„Fahr dort na", sagte sein Kollege und deutete durch die große Glasscheibe im Tor quer über den Hof. „Do könnet wir ihn unterirdisch in sei Zelle bringe. Je weniger davon wisset, dass er hier isch, umso besser."

„Alles klar", antwortete der Polizist, stieg ins Auto und startete den Motor. Die beiden Justizvollzugsbeamten verließen die Schleuse und schlossen die Tür hinter sich wieder ab und erst danach begann eine Lampe oberhalb des Tors zu blinken. Unter ohrenbetäubendem Schrillen glitt es zur Seite und gab den Weg frei.

Der Polizeibus fuhr über den Hof und hielt vor einem hohen Gebäude mit vergitterten Fenstern. Der Fahrer stieg aus und öffnete die Tür des Transporters. Der Polizist, der die ganze Zeit über neben Sid gesessen hatte, löste seinen Gurt, half ihm beim Aufstehen und ließ ihn aussteigen.

„Machs gut, Kerle", sagte er. „Lern was draus." Sid nickte schweigend.

„Dann komm mal mit uns", meinte der Justizvollzugsbeamte. Die beiden nahmen ihn in die Mitte und führten ihn zu einer Tür.

Keiner beachtete den jungen Türken, der mit einer kleinen Kehrmaschine das Laub von den Wegen fegte, denn das gehörte zu den Aufgaben eines Putzmanns. Ahmed hatte genug gesehen. Sein Kumpel Erol würde zufrieden sein. Der Junge war im Haus.

„I bin der Kalle Meier", stellte sich der eine Beamte vor und reichte Sid die Hand. „I überwach den Stock, in dem du untergebracht wirsch." Er nahm das Schlüsselbund mit drei großen und verschiedenen kleinen Schlüsseln von seinem Gürtel, steckte einen der großen Schlüssel in das Türschloss, drehte einmal, schob die Klinke nach oben, drehte weiter und erst dann ließ sich die Klinke nach unten schieben, um die Tür zu öffnen.

„Wenn du in deiner Zelle bisch, geb i dir ein Blatt mit den Hausregeln. Es isch mir völlig wurscht, ob du die Regeln verstehsch oder ob du sie einsiehsch. Du befolgsch sie und dann hasch du ein angenehmes Leben. Machsch du des it, gibt's hier ne Menge Ärger. Hasch du des verstande?" Sid nickte und der Beamte wies auf einen Gang, der nur durch künstliches Licht erhellt war.

„Da geht's lang", erklärte er, „unterirdisch. Es muss nicht jeder wisse, dass du hier bisch. Wer sich an kloine Mädle vergreift, het's hier it leicht. Deshalb bist du in einem Trakt, zu dem die anderen Knackis koinen Zutritt habet. Des is nur zu doinem Schutz, damit dir nichts passiert." Er schob Sid zu einem Aufzug.

„Du kommsch allein klar?", fragte der andere Beamte seinen Kollegen.

„I glaub scho, Erich." Er sah Sid an. „I kann mi doch auf di verlasse?" Sid nickte beklommen. Der andere Beamte hob zum Abschied die Hand und ging durch den Gang zurück. Kalle Meier öffnete mit einem Schlüssel die Aufzugtür, und führte den Jungen hinein. Dann steckte er den Schlüssel in ein neues Schloss, drehte ihn um und der Aufzug setzte sich in Bewegung. Als sich die Tür wieder öffnete, stand dort ein dicklicher Mann, der Sid erfreut und hungrig anlächelte.

„Mach Platz, Gerard", forderte Kalle Meier ihn auf und der Mann trat provozierend langsam einen Schritt beiseite.

„Oh, da kriegen wir aber einen hübschen Jungen", sagte er und musterte ihn ungeniert. Sid gefror das Blut in den Adern.

„Schleich di, Gerard", meinte ein Beamter in Uniform bestimmt, der hinter dem Gefangenen auftauchte und ihn beiseite schob. Sid trat aus dem Aufzug und der Beamte schüttelte ihm die Hand.

„I bin der Hermann Weber und verantwortlich für doinen Trakt, wenn der Kalle hier koi Schicht hat", erklärte er. „Wenn du mittusch, kriegen wir beide koin Ärger." Sid schaute verlegen zu Boden. „Warum hat er Sicherheitsverwahrung, Kalle?", fragte Hermann Weber. „Paragraph 31, 176 oder 177?"

„176, sexueller Missbrauch und 177, sexuelle Nötigung", erwiderte Kalle Meier, „kein Kronzeuge im Sinne von Paragraph 31. Eigentlich sollt er ins Jugendg'fängnis nach Stuegart, doch der Mangold braucht ihn hier für den Prozess. Mer müsset gut auf den Kerl aufpasse."

„Geht klar, Hermann. Und du verziehsch di, Gerard. Lass den Bub in Ruh, sonsch derfscht du in der Arrestzell g'mütlich über di nachdenke." Der teigige Mann schüttelte empört den Kopf.

„Ich werd doch so einem süßen Jungen nichts Böses tun", säuselte er süffisant. „Sie müssen sich keine Sorgen machen, der ist mir sowieso viel zu alt." Er lachte schallend. Kalle Meier hob drohend die Augenbrauen und Gerard trollte sich in.

Als sich Sid wenig später auf das Bett in seiner Zelle setzte, fühlte er sich wie ausgeschaltet. Hermann Weber hatte die Tür hinter ihm abgeschlossen. Es schauderte ihn immer noch, wenn er an das klingelnde Geräusch der Schlüssel dachte.

Die Zelle war klein, keine zehn Quadratmeter groß. Sie enthielt nur das Notwendigste: An der Wand das schmale Bett, darüber ein leeres Bücherregal, gegenüber ein kleiner Tisch mit einem Stuhl, einem schmalen Schrank und in der Ecke eine Tür, die zur Toilette führte. Der Boden war in Giftgrün gestrichen, das Fenster vergittert. Er war eingesperrt worden und er wusste, dass er es verdiente.

Ahmed setzte sich beim Mittagessen neben Erol.

„Der Junge ist da", berichtete er, „aber er ist nicht in U-Haft. Sie haben ihn in Block B gebracht."

„Krasser Scheiß", murmelte Erol entsetzt. „Das heißt, dass der Junge ausgepackt hat. Dort sitzen die Gefangenen mit Paragraph 31!"

„Paragraph 31?", fragte Ahmed. „Was ist das?"

„Kronzeugenregelung bei Drogengeschichten, du Idiot", fauchte Erol.

„Aber da sind doch auch die Vergewaltiger", wandte Ahmed ein.

„Na klar", höhnte Erol. „Das passt zu dem Kleinen. Der nutzt sein Teil doch nur zum Pinkeln! Ich muss Faruk anrufen. Sofort!" Er sprang auf, nahm sein Tablett und stellte es in den dafür vorgesehen Wagen.

„Keinen Hunger heute, Erol?", fragte die Küchenhilfe freundlich.

„Ne, heute schmeckt's mir nicht", antwortete er und versuchte, ruhig zu klingen. Jetzt durfte er keine Aufmerksamkeit auf sich ziehen. Er lief die Stufen hoch zum Aufenthaltsraum, in dem sich die Telefone befanden, und wählte eine der Nummern, die ihm bewilligt worden waren.

„Merhaba, Faruk", sagte er. „Der Kleine macht auf Paragraph 31. Er ist in Sicherheitsverwahrung. Keine Ahnung, wie ich an den rankomme." Am anderen Ende blieb es still.

„Faruk, hörst du mich?", fragte Erol.

„Was denkst du", antwortete dieser. „Das sind schlechte Nachrichten. Lass dir was einfallen, Erol, und das möglichst schnell." Es klickte und die Verbindung war unterbrochen. Erol zündete sich eine Zigarette an und sog den Rauch gierig in die Lungen. Dann kam ihm die rettende Idee. Er konnte nur hoffen, dass der Junge heute Abend duschen wollte.

Faruk wälzte sich aus seinem Sessel, ging zu einem verspiegelten Schrank und nahm eine Flasche mit bernsteinfarbener Flüssigkeit heraus. Er griff sich ein bauchiges Glas vom Regal und schenkte sich ein. Eigentlich trank er nie vor dem

Abend, doch jetzt brauchte er etwas für die Nerven. Dann tippte er Hamits Nummer in sein Handy.

„Merhaba", sagte er. „Der Junge ist in Sicherheitsverwahrung. Das bedeutet, dass er gesungen hat. Wir handeln heute Abend und wir nehmen keine Rücksicht." Hamit sog die Luft durch die Zähne.

„Krasser Scheiß", fasste er die Lage zusammen. „Bevor ihr ihn umbringt, müssen wir wissen, was er den Bullen verraten hat. Hörst du, ihr dürft ihn nicht gleich erledigen! Wir müssen wissen, womit wir zu rechnen haben."

„Wir sind keine Anfänger, Hamit", gab Faruk kalt zurück, „und wenn hier jemand einen Fehler gemacht hat, dann ist es einer von euch. Der Kleine ist kein Türke! Er wird zu den Deutschen halten, wenn es eng wird."

„Er hat viele Jahre gut für uns gearbeitet", verteidigte sich Hamit.

„Dilettant", zischte Faruk. „Du wirst nicht lange leben, du bist viel zu naiv. Loyalität ist alles! Dein kleiner Bruder wäre die bessere Wahl gewesen."

„Du hast ja Recht, doch meine Mutter ..." Weiter kam er nicht.

„Korkak!", höhnte Faruk. „Feigling! Hat deine Mutter mehr Eier als du?" Er unterbrach das Gespräch. Die Chefposten der Organisation würden neu besetzt werden müssen. Er goss sich noch ein Glas Whiskey ein und leerte auch dieses Glas in einem Zug. Dann nahm er sein Notizbuch und blätterte im Adressverzeichnis. Schließlich entschied er sich für eine Nummer.

„Merhaba", sagte er, „ihtiyacımız var. Wir brauchen deine Hilfe!"

Als Putzmann konnte sich Ahmed auf den Gängen der JVA relativ frei bewegen, da er nicht nur für den Teil des Gefängnisses zuständig war, in dem die Untersuchungshäftlinge einsaßen, sondern auch für Teile der Außenanlagen und für die angrenzenden Treppenhäuser.

In einem der Treppenhäuser hatte er Yusuf kennengelernt, den türkischen Putzmann aus der Sicherheitsverwahrung. Dieser saß wegen Vergewaltigung, wobei Ahmed fand, dass man in Yusufs Fall nicht wirklich von Vergewaltigung sprechen konnte, weil ihn dessen Ehefrau angezeigt hatte. Ahmed konnte nicht verstehen, dass ein Mann für etwas bestraft wurde, was doch sein gutes Recht war. Wozu heiratete man, wenn man von seiner Frau keinen Sex bekam?

„Weißt du, plötzlich wollte sie mich nicht mehr", hatte Yusuf geklagt. „Sie will ihre Ruhe, holt die Polizei und dann: Gefängnis. Weißt du, komische Gesetze in Deutschland. In der Türkei dürfte ich sie schlagen, wenn sie rumzickt, verstehst du? Aber hier haben Männer nichts zu sagen." Ahmed hatte gelacht.

„Dann lass dich scheiden, Alter", hatte er ihm geraten. „Besorg dir eine, die dich öfter ranlässt." Entsetzt hatte Yusuf den Kopf geschüttelt.

„Wo denkst du hin? Ich werde meine Aische nicht verlassen. Sie bringt mir jede Woche Baklava und Imam bayildi." Ahmed hatte den Kopf geschüttelt und gemurmelt:

„Ist schon gut, Alter."

Da Yusuf sich gut führte und eine gute Prognose hatte, bekam er den begehrten Putzjob. Und damit wurde er zum unverzichtbaren Bestandteil von Ahmeds Plan.

Die Räume, in denen die Putzmänner ihr Putzgerät aufbewahrten, lagen in der JVA immer auf dem Flur zwischen zwei Abteilungen. Das betraf auch den Putzmittelraum der Sicherheitsverwahrung und diese Tatsache hatte Ahmed als eine der Schwachstellen im System identifiziert, die er sich zu Nutze machen würde.

Die zweite Schwachstelle, die er ausnützen konnte, waren die Mahlzeiten. Etwa zehn Minuten vor dem Essen wurden die Türen aller Abteilungen geöffnet, weil die Gefangenen nur so pünktlich den Speiseraum erreichen konnten. Nach den Mahlzeiten blieben die Türen weitere fünfzehn Minuten geöffnet, damit die Insassen ohne großen Zeitverlust vom Speiseraum entweder zurück in ihre Zellen oder an ihre Arbeitsplätze gelangten.

Natürlich gab es Kameras auf den Gängen und auf jedem Treppenabsatz standen Wachen, doch wenn sich genügend Männer auf dem Gang vor dem Putzmittelraum befinden würden, fiele es nicht auf, wenn sie den Junge dort hinein bugsierten.

Da jeder Putzmann und damit auch Yusuf einen eigenen Schlüssel für den Putzmittelraum hatte, konnten sie den Jungen dort ungestört befragen. Jetzt musste es ihm nur gelingen, den kleinen Türken zur Kooperation zu bewegen.

Er traf Yusuf wie jeden Tag während des Hofgangs, fasste ihn am Arm und führte ihn in eine Ecke. Dort stellte er sich vor ihn, sodass Yusuf nicht so ohne weiteres weggehen konnte. Dieser schaute ihn erschrocken an.

„Was ist los, Alter?"

„Wir müssen uns mal ungestört mit dem Jungen unterhalten, den ihr heute neu gekriegt habt", sagte Ahmed und seine Stimme ließ erkennen, dass er nicht vorhatte, mit Yusuf darüber zu diskutieren. „Ich brauch deinen Schlüssel zum Putzmittelraum und dann will ich, dass du den Jungen kurz vor dem Abendessen in den Gang bringst, wo wir ihn übernehmen werden."

„Bist du verrückt?", rief Yusuf entsetzt. „Ich hab nur noch zwei Monate, dann komm ich raus, verstehst du? Mit so einem Scheiß will ich nichts zu tun haben!"

„Halt die Fresse, Alter", knurrte Ahmed. „Du bringst den Jungen nur bis zum Gang. Den Rest übernehmen wir. Den Schlüssel will ich allerdings jetzt schon von dir. "

„Bis zum Gang? Spinnst du? Da gibt es Kameras", jammerte Yusuf. „Außerdem kriegt er sein Essen in der Zelle!"

„Na und?", fragte Ahmed. „Wenn die Türen aufgeschlossen werden, bringst du ihn dazu, dass er duschen will. Verstehst du? Du lockst ihn aus der Zelle und zeigst ihm den Duschraum. Vergiss das Handtuch nicht, damit es echt aussieht. In dem Gedränge draußen fällt es gar nicht auf, dass ihn ein paar von meinen Jungs übernehmen. Du sorgst dafür, dass das klappt, sonst ..." Er griff Yusuf in den Schritt. „Sonst wird dich deine Aische nie wieder anzeigen müssen, verstehst du?" Yusuf war erstarrt.

„Klar, geht klar. Lass los, bitte!", wimmerte er. Ahmed ließ ihn los und stieß ihn von sich.

„Natürlich, Yusuf, wir sind doch Kumpel", sagte er freundlich und streckte die Hand aus: „Den Schlüssel, Yusuf!" Der kleine Mann griff in seine Hosentasche und reichte ihm den Schlüssel, der blitzschnell in Ahmeds Jackentasche verschwand. Er trat zur Seite.

„Grüß Aische von mir, wenn du sie das nächste Mal siehst," sagte er, drehte sich um und ging. Yusuf sah ihm nach.

„Scheiße", sagte er leise. „Hoffentlich geht das gut!"

Ninas Wissen

Nina sprach auf dem Weg ins Polizeirevier kein Wort und ihre Mutter und ihr Großvater ließen sie in Ruhe. Sie parkten im Parkhaus neben dem Revier, Nina öffnete die Tür und stieg aus.

„Ich geh dann mal", sagte sie.

„Ich lass dich sicher nicht alleine", sagte ihr Großvater und stieg ebenfalls aus. „Wenn der Scheißkerl von deinem Vater schon nicht da ist, um dich zu beschützen, werd ich das jetzt tun!" Er ging um das Auto herum und legte einen Arm um sie. Nina drückte dankbar seine Hand.

„Bitte, Nina, ich möchte auch dabei sein, wenn du dem Kommissar sagst, was du ihm sagen musst", bat Mia, die inzwischen auch ausgestiegen war. Nina schüttelte vehement den Kopf.

„Nein, Mama, lass mal. Ich will nicht, dass du dich noch mehr aufregst!"

„Meinst du nicht, wir hätten ein bisschen mehr Offenheit verdient?", fragte der Großvater. „Die Heimlichkeit hat niemandem hier genützt. Dir nicht, deiner Mutter nicht und auch nicht deinem Bruder." Nina biss sich auf die Unterlippe.

„Dass du bisher alles für dich behalten hast, verstehe ich", sagte Mia. „Aber jetzt ist es Zeit, es anders zu machen. Findest du nicht?"

„Also gut", willigte Nina ein. „Dann kommt ihr eben mit."

Die Polizistin, die hinter dem Tresen in der Wache saß, schien sie bereits zu erwarten.

„Nina Ritter?", fragte sie.

„Ja, das bin ich", antwortete Nina, „und das sind meine Mutter und mein Großvater. Ich möchte, dass sie dabei sind, wenn ich mit Kommissar Mangold spreche."

„Das ist dein gutes Recht, Nina", antwortete die Frau freundlich. „Ich bring euch hoch."

Stefan war angespannt. Er fühlte sich enorm unter Druck. Wie ein eingesperrter Tiger lief er im Aufenthaltsraum hin und her, bis Hanna ihm einen Becher Tee in die Hand drückte.

„Gib Ruh, Stefan", sagte sie freundlich aber bestimmt. „Und sei vorsichtig mit Nina. Sie sagt dir, was sie dir sagen will. Mach ja keinen Druck!"

„Natürlich nicht", antwortete er beleidigt. „Was hältst du von mir? Ich hoffe nur, dass wir endlich Anhaltspunkte dafür kriegen, womit die Öztürk-Brüder wirklich ihr Geld verdienen. Mir geht dieser Drogenhandel so auf den Sack!"

Hanna lächelte.

„Und mir auf die Eierstöcke", bestätigte sie. „Jetzt trink deinen Tee und beruhige dich. Je ruhiger du wirkst, umso mehr wirst du erfahren." Er atmete tief durch.

„Du hast ja Recht", sagte er. „Aber ich bring es jetzt nicht fertig, mich hinzusetzen." Hannas Diensthandy klingelte.

„Danke", sagte sie. „In der Sicherheitsverwahrung? Warum ist er nicht in U-Haft? ... Anordnung vom Staatsanwalt? Heute Morgen? Also gut, dann passt gut auf ihn auf." Sie unterbrach die Verbindung.

„Das war Hermann Weber aus dem Gefängnis", berichtete sie. „Sid ist in der JVA angekommen. Wusstest du, dass er bei den Sexualstraftätern in der Sicherheitsheitsverwahrung untergebracht ist?"

„Der Staatsanwalt hat darauf bestanden", erklärte er. „Und falls Sid doch noch auspackt, dann ist er gleich im richtigen Trakt. Das Jugendgefängnis in Stuttgart wäre viel besser für ihn, doch solange wir den Jungen in Ravensburg brauchen, muss er dort bleiben." Die Kollegin von der Wache betrat den Aufenthaltsraum.

„Familie Ritter erwartet dich", sagte sie.

„Danke, Nadine. Ich komme", antwortete er. Hanna trat zu ihm und legte ihm die Hand auf die Schulter.

„Ich wünsch dir alles Gute, Stefan."

„Wie geht es dir, Nina?", fragte Stefan. Er hatte die drei in das gemütliche Zimmer bringen lassen. Sie hatten sich auf das Sofa gesetzt und Nina in die Mitte genommen. Die Sitzordnung zeigte ihm, dass er seine Worte mit Bedacht wählen musste, sonst würden ihre Beschützer einschreiten.

„Es geht mir nicht gut", antwortete das Mädchen. „Ich habe fast die ganze Nacht nachgedacht und jetzt weiß ich, was ich tun muss."

„Was musst du tun?"

„Ich muss Ihnen noch den Rest der Geschichte erzählen, sonst geht mein Bruder vor die Hunde! Auch wenn das heißt, dass er eine längere Strafe bekommen wird." Stefan lehnte sich zurück.

„Ich kann mir vorstellen, dass dies keine leichte Entscheidung für dich gewesen ist", sagte er. Sie nickte.

„Es war eine sehr schwere Entscheidung, doch mir bleibt keine andere Wahl." Und dann erzählte sie, wie sich ihr Bruder David durch den Einfluss von Hamit und Mehmet langsam in einen Menschen verwandelt hatte, der immer rücksichtsloser geworden war, bis er schließlich von ihr sogar verlangt hatte, ihn sexuell zu befriedigen.

„Meinen Bruder David liebe ich über alles", sagte sie mit Tränen in den Augen. „Ich kann nicht zulassen, dass diese beiden Männer einen Verbrecher aus ihm machen, einen Sid Vicious, Sid, den Bösartigen, Gemeinen!"

„Moment", wandte Mia ein, „das ist doch nur ein Künstlername. Jake und ich haben unseren Sohn nach ihm genannt, weil er so ein genialer, kreativer Freigeist war."

„Ja, das habt ihr", bestätigte der Großvater, „doch leider hat Sidney das wohl falsch verstanden. Für ihn war der Name Programm."

„Dein Bruder hat sich früher David genannt", lenkte Stefan das Gespräch wieder auf das eigentliche Thema zurück.

„Ja, und da war er ganz anders. Er hat sich um mich gekümmert, nicht, weil er musste, sondern weil er mich wirklich gernhatte. Genauso gern, wie ich ihn hatte."

„Wann hat sich das verändert?", fragte er.

„Das ging ganz langsam", sagte Nina. „So langsam, dass ich es fast nicht gemerkt hätte."

„Wir haben geglaubt, es sei die Pubertät", meinte der Großvater. „Da sind Jungs doch so, oder?"

„Wie war er denn?", fragte Stefan.

„Er wollte plötzlich nicht mehr Gitarre spielen, sondern Boxen, und er hat nicht mehr auf seine Mutter gehört. Ich

konnte das leider auch nicht beeinflussen", sagte der Großvater bedauernd. „Dazu wohne ich zu weit weg."

„Ich hab mit ihm geredet und gesagt, dass es mir nicht gefällt, wie er seine Schwester herumkommandiert. Er schien
das einzusehen", sagte Mia, aber Nina schüttelte den Kopf.

„Das hat er nur gesagt, damit du Ruhe gibst, Mama. Er
hat dich seit Jahren belogen." Mia öffnete den Mund, um
etwas zu ihrer Verteidigung zu sagen.

„Woran hast du das gemerkt, Nina", unterbrach Stefan,
um eine Diskussion zwischen Mutter und Tochter zu verhindern.

„Ich kenne ihn. Mir kann er nichts vormachen. Ich habe
ihm nie geglaubt, dass er freiwillig Müll sammelt", sagte
Nina. „Dazu war er viel zu faul. Als er dann noch anfing,
Holz zu hacken, wurde ich richtig misstrauisch." Und dann
erzählte sie, dass sie sich mit Isabell verabredet hatte und
wie sie gemeinsam das Versteck im Schuppen entdeckt hatten.

„Ihr habt was gemacht?", fragte Mia entgeistert.

„Wir haben den Schuppen durchsucht und dort Geld gefunden", wiederholte Nina. „Wahrscheinlich liegt es immer
noch dort: ungefähr 3630,- €!" Mia blieb der Mund offenstehen.

„So viel Geld?", wiederholte sie entsetzt. „Und Isabell hat
dir geholfen! Sie ist wie ihre Mutter."

„Zum Glück", antwortete Nina. „Mit dem Müllsammeln
konnte Sid gar nicht so viel Geld verdienen. Da wussten wir,
dass er das nur vorgeschoben hat, um zu verschleiern, wie er
in Wirklichkeit an sein Geld kommt."

„Was habt ihr mit dem Geld gemacht?", brachte sich Stefan wieder in Erinnerung.

„Wir haben es zurückgelegt, denn die Kohle war ja noch kein richtiger Beweis."

„Dann müsste es dort noch liegen. Wo befindet sich das Versteck?", fragte Stefan.

„Im Schuppen hinter dem Haus. An der hinteren Wand liegt ein Stapel alter Bretter. Unter dem breitesten Brett befindet sich ein alter Schuhkarton, verpackt in eine Plastiktüte", berichtete Nina. Stefan nahm sein Diensthandy und tippte eine Nummer.

„Andi, fahr sofort mit der Spurensicherung nach Borkenweiler." Er gab Ninas Beschreibung durch. Dann sah er sie auffordernd an.

„Und wie ging es weiter?" Nina erzählte, wie sie Sid beschattet hatten, wie sie mehrere Drogendeals beobachtet und schließlich gesehen hatten, wie ihr Bruder einen jungen Mann mit dem Messer bedrohte. Als sie erzählte, dass Isabell bei Sids Kunden selbst Drogen erstanden hatte, raufte sich Stefan die Haare. Diese Kinder hatten viel zu viele Krimis gesehen und verwechselten das, was sie auf der Mattscheibe sahen, tatsächlich mit der Wirklichkeit! Mia sprach aus, was er dachte.

„Seid ihr wahnsinnig?", fragte sie entsetzt. „Das hätte total schiefgehen können!"

„Wir haben aufgepasst", sagte sie leise, „aber ich hatte ganz schön Angst, als Isabell auf die Idee kam, die Drogen zu kaufen. Sie war so schnell, dass ich sie nicht daran hindern konnte."

„Wie heißt diese Isabell mit Nachnamen?", fragte Stefan trocken, „und wo wohnt sie?" Er notierte die Angaben, rief in der Wache an und bat die Kollegin, Frau Isabell Werner zur Vernehmung ins Revier zu bringen.

„Es ist dir schon klar, dass ihr euch damit in große Gefahr begeben habt", sagte er kopfschüttelnd. „Was mach ich nur mit euch? Zwei Pillen Ecstasy hat sie gekauft, sagst du?" Nina nickte. Stefan seufzte. „Ich hab keine Ahnung, wie ich das dem Staatsanwalt erklären soll."

„Sie hat ja nur gekauft, um zu beweisen, dass Sid Drogen vertickt", meinte Mia kleinlaut.

„Mädle", sagte Stefan bestimmt. „Es ist in Deutschland verboten, Drogen zu kaufen. Ihr hättet mit eurem Verdacht unbedingt zu mir kommen müssen!"

„Ja, Nina, da hat er Recht", stimmte der Großvater zu. „Ihr könnt euch doch nicht mit dem organisierten Verbrechen anlegen!" Nina schaute zu Boden. Stefan, der sie nicht gänzlich entmutigen wollte, mischte sich ein.

„Aber eins muss ich euch lassen", sagte er. „Wie ihr das eingefädelt habt, war ganz schön raffiniert! Weißt du, woher Sid die Drogen bezieht?"

„Ich glaube, er hat sie aus dem CLASH. Als er hingefahren ist, hatte er nur seine Schulsachen im Rucksack, und als er vom CLASH zurückkam, konnte er seine Kunden beliefern."

„Aber das hast du nicht gesehen?", hakte Stefan nach.

„Nein, tut mir leid", antwortete Nina. Stefan seufzte. Damit fehlte immer noch der Beweis dafür, dass die Öztürk-Brüder in das Geschäft verwickelt waren.

„Kannst du uns sagen, welche Kunden er beliefert hat? Du hattest ja das Gefühl, dass sie ihn kannten. Meinst du damit, dass er sie regelmäßig belieferte?"

„Das kann schon sein, aber beweisen kann ich das natürlich nicht", meinte Nina. „Wenn Sie wissen wollen, wo die Kunden wohnen, fragen Sie Isabell. Sie hat den Führerschein und kennt die Straßennamen besser als ich."

„Meinen Sie wirklich, dass Mehmet Öztürk ein Drogendealer ist?" fragte Mia zweifelnd. „Er ist ein so netter Mann!
Ich dachte wirklich, er wäre mein Freund!"

„Er ist ein verdammter Türke", polterte der Großvater.
Nina sah ihn traurig an.

„Bist du wirklich so ein Nazi, Opa?", fragte sie. „Es waren
deutsche Jungs, die Sid in der Grundschule gemobbt haben.
Die Deutschen haben ihm nicht geholfen, nicht in der Schule und auch nicht im Dorf. Er war total alleine, bis die Türken kamen. Und Hasan ist in Ordnung."

„Da hat Ihre Enkelin Recht", stimmte ihr Stefan zu. „Es
ist Zufall, dass Sid an eine türkische Gang geraten ist. Ob
Menschen kriminell werden, liegt wirklich nicht an ihrer
Nationalität." Der Großvater nickte.

„Ist ja schon gut", meinte er kleinlaut, „und ich bin auch
kein Nazi, wirklich nicht!"

„Klar", bestätigte Stefan. „Es scheint die eigene Verantwortung kleiner zu machen, wenn man jemand anderem
die Schuld zuweisen kann."

„Da haben Sie verdammt Recht", bestätigte der Großvater. „Und du hast auch Recht, Nina. So ein Denken hat uns
der Hitler damals beigebracht. Ich schein mir das gemerkt
zu haben, obwohl ich im Dritten Reich ein kleiner Bub war."

„Schon gut, Opa", meinte Nina versöhnlich.

„Wird Sid wegen der Dealerei zusätzlich bestraft?", fragte
Mia.

„Das kommt auf ihn an", antwortete Stefan. „Wenn er uns
hilft, den Drogenring der Öztürks zu zerschlagen, kann die
Staatsanwaltschaft ihm diese Strafe erlassen."

„Sie meinen, dass er gegen die aussagen soll?", fragte Mia
entsetzt. „Haben Sie vergessen, was die mit dem Russen ge-

macht haben? Die Türken würden ihm nie verzeihen, wenn er sie verrät!"

„Als Kronzeuge würde er ins Zeugenschutzprogramm aufgenommen und eine neue Identität bekommen", erklärte Stefan. „Aber so weit sind wir noch nicht."

„Er wird nicht aussagen", sagte Nina bestimmt, „obwohl Mehmet und Hamit das glauben werden. Ich hoffe sehr, dass sie ihn nach der Haft dann in Ruhe lassen."

Stefan erschrak. Offensichtlich hatte Nina die Tragweite ihrer letzten Aussage nicht bemerkt. Wenn sie Recht hatte, schwebte Sid in Lebensgefahr!

„Warum sollten die Öztürk-Brüder glauben, dass Sid sie verraten hat?", fragte er.

„Sie wohnen im Nachbardorf und dass bei uns die Polizei war und Sid mitgenommen hat, weiß inzwischen jeder. Die werden bestimmt glauben, dass er wegen der Dealerei geschnappt wurde. Warum er wirklich einsitzt, weiß bisher noch niemand."

„Du hast vollkommen Recht", bestätigte Stefan, der es plötzlich ziemlich eilig hatte. „Danke, Nina!", sagte er. „Sobald deine Aussage geschrieben ist, kriegst du sie zur Unterschrift. Du weißt ja jetzt, wie das bei uns läuft. Ich muss dann mal los!" Er nickte ihnen zu und stürmte aus dem Raum.

Der Überfall

Als sich der Schlüssel im Schloss drehte, schrak Sid zusammen. Hermann Weber stand vor der Tür.

„Du kasch dich hier jetzt frei bewege", sagte er. „Wenn du dusche willsch, kasch du des tun. Du kasch jetzt auch deine Kollegen kennenlerne."

„Kann ich auch einfach hierbleiben?", fragte Sid schüchtern.

„Was du machsch, isch mir egal, aber die Tür bleibt offe", erwiderte der Beamte. „Es soll uns koiner nachsage, dass mer dich hier eing'sperrt habet. Morgen kasch du dir überlege, wo du arbeite willsch. Du wirsch hier keinesfalls auf der faule Haut liege!" Er drehte sich um und ging hinaus. Ein Schatten zeigte sich in der Türöffnung und Sid erkannte Gerard.

„Du armer Kleiner", sagte der so süß, dass Sirup von seinen Worten zu tropfen schien. „Soll ich dir Gesellschaft leisten?" Sid sprang auf.

„Ne danke", erwiderte er und versuchte, sich an ihm vorbei in den Flur zu drängen. Doch Gerard verstellte ihm den Weg und plötzlich spürte er dessen Hand an seinem Hintern. Sid zog ruckartig das rechte Knie nach oben und nach vorn und Gerard heulte auf.

„Hau ab, du schwule Sau", zischte Sid. „Wehe, du fasst mich nochmal an! Ich steh nicht auf Männer."

„Nein", gab Gerard zurück, der sich überraschend schnell wieder gefangen hatte, „du fickst lieber kleine Mädchen." Sid ballte die Faust, doch bevor er zuschlagen konnte, sagte eine Stimme:

„Weißt du, das würde ich an deiner Stelle nicht tun, es sei denn, du willst die Nacht in der Arrestzelle verbringen. Verdammt ungemütlich dort." Sid drehte sich um. Ein kleinerer Türke stand vor ihm und reicht ihm die Hand.

„Ich bin Yusuf", stellte er sich vor. „Wenn ich dir einen Rat geben darf, dann beachte Gerard nicht. Er kommt hier nie wieder raus, weil er die Finger nicht von kleinen Jungs lassen kann. Auf wen stehst du?" Sid funkelte ihn wütend an.

„Das geht dich einen Scheißdreck an!", zischte er zwischen zusammengebissenen Zähnen.

„Okay, okay", beschwichtigte Yusuf, „ist ja schon gut, beruhige dich. Willst du duschen? Ich bring dich hin."

„Weiß nicht", antwortete Sid. „Was ist denn hier überhaupt los?" Der Flur vor den Zellen und auch das Treppenhaus waren voller Männer.

„Das ist normal um diese Zeit", meinte Yusuf. „Die Leute kommen vom Essen und gehen zurück in ihre Zellen. Da bleiben alle Türen geöffnet."

„Ich dachte, das hier ist eine Sicherheitsverwahrung", entgegnete Sid. „Was soll das nützen, wenn hier jeder rein kann ..."

„Bist du eine Tussi oder ein Mann?", unterbrach ihn Yusuf provozierend, der ja unbedingt verhindern musste, dass Sid in seine Zelle zurückkehrte. „Ich hätte nicht gedacht, dass du so ein Schisser bist."

„Ich bin kein Schisser", erwiderte Sid wütend. „Man wird ja wohl noch fragen dürfen. Alle sagen, dass ich besser keinen Kontakt zu den anderen Gefangenen haben soll, und jetzt wimmelt es hier von Menschen!"

„Nur vor und nach dem Essen, Kleiner, beruhige dich. Willst du nun duschen?" Er trat einen Schritt näher an Sid heran, schnupperte und verzog das Gesicht. „Nötig hättest du es ja wirklich. Ich rieche Angstschweiß!" Sid funkelte ihn ärgerlich an und atmete tief durch. Am liebsten hätte er dem Türken eine reingehauen, doch da es nicht unbedingt vorteilhaft sein würde, wenn er sich an seinem ersten Tag im Knast prügelte, beherrschte er sich.

„Also gut", sagte er schließlich, „warum nicht."

„Nimm dein Handtuch mit", empfahl Yusuf. „Du bist nicht im Hotel. In der Dusche hängen sicher keine." Sid nahm eines der Handtücher, die auf dem kleinen Tisch für ihn bereitlagen, und folgte Yusuf, der ihn mitten durch die Menge in Richtung Treppenhaus führte. Plötzlich spürte er einen Ruck und sein Handtuch war verschwunden.

„He, wo ist mein Handtuch?", rief er, doch niemand schien auf ihn zu achten. Die Zahl der Männer, die ihn umgaben, schien exponentiell gewachsen zu sein. Sie drängten ihn weiter durch den Gang zu einer Tür und er musste mit, ob er wollte oder nicht.

„Yusuf", rief Sid, „Yusuf, wo bist du?" Doch der kleine Türke war verschwunden. Die Männer, die ihn umgaben, waren alle groß und muskulös: Keine Chance, sich freizukämpfen. Sie schoben ihn zu einer Tür, die sich plötzlich nach innen öffnete. In diese Öffnung spuckten sie ihn aus, er wurde hereingezerrt, jemand stülpte einen Kissenbezug über seinen Kopf und dann schloss sich die Tür hinter ihm.

Ein Schlüssel drehte sich im Schloss.

„Ich ficke keine Männer", rief Sid. „Lasst mich in Ruhe."

„Hier geht es nicht ums Ficken, Kleiner", antwortete eine harte Stimme. „Wir wollen von dir wissen, was du den Bullen erzählt hast."

„Nichts! Ich hab ihnen nichts erzählt", rief Sid und dann traf ihn der erste Schlag. Er traf ihn unvorbereitet in den Magen und das nahm ihm den Atem und tat so weh, dass er kraftlos zu Boden fiel.

„Das war nur der Anfang, Kleiner", zischte die Stimme und dann trat ihm jemand in den Unterleib. Sid übergab sich.

„Wir wollen wissen, was du den Bullen gesagt hast, du Verräter", sagte die Stimme. „Du hast uns verraten, sonst wärst du nicht hier!"

„Ich hab euch nicht verraten", wimmerte Sid, „ich bin hier, weil ich Sex mit meiner Schwester hatte."

„Guter Versuch", zischte die Stimme, „doch du hast Pech! Wir glauben dir nicht und Mehmet und Hamit auch nicht." Wieder traf ihn ein Schlag und diesmal verlor er das Bewusstsein.

„Idiot", sagte Ahmed zu Erol. „Er muss so lange leben, bis er uns gesagt hat, was wir wissen wollen. Beherrsch dich gefälligst."

Kaum hatte Stefan die Tür zum Vernehmungszimmer hinter sich geschlossen, begann er zu rennen. Er platzte in Hannas Büro und rief:

„Wir haben etwas übersehen, Hanna! Hoffentlich ist es noch nicht zu spät!" Sie hatte am Schreibtisch über einer Akte gebrütet und blickte jetzt alarmiert auf.

„Was ist passiert?"

„Wir haben Sidney in der Sicherheitsverwahrung untergebracht. Wenn die Türken das erfahren, glauben sie, dass er sie verraten hat. Dann schwebt der Junge jetzt in Lebensgefahr."

„Scheiße!", rief sie erschrocken. „Du hast Recht. In dem Trakt sind ja auch die Kronzeugen untergebracht!" Sie hielt inne. „Aber Stefan, dort müsste Sid doch besonders sicher sein, oder?"

„Er ist aber nicht als Kronzeuge dort und das heißt, dass er zum Essen durchaus Kontakt zu den anderen Gefangenen haben darf, und deshalb ist er in Gefahr. Du weißt, wie gut vernetzt die Türken sind, gerade in der JVA in Ulm!"

„Ruf im Gefängnis an, Stefan", sagte Hanna ruhig. „Überprüf deinen Verdacht, bevor du dich weiter aufregst." Stefan nickte, zückte sein Diensthandy und tippte eine Nummer.

„Ich hoffe ja auch, dass ich mich irre", sagte er mit ruhigerer Stimme. Nach wenigen Signalen meldete sich Hermann Weber.

„Hermann, weißt du, wo sich Sidney gerade aufhält?", fragte er.

„Er isch zum Dusche ′gange", antwortete Hermann. „Wieso?"

„Kannst du das bitte für mich checken", bat der Kommissar. „Ich hab da so ein blödes Gefühl. Die Türken, für die er gedealt hat, könnten glauben, dass er die Kronzeugenregelung in Anspruch nimmt!"

„Er hat au no g′dealt, der kloine Scheißer?", fragte Hermann. „Des wusst′ i it. I schau gleich mal nach." Stefan hörte seine Schritte auf dem Flur, dann ließ das Geräusch fließenden Wassers erkennen, dass er sich im Badezimmer befand.

„Wo isch Sidney?", hörte Stefan seine Stimme. Andere Stimmen antworteten, doch Stefan konnte die Worte nicht verstehen. Er hörte, wie Türen aufgemacht und zugeschlagen wurden. Schließlich sagte Hermann Weber:

„Er isch it da! Vielleicht isch er scho fertig mit dusche. I schau mal in die Zellen und frag die Leut." Stefan hörte Hermanns Schritte auf dem Flur. „Hasch du Sid g'sehe? Woisch du wo der isch?", fragte er und je öfter Stefan hörte: „Nein, keine Ahnung!", umso beunruhigter klang auch Hermanns Stimme. „Stefan, du hasch Recht mit doinem G'fühl. Der Bub isch it da!"

„Kann er im Essraum oder draußen sein?", fragte Stefan.

„Noi, er hat in soiner Zell gegesse und Hofgang hat der it. Soll i Alarm gebe?"

„Mach das", rief Stefan. „Ich informiere die Kollegen in Ulm." Bevor er die Verbindung unterbrach hörte Stefan noch, wie die Sirenen losschrillten. Hanna sah ihn aufmerksam an.

„Sid ist nicht auffindbar", sagte er und griff sich seine Jacke. „Wir fahren auf der Stelle nach Ulm. Komm mit!" Im Laufschritt eilten sie die Treppen hinab, vorbei an Mia, Nina und ihrem Großvater, die ihnen verständnislos nachblickten. Sie rannten zu einem der schnelleren Dienstwagen, warfen sich in die Sitze und mit dem Starten des Motors schrillte das Martinshorn.

„Hoffentlich ist es noch nicht zu spät", flüsterte Stefan. „Das würde ich mir nie verzeihen."

„Wie bist du drauf gekommen?", fragte Hanna.

„Durch Nina", antwortete er müde. „Ich hätte unbedingt berücksichtigen müssen, wie schnell es sich in einem Dorf herumspricht, wenn wir dort jemanden verhaften. Bitte benachrichtige die Kollegen in Ulm."

Hanna nahm das Handy. „Kommissarin Hanna Seidel aus Ravensburg", meldete sie sich, „wir haben den berechtigten Verdacht auf eine Geiselnahme in eurer Justizvollzugsanstalt an einem jugendlichen Gefangenen aus unserer Stadt. Der Alarm in der JVA ist intern schon ausgelöst."

„Brauchen wir das SEK?", fragte der Kollege.

„Dazu ist es wahrscheinlich schon zu spät", antwortete Hanna. „Wenn ihr die Truppe schnell mobilisieren könnt, schadet es trotzdem sicher nichts."

„Wir schicken sofort einen Einsatzwagen", versicherte der Beamte in der Wache. „Wir kümmern uns darum."

Die Angestellten in einer Justizvollzugsanstalt sind nicht bewaffnet. Zu groß ist die Gefahr, dass die eigene Waffe gegen sie selbst gebraucht werden könnte. Doch im Falle eines Alarms ist das anders. Hermann Weber nahm seinen Revolver aus dem Tresor und stürmte los. Es ging so verdammt schnell, einen Menschen umzubringen, wenn man wusste, wie! Und über diese Kenntnisse verfügten hier sehr viele Insassen. Jetzt zählte jede Minute.

Als die Sirene plötzlich losschrillte, fuhren Ahmed und Erol zusammen.

„Krasser Scheiß", flüsterte Ahmed. „Ist das wegen uns?"

„Glaub ich schon", meinte Erol. Er schaute zweifelnd auf den Jungen, der zusammengekrümmt am Boden lag und sich nicht rührte.

„Sollen wir ihn töten?", fragte Ahmed.

„Bist du bescheuert?", rief Erol. „Ich hab zwei Jahre wegen Schmuggel. In sechs Monaten bin ich draußen. Da häng ich mir doch keinen Mord ans Bein!"

„Du hast Recht, Kumpel. Lass uns hier verschwinden, solange wir noch können!" Er öffnete die Tür des Putzmittelraums und spähte auf den Flur. Er sah, wie die Sicherheitsbeamten, die aus allen Richtungen zusammenliefen, in den beiden Abteilungen neben dem Putzmittelraum damit beschäftigt waren, die Zellen der Gefangenen zu durchsuchen. Im Gang befand sich niemand.

„Die Luft ist rein", sagte Ahmed, doch er hatte die Kameras vergessen. Als die beiden aus dem Raum schlüpften, um sich unauffällig in ihre Trakte zu begeben, verstellten ihnen Justizvollzugsbeamte mit gezückten Waffen den Weg. Die beiden hoben automatisch die Hände.

„Krasser Scheiß", murmelte Erol, als sich die Handschellen um seine Handgelenke schlossen. Ahmed sagte gar nichts. Er wusste, dass er soeben seinen Aufenthalt in der JVA um einige Jahre verlängert hatte.

Hermann Weber riss die Tür zum Putzmittelraum auf und stürmte hinein.

„Hier isch der Bub", brüllte er, „i hab ihn g'funde." Er ging neben Sid in die Knie, nahm ihm vorsichtig den Kissenbezug vom Kopf und fühlte an seinem Hals nach seinem Puls. Dann atmete er erleichtert auf. „Er lebt aber er isch verletzt. Mer brauchet den Arzt! Schnell!", informierte er die Kollegen, die sich hinter ihm in den Raum drängten. Eine Kollegin zog das interne Telefon aus der Hosentasche und drückte die Taste der Krankenstation.

„Schnell, den Arzt!", rief sie. „Bewusstloser Gefangener oben in der Sicherheitsverwahrung."

Wenige Minuten später erhielt Sidney die ersten lebensrettenden Medikamente. Zwei Sanitäter hoben ihn auf eine

Trage und brachten ihn aufs Dach, wo ihn zehn Minuten später ein Rettungshubschrauber abholte. Obwohl die Uniklinik nicht weit entfernt lag, hätte die Fahrt mit dem Auto im Feierabendverkehr viel zu lange gedauert. Da der Junge das Bewusstsein nicht wiedererlangt hatte, mussten sie vom Schlimmsten ausgehen.

In der Uniklinik wurde er sofort gründlich untersucht. Eine Computertomografie zeigte innere Verletzungen und er wurde umgehend operiert. Nur der Umstand, dass zwischen dem Überfall und der ärztlichen Versorgung so wenig Zeit vergangen war, rettete Sidneys Leben.

Die Polizeistreife, die als erste in der JVA eingetroffen war, übernahm Erol und Ahmed und brachte sie zur Vernehmung ins Präsidium. Hermann Weber fuhr in seinem Privatwagen hinterher, denn auch er sollte sich zu dem Überfall äußern.

Ein Polizeibeamter aus Ulm informierte Stefan und Hanna, die trotz Blaulicht und Martinshorn auf der Höhe von Biberach im Stau steckten, über das Ende der Geiselnahme. Dass Sidney notfallmäßig operiert werden musste, erschreckte die beiden, auch da sich die Ärzte über seinen Gesundheitszustand erst nach der Operation äußern wollten.

„Wir haben die beiden Männer festgenommen, die Sidney zusammengeschlagen haben. Sie sind im Präsidium und sollen gleich vernommen werden."

„Dürfen wir bei den Vernehmungen zugegen sein?", fragte Hanna.

„Wir bitten darum", sagte der Kollege. „Ihr könnt sicher einiges zur Aufklärung des Falls beitragen."

„Worauf ihr euch verlassen könnt", antwortete Hanna.

„Wir sind in spätestens einer halben Stunde bei euch."

„Jetzt muss ich Mia Ritter anrufen und ihr die schlimme Nachricht überbringen, dass wir ihren Sohn trotz Sicherheitsverwahrung nicht schützen konnten", sagte Stefan erschüttert.

„Soll ich das für dich übernehmen", fragte Hanna. Stefan schüttelte den Kopf.

„Das ist lieb von dir, aber das mach ich selbst", antwortete er und tippte ihre Nummer.

Aufklärung

Auch das Polizeipräsidium in Ulm befand sich in einem alten Gemäuer, wenngleich dieses Gebäude in wesentlich besserem Zustand war als das marode Haus in Ravensburg.

„Kein Wunder", meinte Hanna, „das Präsidium liegt mitten in der Altstadt direkt neben dem Münster und wäre ein Schandfleck, wenn die Kommune es so verkommen ließe wie unser Revier in der Seestraße. Wenn sich unser Haus auf dem Marienplatz befände, wäre das Gebäude längst saniert."

Die beiden Ravensburger Beamten meldeten sich an der Pforte und wurden kurze Zeit später von einem Ulmer Kollegen in die Räume der Kripo begleitet. Dort saß die Belegschaft bereits um einen großen Tisch versammelt. Stefan und Hanna wurden freundlich begrüßt.

„Ich setzte euch zuerst über unsere Ermittlungen ins Bild", informierte sie Kriminalkommissar Frank Richter, der die Untersuchung leitete. „Ahmed Gökdal und Erol Arslan wurden beim Verlassen des Putzmittelraumes festgenommen, in dem wir den bewusstlosen, schwer verletzten Sidney David Ritter fanden", informierte er sie. „Beiden haben wir Speichelproben entnommen und ihre Kleidung sichergestellt. Ich gehe davon aus, dass wir schon morgen früh anhand von DNA- und Faserspuren beweisen können, dass sie es waren, die Sidney zusammengeschlagen haben. Sobald ihr uns über den Stand eurer Ermittlungen informiert habt, könnt ihr uns gerne bei den Vernehmungen unterstützen." Stefan fasste die Erkenntnisse der beiden letzten Tage zusammen.

„Ich bin davon überzeugt, dass die Brüder Öztürk in Oberschwaben im großen Stil synthetische Drogen verkaufen", sagte er, „obwohl wir das bisher nicht nachweisen konnten. Wie wir von seiner Schwester Nina wissen, hat Sidney David Ritter seit seinem elften Lebensjahr als Drogenkurier gearbeitet. Alle Indizien weisen darauf hin, dass er für die Brüder Öztürk dealt, da er mit der Familie eng befreundet ist, doch auch hierfür fehlen uns die Beweise, ebenso für unsere Annahme, dass die Öztürks den Mord an dem Russen Sergej Blankov in Auftrag gegeben haben."

„Aber Sidney saß doch wegen eines Sexualdeliktes ein und nicht wegen Dealerei", stellte Frank Richter nach einem kurzen Blick in seine Akten fest.

„Niemand außer uns und seiner engsten Familie ist über den sexuellen Missbrauch an seiner Schwester informiert", erklärte Hanna. „Seine türkischen Freunde mussten davon ausgehen, dass er in Sicherheitsverwahrung genommen wurde, weil er als Kronzeuge ausgepackt hat. Die Tatsache, dass Sidney überfallen wurde, ist ein weiteres Indiz dafür, dass die Brüder Öztürk ihn als Gefahr für ihren Drogenring sehen. Es waren ja immerhin zwei Türken, die ihn als Geisel genommen und schwer verletzt haben." Die Ulmer Kollegen nickten.

„Ich bin überzeugt, dass die beiden mutmaßlichen Geiselnehmer Kontakt zu den Brüdern Öztürk hatten", fuhr Stefan fort. „Wenn wir das nachweisen können, erhärtet sich der Verdacht."

„Dann sind diese Vernehmungen für euch von hoher Wichtigkeit", fasste Frank Richter zusammen. „Möglicherweise zerschlagen wir den Drogenring gemeinsam und klären darüber hinaus auch noch den Mord an dem russischen Mafioso auf." Er stand auf. „Kommt, Kollegen, lasst uns mit der Vernehmung beginnen."

Stefan und Hanna folgten ihm in einen Vernehmungsraum, der genau so funktionell und karg eingerichtet war, wie der Raum in Ravensburg. Auch hier gab es nur einen Tisch mit Stühlen und die erforderliche Technik, um die Gespräche aufzuzeichnen.

Zuerst vernahmen sie Ahmed Gökdal. Da in seiner Zelle der Schlüssel zum Putzmittelraum sichergestellt werden konnte, half es ihm wenig, seine Schuld abzustreiten. Schließlich gab er zu, dass er den Putzmann der Sicherheitsverwahrung Yusuf Demir beim Hofgang bedrängt und diesen gezwungen hatte, ihm den Schlüssel zu übergeben.

„Von wem kam der Auftrag, Sidney zu überfallen?", fragte Frank Richter. „Sie kannten den Jungen doch gar nicht." Ahmed blickte zu Boden.

„Gleich vernehmen wir ihren Freund Erol Arslan", sagte der Kommissar. „Wenn der auspackt, kriegen Sie zu der Anklage wegen schwerer Körperverletzung noch eine wegen Behinderung der Ermittlungsarbeit."

„Es war Erols Idee", sagte Ahmed langsam. „Er hat mich beim Mittagessen beauftragt, den Jungen auszuspionieren. Keine Ahnung, warum. Ich war ihm noch einen Gefallen schuldig." Mehr brachten sie aus ihm nicht heraus. Danach verhörten sie Erol Arslan, der sich nicht lange bitten ließ.

„Der Bäcker Faruk Gül, der das Gefängnis mit Backwaren beliefert, hat mich beauftragt, den Jungen umzubringen", sagte er, denn er wusste, dass sich die Kooperation mit den Ordnungshütern mindernd auf sein Strafmaß auswirken konnte.

„Und warum sollten wir Ihnen das glauben?", fragte Frank Richter.

„Weil ich es beweisen kann", behauptete Erol. Und dann berichtete er von den Papierstreifen, die der Bäcker in Metallhülsen steckte und in Brötchen ins Gefängnis schmuggelte.

„In Ihrer Zelle haben wir nichts dergleichen gefunden", wandte Frank Richter ein.

„Ich bin doch nicht blöd! Ich hab die Zettel und die Metallkapseln in der Küche versteckt", sagte Erol und erklärte dem verwunderten Kommissar, wo diese Papiere zu finden seien. Nachdem dieser seine Kollegen in der JVA angewiesen hatte, die preisgegebenen Verstecke zu durchsuchen und die Beweismittel ins Präsidium zu bringen, fragte er:

„Und warum um alles in der Welt transportiert der Bäcker Nachrichten in Brötchen?"

„Weil er diesen verdammten Agentenfimmel hat", beklagte sich Erol. „Telefonieren ist Faruk nicht spektakulär genug. Ich hab ihm immer wieder gesagt, er soll mit dem Scheiß aufhören. Doch was kann ich tun?"

Sie ließen Erol abführen. Erst wenn sie wussten, ob er die Wahrheit sagte, würden sie weitermachen. Unterdessen unterhielten sie sich mit Hermann Weber. Von ihm erfuhren die Ravensburger Polizisten zu ihrem größten Erstaunen, dass sämtliche Türen aller Abteilungen außer der Tür der Arrestzelle vor und nach den Mahlzeiten geöffnet blieben.

„Bis heut isch nie ebbes g'schehe", erklärte der Justizvollzugsbeamte, „aber des war die einzige Chance für die Geiselnehmer, den Bub abzufange."

„Dürfen denn wirklich Gefangene andere Abteilungen in die Sicherheitsverwahrung", fragte Stefan fassungslos.

„Noi, des derfet die it!", widersprach Hermann Weber.

„Dann muss es einen Komplizen in der Abteilung gegeben haben", folgerte Hanna.

„Des hab i auch scho denkt", gab ihm der Justizbeamte recht. „Und i glaub auch, dass i woiß, wer das isch: Der Putzmann Yusuf Demir, von dem der Schlüssel stammt." Das Handy des Ulmer Kommissars klingelte. Er grinste.

„Bringen Sie mir diese Metallkapseln mit den Zetteln sofort ins Präsidium. Ja, und Yusuf Demir aus der Sicherheitsverwahrung können Sie auch gleich mitbringen." Er sah seine Kollegen kopfschüttelnd an. „Ich bin jetzt seit zwanzig Jahren Polizist", sagte er, „und, wie ihr euch denken könnt, hab ich schon viel erlebt, aber ein Bäcker, der Nachrichten in Brötchen ins Gefängnis schmuggelt, ist selbst mir noch nicht begegnet."

Eine gute Stunde später saßen sie Erol Arslan erneut gegenüber. Die Leute von der Spurensicherung hatten die Kapseln auf Fingerabdrücke untersucht und die darin befindlichen Papierstreifen auf ein Blatt geklebt. Und wirklich fanden sie unter diesen Papierstreifen eine Nachricht, in der der Bäcker Faruk Gül er die Ermordung von Sidney David Ritter anordnete. Erol lächelte triumphierend:

„Sehen Sie, dass ich die Wahrheit gesagt habe", rief er.

„Das werde ich dem Staatsanwalt gegenüber erwähnen", versprach Frank Richter. „Aber für die schwere Körperverletzung werden Sie einige Jahre kassieren. Und beten Sie, dass der Junge überlebt! Sonst kriegen Sie lebenslänglich wegen Mord."

„Ich hätte gerne einen besseren Deal mit der Staatsanwaltschaft", erwiderte Erol unbeeindruckt.

„Was haben Sie denn anzubieten, Herr Arslan?", fragte der Kommissar.

„Ich weiß alles über den Zigarettenschmuggel von Faruk Gül", sagte Erol. „Ich kennen seine Bezugsquellen und seine Kunden. Und ich weiß, wo die Russen ihre Ware beziehen. Lassen Sie es mich wissen, wenn Sie interessiert sind." Danach sagte Erol kein Wort mehr.

Die Vernehmung von Yusuf Demir dauerte nicht lange. Der kleine Mann brach in Tränen aus und berichtete, wie ihn Ahmed gezwungen hatte, ihm die Schlüssel auszuhändigen. Als er erzählte, wie der viel größere und stärkere Mann seine Hoden traktiert und ihm gedroht hatte, ihn zu entmannen, falls er den Jungen nicht aus seiner Zelle locken würde, hatten sie das Verhör beendet. Dass Yusuf die Wahrheit sagte, war offensichtlich. Er verlor den Putzjob. Weitere Sanktionen musste er nicht befürchten.

Der erstaunte Bäcker erhielt am selben Abend Besuch von der Polizei. Faruk dankte Allah, dass er das Gespräch mit Hamit Öztürk aufgezeichnet hatte. Er führte die Beamten zu seinem Tresor und händigte ihnen die Kassette aus. Erstaunt nahmen die Polizisten zur Kenntnis, dass es nicht Vertrauen war, das die Mitglieder der türkischen Gang einander verpflichtete. Jeder von ihnen hatte sich zusätzlich abgesichert.

Seinen Cousin Abdullah aus Ravensburg erwähnte Faruk nicht. Abdullah würde einen Hinweis erhalten, sich in der Zeit seiner Haft um seine Frau und seine Kinder zu kümmern, verbunden mit dem Hinweis darauf, dass er als Gegenleistung seinen Namen aus den Ermittlungen heraushalten würde.

Stefan und Hanna hatten Recht behalten: Es gab eine Verbindung zwischen den Geiselnehmern in der JVA in Ulm und den Brüdern Öztürk in Ravensburg. Durch das mitgeschnittene Gespräch auf Faruks Kassette hatten sie zusätzlich zu den Indizien endlich einen Beweis. Sie informierten ihre Kollegen, die sogleich ein Kommando zur Festnahme des Türken losschickten.

„Es gibt doch noch Gerechtigkeit", meinte Stefan zufrieden, als er wenig später mit Hanna über die B 30 zurück nach Ravensburg brauste.

„Nur schade, dass zuerst immer etwas Schlimmes passieren muss", sagte Hanna.

„Hätten wir es verhindern können?", fragte Stefan. Sie überlegte eine Weile.

„Nein, hätten wir nicht", sagte sie schließlich. „Sidney hätte es gekonnt, doch der hat es nicht gewagt."

„Oder er war ganz einfach nur loyal", sinnierte Stefan. „Ich hoffe sehr, dass er seine Treue nicht mit dem Leben bezahlt."

„Das hoffe ich auch", stimmte sie ihm zu.

Hamit Öztürk wurde im Büro seiner Firma Öztürk-Logistics festgenommen. Eine Durchsuchung seiner Geschäftsräume hatte nichts ergeben. Er sah der Vernehmung durch die Polizei deshalb gelassen entgegen. Dass sein Bruder Mehmet das Handy abgeschaltet hatte und nicht erreichbar war, bereitete ihm dagegen große Sorgen.

Bei der Vernehmung spielte Hamit den Unschuldigen. Als Stefan ihm von der Geiselnahme berichtete, bei der Sid schwer verletzt worden war, gelang es ihm, bestürzt auszusehen.

„Herr Kommissar", sagte er, „das erschüttert mich zutiefst. Ich mag den Jungen. Wird er durchkommen?"

„Wir haben Kenntnis davon, dass Sie die Geiselnahme und den Mord des Jungen beauftragt haben."

„Was?", rief Hamit entrüstet. „Wie können Sie so etwas sagen? Wer behauptet das?"

„Der Bäcker Faruk Gül aus Ulm", erwiderte Stefan ruhig.

„Faruk muss zu viel Baklava gegessen haben. Im Zuckerschock kann man den Verstand verlieren", wehrte sich Hamit.

Stefan beschloss, dem Possenspiel ein Ende zu bereiten. Er legte die Kassette in ein Abspielgerät und drückte auf den Startknopf. Hamit wurde blass, als er begriff, dass Faruk das Gespräch, in dem er den Mord an Sidney beauftragte, aufgezeichnet hatte. „Dieser Hurensohn", murmelte er, sank im Stuhl zusammen und verbarg das Gesicht in den Händen.

„Wo ist Ihr Bruder Mehmet?", fragte Stefan.

„Ich weiß es nicht", antwortete Hamit, „ich hab wirklich keine Ahnung."

„Dann hat er sich wohl abgesetzt", informierte ihn Stefan. „Sie werden die Verantwortung für den Mordauftrag alleine tragen müssen." Er sagte Hamit nicht, dass auch Hassan fehlte. Eine Überprüfung der Flughäfen hatte keinen Treffer ergeben. Der leere Tresor in Mehmets Büro ließ jedoch darauf schließen, dass er das Land in Begleitung seines Bruders verlassen hatte. Hamit schäumte innerlich vor Wut. Er würde die Suppe, die er sich zusammen mit seinem Bruder eingebrockt hatte, alleine auslöffeln müssen. Er wusste, dass er den Mund halten und alle Schuld auf sich nehmen musste. Die Familienehre gestattete es nicht, dass er den Bruder belastete.

Als er erfuhr, dass Sidney wegen des Missbrauchs an seiner Schwester in Sicherheitsverwahrung gewesen war, und nicht, weil er gegen ihn ausgesagt hatte, gab ihm das den Rest. Hamit begriff, dass er seine jetzige Lage selbst verursacht und die Organisation zerstört hatte! Und er ahnte, dass sein Leben dadurch keinen Pfifferling mehr wert war. Und so begrüßte er es, dass er in Sicherheitsverwahrung genommen wurde. Natürlich nicht in Ulm, sondern in Stuttgart-Stammheim, wo man sowohl auf gefährliche als auch auf gefährdete Insassen besser vorbereitet war.

Hätte Hamit gewusst, dass ein kleiner dicker Mann namens Suleiman Yilmaz am Morgen auf dem Flughafen Stuttgart gelandet war und ein Taxi nach Ravensburg genommen hatte, wäre seine Anspannung ins Unermessliche gestiegen. Suleiman war zwar dick und klein, doch seine Macht war groß und seine Kontakte zahlreich. Er würde die Organisation von Grund auf mit neuen Mitarbeitern aufstellen, ohne Rücksicht auf Verluste und ganz sicher ohne Rücksicht auf Hamit Öztürk.

Mehmet Öztürk hatte Suleiman Yilmaz die Leitung des CLASH übergeben. Suleiman übernahm die Angestellten. Es war ihm wichtig, dass sich nach außen hin nichts änderte.

Da der gute Ruf der Diskothek auf dem Spiel stand, versuchte er durch öffentlichkeitswirksame Veranstaltungen das Image des CLASH aufzupolieren. Er veranstaltete ein Grillfest, dessen Erlös er dem Kinderkrankenhaus spendete. Den Erlös der Tombola, die zwei Wochen später stattfand, widmete er der Sanierung der Stadtkirche. Danach lockte er mit einem Flohmarkt mehr Menschen auf den Parkplatz des CLASH, als durch Konzerte mit bekannten Rockbands. Es verstand sich von selbst, dass er zu jeder Veranstaltung kostenlos alkoholfreie Getränke ausschenken ließ.

Diese Aktionen verfehlten ihre Wirkung nicht. Sie stärkten das Vertrauen in seine Leitung und das CLASH zog danach sogar noch mehr Gäste an als vor der Zerschlagung des Drogenrings.

Suleiman hatte seine Vorliebe für italienisches Essen entdeckt und wurde Stammgast im „Kalabrese". Er hatte sich mit Sandro Vottari angefreundet. Schließlich wollte man sich nicht gegenseitig in die Quere kommen. Vottari war es auch, der ihn vor der Ravensburger Polizei warnte.

„Commissario Stefano solltest du nicht unterschätzen, amigo", riet er ihm. „Mach's so wie ich, cosi come io. Verdiene dein Geld in Stuttgart und genieße in Ravensburg dein Leben. Per la salute!" Er hob sein Glas und sein türkischer Freund stieß mit ihm an.

„Danke für deinen Rat, Sandro", meinte Suleiman. „Genau das hatte ich vor."

Erst nach einer Woche konnten die Ärzte in der Uniklinik Ulm bestätigen, dass Sidney überleben würde. Es dauerte nochmals zwei Wochen, bis Stefan ihn besuchen und befragen durfte. Sidney wirkte mitgenommen und das lag nicht nur daran, dass seine körperlichen Verletzungen Zeit brauchten, um zu heilen, sondern vor allem an dem, was der Kommissar ihm gerade berichtet hatte. Dass seine vermeintlichen Freunde seinen Tod in Auftrag gegeben hatten, konnte er nicht fassen.

„Warum sollten sie das tun?", fragte er erschüttert. „Ich hab doch nichts verraten! Ich hab doch meinen Mund gehalten."

„Das wussten sie nicht, Sidney", erklärte Stefan. „Du hast es deiner Schwester zu verdanken, dass wir dich retten konnten. Sie brachte uns darauf, dass die Öztürks deine Verhaftung missverstehen könnten."

„Nina?", fragte Sid erstaunt. „Nina hat das gecheckt?"

„Eine bemerkenswerte junge Frau, deine Schwester", bestätigte Stefan. Sidney nickte traurig.

„Da haben Sie Recht. Woher wissen Sie, dass Hamit mich ermorden lassen wollte?", fragte Sid.

„Wir haben einen Tonbandmitschnitt von dem Gespräch, in dem Hamit den Mord an dich beauftragt hat. Dieser Beweis war so erdrückend, dass er alles gestanden hat", sagte Stefan.

„Und Mehmet?", fragte Sid.

„Mehmet ist verschwunden, zusammen mit seinem Bruder Hasan. Er hat sich wahrscheinlich ins Ausland abgesetzt." Sid schwieg.

„Und warum haben sie mich nicht getötet?", fragte er schließlich.

„Sie wollten vorher aus dir herausprügeln, was du uns verraten hast."

„Aber ich hab doch gar nichts gesagt!", flüsterte er.

„Davon waren sie aber fest überzeugt, weil du in der Sicherheitsverwahrung untergebracht wurdest, und da sind außer den Sexualstraftätern auch die Kronzeugen." Sid starrte ihn ungläubig an.

„Dann war das alles ein verdammtes Missverständnis?", fragte er.

„So sieht es aus", bestätigte Stefan. Sid drehte sich um und murmelte:

„Jetzt brauch ich eine Pause."

Stefan verließ das Krankenhaus und gab Sidney eine weitere Woche Zeit, um sich zu erholen. Ein uniformierter Polizist hielt vor seinem Zimmer Wache. Dann besuchte der Kommissar ihn erneut und diesmal war der Junge bereit, gegen seine früheren Freunde auszusagen. Er bestätigte, dass er seit seinem elften Lebensjahr für die Brüder Öztürk Drogen ausgeliefert und seit einem Jahr für sie gedealt hatte.

Er nannte die Adressen in der Türkei, von denen die Brüder die Drogen bezogen, wusste, in welchen Lastwagen der Firma Özürk-Logistics die Pillen nach Deutschland transportiert wurden und wo sich das Zwischenlager befand. Er schrieb eine Liste der Kunden, die er beliefert hatte, und konnte sogar einige Abnehmer nennen, die im großen Stil einkauften.

Besonderes Interesse zeigte Stefan dafür, dass Sidney einen bekannten Ravensburger Geschäftsmann regelmäßig beliefert hatte, der sich in letzter Zeit in Russland eine goldene Nase verdiente. Sein Partner dort hieß Olek Smirnov und bei diesem Namen wurde die Polizei in Ravensburg mehr als hellhörig. Dass die Geschäftsbeziehung nach Russland kurz nach dem Überfall der Samarowskaja begonnen hatte, war eine merkwürdige Koinzidenz, zu merkwürdig, um wirklich zufällig zu sein. Aus diesem Grund übernahmen die Kollegen von der Wirtschaftskriminalität den Fall. Kurze Zeit später stand eine große Villa in der Ravensburger

Südstadt zum Verkauf. Es hieß, der Besitzer habe sich nach Moskau abgesetzt.

Dem Staatsanwalt genügte die Faktenlage, um dem Jungen hinsichtlich der Drogendelikte eine Kronzeugenregelung nach Paragraph 31 anzubieten. Sobald er körperlich wiederhergestellt war, wurde Sidney in einem nichtöffentlichen Prozess für den sexuellen Missbrauch an seiner Schwester zu einem Jahr Jugendhaft verurteilt. Die Strafe wurde wegen der zeitlichen Dauer und der Häufigkeit der Übergriffe nicht zur Bewährung ausgesetzt, auch wenn in Betracht gezogen wurde, dass er nur bedingt strafmündig gewesen war.

Er wurde in eine Haftanstalt in einen anderen Teil Deutschlands verlegt und dort unterzog er sich freiwillig einer intensiven Therapie. Außerdem begann er eine Lehre als KFZ-Mechaniker. Er verhielt sich in jeder Beziehung kooperativ und erhielt eine gute Sozialprognose.

Epilog

Tessa wurde von ihrer entsetzten Tochter Isabell alarmiert und fuhr noch in derselben Nacht von Hamburg nach Borkenweiler. Sie war sehr stolz auf die Zivilcourage ihrer Tochter, obwohl sie eine gewisse Besorgnis über das Vorgehen der beiden Mädchen nicht verhehlen konnte.

Nachdem Isabell auf dem Revier in Ravensburg ihre Aussage gemacht und die von Nina in allen Punkten bestätigt hatte, saßen sie abends im Wohnzimmer auf Mias quietschgelbem Sofa. Der Ofen verbreitete eine angenehme Wärme, es duftete verlockend aus der Küche, wo Mias Vater seine berühmte Lasagne zubereitete.

„Wie geht es Sid?", fragte Tessa. „Du hast ihn doch im Krankenhaus besucht?"

„Ja, ich bin einmal dagewesen", gab Mia zu, „aber da war er noch nicht bei Bewusstsein. Ich wünsche ihm natürlich, dass er wieder ganz gesund wird, doch ich weiß nicht, ob ich ihn noch einmal treffen will."

„Dann gibst du ihn auf?", fragte ihr Vater.

„Vielleicht tue ich das", antwortete Mia. „Ich kann mir einfach nicht vorstellen, ihm zu begegnen."

„Ich tu das nicht!", rief Nina. „Er ist und bleibt mein Bruder. Und ich will ihn sehen, sobald das möglich ist."

„Wirklich?", fragte Isabell erstaunt. „Du willst ihn sehen?"

„Klar", antwortete Nina. „Mama hat immer gesagt, dass sie uns liebt, egal was wir tun. Versteht ihr? Egal was wir tun! Und das finde ich richtig." Mia wurde rot.

„Du hast Recht, Nina, das habe ich gesagt."

„Hast du das nur gesagt, oder hast du es auch tatsächlich so gemeint?", fragte Nina. Mia sah sie unsicher an.

„Darf ich ihn denn überhaupt noch lieben, Nina? Nach allem, was er dir angetan hat?" Nina schaute ihre Mutter verständnislos an.

„Du willst jetzt nicht im Ernst von mir die Erlaubnis, Sid zu lieben", sagte sie. „Was sagt dein Herz dazu?"

„Mein Herz?", fragte Mia verwirrt. „Aber ich verrate dich doch, wenn ich Sid immer noch liebe."

„Meinst du, du tust mir etwas Gutes, indem du meinen Bruder aufgibst?", fragte Nina. „Für mich wird das, was geschehen ist, nicht leichter, wenn du ihn fallen lässt. Ich habe ihn verraten, weil ich ihn retten wollte. Hast du das schon vergessen?" Mia sah ihre Tochter an.

„Da gebe ich Nina Recht", mischte sich ihr Großvater ein. „Das, was er getan hat, ist das eine und das, was er im Grunde seines Herzens ist, das andere. Versteht mich bitte nicht falsch", fuhr er fort. „Ich bin schrecklich wütend auf Sidney. Nichts kann entschuldigen, was er dir angetan hat, Nina.

Gleichzeitig tut er mir leid. Er ist selbst ein missbrauchtes Kind und als ob das nicht schon genug wäre, ist er vier Jahre lang gemobbt und gequält worden. All das hat er ertragen, um Nina zu schützen. Dass er die Hilfe seiner türkischen Freunde angenommen hat, kann ich nachvollziehen. Dass Hamit und Mehmet einen Drogendealer aus ihm gemacht haben, ist dagegen unverzeihlich. Er war noch ein Kind und sie haben ihn verführt! Dem konnte er sich nicht entziehen.

Und dann wollten die ihn sogar umbringen!" Er schüttelte den Kopf. „Das Gericht soll ihn verurteilen", fuhr er fort. „Wir sind seine Familie. Wir sollten ihn verstehen!" Er senkte den Blick. „Ich hab ihn immer noch lieb. Ich kann nicht anders." Nina fiel ihm um den Hals.

„Mir geht es genauso, Opa", sagte sie. „Er ist mein Bruder und ich werde ihn nie aufgeben. Deshalb will ich ihn besuchen, sobald er Besuch empfangen darf. Wenn wir nicht zu ihm halten, wird er im Gefängnis neue Freunde finden und dann ist David für immer verloren."

„Dann ist es in Ordnung für dich, dass ich ihn liebe?", fragte Mia unsicher. Nina gab ihr einen Kuss auf die Wange.

„Natürlich Mama", antwortete sie. „Natürlich." Tessa wischte sich eine Träne aus dem Augenwinkel.

„Ihr seid so verflucht großherzig, dass ich heulen muss", beschwerte sie sich.

„Ich seh das übrigens genauso wie Nina", meinte Isabell zu ihrer Mutter. „Mit dir war es auch nicht immer einfach, Mama!"

„Jetzt klingst du so wie deine Großmutter, Isa", beschwerte sich Tessa, verstellte ihre Stimme und keifte: „Tessa, benimm dich! Tessa, so wie du bist, kriegst du keinen Mann ab. Der Kerl, der dich will, muss noch gebacken werden!" Sie lachten.

„Dann besuchen wir ihn", schloss Mia. „Ich rufe morgen in der JVA an und frage, wann wir kommen dürfen."

„Wo ist er denn?", fragte Tessa.

„In Berlin", antwortete Mia. „Wir fahren nach Berlin."

Die Mitteilung, dass seine Mutter und seine Schwester ihn besuchen wollten, traf David völlig unvorbereitet.

„Warum wollen die mich sehen?", fragte er seine Psychologin.

„Weil sie Ihre Familie sind, David", antwortete sie. „Wollen Sie sie nicht sehen?"

„Doch", sagte er, „aber ich habe sehr große Angst davor."

„Das verstehe ich gut", bestätigte die Psychologin. „Wollen wir über Ihre Ängste sprechen?"

„Wo soll ich anfangen?", fragte er. „Ich hab Angst davor, meiner Schwester und meiner Mutter in die Augen zu sehen. Niemanden liebe ich so wie diese beiden und doch habe ich sie so verletzt. Ich habe Angst, dass sie mich hassen und mir das, was ich getan habe, nie verzeihen!"

„Würden sie den weiten Weg auf sich nehmen, nur um Ihnen das zu sagen?" Er schwieg. Sie ließ ihm Zeit.

„Nein", sagte er schließlich, „dann würden sie sich wohl einfach nicht mehr melden."

„Das denke ich auch", sagte die Psychologin. „Ich finde es wichtig, David, dass Sie Ihrer Schwester sagen, wie sehr sie es bedauern, was Sie ihr angetan haben. Ich denke, dass Ihre Mutter und Ihre Schwester Fragen haben, die nur Sie ihnen beantworten können. Es ist sehr ungewöhnlich, dass das Opfer eines sexuellen Missbrauchs aktiv den Kontakt zum Täter sucht. Nutzen Sie diese Chance, David, für sich und für Ihre Familie."

„Aber ich habe trotzdem Angst", klagte er.

„Das ist der Preis, den Sie wohl oder übel bezahlen müssen", meinte sie ungerührt. „Sie glauben doch nicht, dass Sie so leicht davonkommen? Das haben Sie gar nicht verdient. Werten Sie diese Angst als Teil Ihrer Sühne."

„Das ist ein guter Gedanke", sagte David. „Dann finde ich es in Ordnung, dass ich Angst habe."

„Also schreibe ich Ihrer Familie, dass Sie dem Besuch zustimmen?", fragte die Psychologin.

„Ja", sagte David. „Nur nicht gleich in dieser Woche. Ich brauche noch etwas Zeit für meine Angst." Die Psychologin lächelte.

„In Ordnung", sagte sie. „Ich werde es ausrichten."

Etwa ein halbes Jahr, nachdem David seine Haftstrafe angetreten hatte, brachte ein Taxi Mia und Nina zur JVA Berlin-Plötzensee. Zögernd gingen sie auf die grünlich schimmernde Glasfront der Pforte zu. Die Frau dahinter, deren Stimme sie nur aus dem kleinen Lautsprecher hörten, blätterte in einem Buch und bestätigte den Besuchstermin. Danach schob sich eine Schublade aus der glatten Wand und sie legten ihre Personalausweise, Handys und Handtaschen hinein.

Eine rote Lampe begann zu blinken, ein nervtötendes Schrillen ertönte und dann öffnete sich eine Tür. Mia und Nina traten ein. Die Tür schloss sich hinter ihnen. Jetzt konnten sie die Frau an der Pforte besser sehen, doch Sie waren immer noch durch eine Glasscheibe von ihr getrennt.

„Bitte setzen Sie sich", hörten sie ihre Stimme und sie wies mit der Hand auf einige Stühle, die sich um einen runden Tisch gruppierten. „Ich habe den Sozialarbeiter informiert, der für David zuständig ist. Er wird Sie in wenigen Minuten hier abholen."

„Also nennt er sich wieder David", meinte Mia. „Ein gutes Zeichen!" Die beiden Frauen gingen langsam auf die Sitzgruppe zu.

„Ich kann mich nicht hinsetzen, ich bin viel zu aufgeregt", sagte Nina leise.

„Mir geht es genauso", bestätigte Mia. „Ich fühl mich jetzt schon eingesperrt!"

Durch die Glastür, die einen Blick auf den Hof ermöglichte, sahen sie einen Mann in Jeans, rotem Sweatshirt und Basecap näherkommen. Er nahm einen großen Ring mit mehreren Schlüsseln vom Gürtel. Mia schauderte.

„Wie im Film", flüsterte sie. „Gruselig!" Nina rückte enger an sie heran. Der Mann hatte die Tür inzwischen geöffnet, verschloss sie hinter sich und ging dann mit ausgestreckter Hand auf Mia zu.

„Frau Ritter?", fragte er und Mia schüttelte seine Hand. „Und du bist Nina?" Das Mädchen nickte. „Mein Name ist Gerd Müller." Er grinste. „Versteht sich, dass mein Vater Fan vom FC Bayern München ist. Ich betreue Ihren Sohn und Bruder und bringe Sie gleich zu ihm", fuhr er fort. „Er erwartet sie im Familienzimmer." Nina seufzte. Mia nahm ihre Hand und das Mädchen ließ sie nicht mehr los. „Folgen Sie mir, bitte", forderte der Mann sie lächelnd auf und sie warteten hinter ihm, während er die Tür zuerst auf- und hinter ihnen wieder abschloss.

Sie liefen über einen Hof, auf dem ein Fahrzeug einer Bäckerei mit hochgestellter Verkaufsklappe parkte. Davor drängten sich Männer und Frauen in blauen Uniformen und ein junger Mann in weißem Kittel reichte bedruckte Tüten mit Backwerk an seine Kunden heraus. Der Sozialarbeiter grüßte einige von ihnen mit Namen, viele winkten ihm freundlich zu.

„Das ist der wichtigste Termin am Tag für die Kollegen", meinte er lächelnd. „Möchten Sie etwas?"

„Ich krieg jetzt nichts runter", wisperte Nina.

„Aber vielleicht können wir David etwas mitbringen", schlug Mia vor.

„Ist eigentlich verboten", meinte Gerd Müller, „aber wir können es ja mal versuchen. Was mag er denn gern?"

„Croissants", erwiderten Mutter und Tochter wie aus einem Mund und darüber mussten sie beide lachen und das allein tat schon gut. Mit einer Tüte duftender Croissants gingen sie auf das Gebäude zu, das der Pforte gegenüberlag.

„Schlimmstenfalls müssen wir die Croissants selbst essen", sagte Gerd Müller, zückte die Schlüssel und öffnete die Tür. „Nach Ihnen", sagte er freundlich und schloss hinter ihnen wieder ab.

„Ist das nicht nervig, dieses ständige Auf- und Zuschließen?", fragte Nina.

„Als ich hier angefangen habe, war es das", bestätigte er. „Doch man gewöhnt sich daran. Außerdem unterscheidet mich der Schlüssel von den Gefangenen. Ich trag ja keine Uniform."

„Da bin ich aber froh, dass Sie bei uns sind", meinte Mia trocken. „Wir tragen weder Uniform noch besitzen wir einen Schlüssel." Der Mann lachte.

„Wir haben auch eine Abteilung für Frauen", witzelte er, „und da ist es viel netter als in den Unterkünften der Männer. Doch Spaß beiseite. Hier sind wir." Sie waren im Eingangsbereich der Besuchsabteilung angekommen.

„Besuch für David", rief er der Frau zu, die hinter einer Art Theke an einer Rezeption kontrollierte, wer hinein- und vor allem, wer hinausging.

„Herzlich willkommen", sagte sie freundlich. „Ich muss Sie sicherheitshalber durchsuchen, so ähnlich wie bei der

Sicherheitskontrolle am Flughafen." Sie tastete erst Mia und dann Nina ab, und als sie nichts fand, winkte sie die beiden weiter. „Was hast du denn da?", fragte sie den Sozialarbeiter und deutete auf die Tüte.

„Helen, die Croissants hab ich gerade frisch beim Bäcker hier gekauft", meinte Gerd Müller und öffnete grinsend die Papiertüte. „Es ist sicher keine Nagelfeile drin, dafür verbürge ich mich!" Die Frau warf einen Blick in die Tüte.

„Du weißt, dass das verboten ist, Gerd", rügte sie ihn.

„Du darfst dir eins nehmen", bot er ihr an.

„Das ist Beamtenbestechung!", lachte sie und nahm sich ein Hörnchen. „Also gut. Ich mach eine Ausnahme."

„Lass es dir schmecken", wünschte er. „Kommen Sie mit. David wartet schon." Er führte sie einen Gang entlang, vorbei an großen Glasscheiben, durch die sie die Besucherräume sehen konnten. Die zahlreichen Tische und Stühle zeugten davon, dass hier viele Gefangene zur gleichen Zeit mit ihren Anwälten oder Familienangehörigen sprechen mussten.

„Von Innen sind diese Scheiben verspiegelt", informierte sie der Sozialarbeiter.

„Dann gibt es keine Privatsphäre?", fragte Mia.

„Nein, in diesen Besuchszimmern nicht", bestätigte er. „Wir müssen schließlich wissen, was da drin geschieht und das nicht nur optisch. Deshalb hält in jedem dieser Zimmer ein Justizvollzugsbeamter Wache."

„Ich hab mit meinem Bruder aber etwas sehr Privates zu besprechen", sagte Nina beklommen. „Ich will nicht, dass da irgendjemand Fremder zuhört."

„Keine Sorge", entgegnete Gerd Müller freundlich, „dein Bruder wartet im Familienzimmer. Dort überwachen wir nur von außen und können deshalb nicht hören, was gesprochen wird." Er drückte ihr die Tüte in die Hand. „Ich lass euch jetzt allein. In einer Stunde hole ich euch hier wieder ab." Dann öffnete er die Tür.

Die Einrichtung des Zimmers, in dem Strafgefangene ihre Familien treffen konnten, war mit Bedacht gewählt worden: Ein gemütliches Ecksofa und zwei Sessel gruppierten sich um einen niedrigen Holztisch. Das freundliche Grün der Wände suggerierte Natur, die bis zum Boden reichenden Fenster gaben den Blick auf den von blühenden Büschen begrenzten Sportplatz frei, ein friedlicher Blick, der Normalität vortäuschte. Die stacheldrahtbewehrte Mauer mit den riesigen Scheinwerfern und den hohen Wachtürmen war von hier aus nicht zu sehen.

David war schon im Raum und stand auf. Er sah seiner Mutter und seiner Schwester unsicher entgegen.

„Hallo Mama, hallo Nina", sagte er leise.

„Hallo David", erwiderte Mia. Nina ging auf ihren Bruder zu. David wich vor ihr zurück.

„Langsam", sagte er, „langsam, Nina." Sie blieb stehen.

„Komm, Nina", sagte Mia, umfasste ihre Schulter und führte sie zum Sofa. Sie setzten sich. David ließ sich gegenüber in einen Sessel sinken.

„Wie geht es dir?", fragte Mia unsicher. Er sah sie schweigend an. Schließlich sagte er:

„Beschissen!" Sie reichte ihm die Tüte mit den Croissants.

„Die haben wir dir mitgebracht!" Widerstrebend nahm er die Tüte.

„Lasst das bleiben. Ich hab das nicht verdient", stieß er hervor."

„Verdient hast du die Hörnchen sicher nicht", gab Mia zurück. „Gut, dass du das kapiert hast." Langsam gewann sie ihre Sicherheit zurück. „Nina hat einige Fragen an dich. Deshalb sind wir hier." Er schaute seine Schwester unsicher an.

„Schieß los", sagte er.

„Hasst du mich?", fragte sie. Er erschrak.

„Ich? Dich hassen? Warum?"

„Weil ich dich verraten habe. Du bist wegen mir im Gefängnis!" Er sah sie lange an.

„Nein, ich hasse dich nicht", sagte er schließlich. „Ich bin dir dankbar, dass du es beendet hast."

„Wirklich?", fragte sie erleichtert.

„Sicher. Du hast viel mehr Grund, mich zu hassen."

„Das kann ich nicht, David. Ich kann dich nicht hassen, aber ich hasse, was du getan hast." Er sah zu Boden.

„Das tue ich auch. Ich hasse mich für das, was ich dir und Mama angetan hab. Es tut mir so leid!" Seine Stimme brach. Tränen liefen ihm über die Wangen. Ungeduldig wischte er sich mit der Hand durchs Gesicht. Mia zog ein Papiertaschentuch aus der Jackentasche. Er nahm es, trocknete sein Gesicht und putzte sich die Nase.

„Danke", sagte er leise.

„Ich muss wissen, warum du das getan hast", sagte Nina und auch ihre Stimme klang brüchig. Sie räusperte sich. „Wenn ich weiß, warum du Sex mit mir haben musstest, kann ich das ganze vielleicht besser verarbeiten."

„Das hab ich lange selber nicht gewusst", antwortete er. „In der Therapie ist es mir klargeworden. Aber das soll keine Entschuldigung sein!" Er sah sie eindringlich an. „Das ist mir ganz wichtig! Das, was ich getan habe, ist nicht zu entschuldigen. Durch nichts!" Nina nickte.

„Ist schon okay!"

„Ich hab mich immer Scheiße dabei gefühlt, wie der letzte Dreck."

„Warum hast du es dann trotzdem getan?", fragte Mia.

„In der Therapie hab ich kapiert, dass ich Nina immer dann missbraucht habe, wenn ich mal wieder eins auf die Mütze gekriegt habe. Und das ist ständig passiert: in der Schule, auf der Straße, in der Gang ... Und dass ich mich nicht wehren konnte, habe ich nicht ertragen. Meine Psychologin sagt, dass das etwas damit zu tun hat, dass ich selbst als Kind missbraucht wurde." Er schwieg.

„Nina, du warst die Einzige, die getan hat, was ich wollte. Du hast es getan, auch wenn ich dir wehgetan habe und du hast mich trotzdem weiter liebgehabt ... das hab ich in deinen Augen gesehen ..." Seine Stimme brach wieder, er verbarg das Gesicht in den Händen und weinte. Auch Nina begann zu weinen. Mia legte einen Arm um Ninas Schulter und drückte ihre Hand.

„David", schluchzte Nina, „ich hab dich nur deshalb verraten, weil ich Angst um dich hatte. Du wurdest genauso wie diese Verbrecher und das konnte ich nicht ertragen. Ich wollte meinen Bruder nicht verlieren! Deshalb musste ich dich stoppen!" Er reagierte, als habe sie ihn geschlagen.

„Nein", rief er gequält, „das habe ich nicht verdient! Das darfst du nicht tun, Nina. Du darfst mich nicht so lieben!"

„Ich kann aber nicht anders", sagte sie leise. Er schwieg und dann hob er den Kopf und schaute sie lange an.

„Das meinst du ernst?" Sie nickte.

„Wenn du aus dem Gefängnis kommst, will ich meinen Bruder zurück und damit meine ich David. Sid Vicious kann mir gestohlen bleiben."

„Ich hab beantragt, den Namen Sid aus dem Register zu

streichen", sagte er leise. „Ich bin jetzt nur noch David und dass ich das sein kann, verdanke ich dir und Mama." Nina lächelte ihn an.

„Das finde ich super, David", sagte sie. „Wann kommst du uns besuchen?"

„Langsam, Nina, langsam", mahnte er. „Wir können nicht einfach so zur Tagesordnung übergehen."

„Das finde ich auch", bestätigte Mia. „Ich bestehe darauf, dass du die Therapie auch nach der Haft fortsetzt, und ich will, dass mir deine Therapeuten bestätigen, dass dir wirklich bewusst ist, was du getan hast."

„Das hab ich selbst schon veranlasst", sagte David. „Ich habe mich um einen Therapieplatz in der Charitée beworben. Das Programm zielt auf Sexualtäter wie mich ab und dauert sechs Monate. Meine Chancen stehen gut, weil ich so jung bin und mich meiner Tat freiwillig stelle."

„Das ist auch bitter nötig, David. Ich will dir wieder vertrauen können! Nur wenn ich sicher sein kann, dass du so etwas nie wieder tust – und ich meine die sexuelle Gewalt und die Dealerei – nur dann bist du willkommen, auch wenn ich dich immer lieben werde, weil du mein Sohn bist." Er nickte.

„Das verstehe ich. Aber ich weiß sowieso nicht, wie es nach dem Prozess gegen Hamit mit mir weitergeht. Bis es soweit ist, bleibe ich an einem geheimen Ort. Dann werde ich als Kronzeuge gegen die Organisation aussagen. Wahrscheinlich muss ich in ein Zeugenschutzprogramm. Ich bekomme eine neue Identität und bin vielleicht dazu gezwungen, im Ausland zu leben. Keine Ahnung, ob ich euch dann überhaupt noch sehen kann." Er hielt inne und wischte sich über die Augen. „Und diese Sorge wird ab jetzt meine schlimmste Strafe sein."

„Wieso ab jetzt?", fragte Nina.

„Der Gedanke daran, dass ihr mich wahrscheinlich hasst, war bis gerade meine schlimmste Strafe, auch wenn ich wusste, dass ich diese Strafe mehr als verdient habe."

„Dann lass uns die Zeit bis zum Prozess nutzen, wenn wir uns danach nicht mehr sehen dürfen", schlug sie vor. „Wie oft darfst du Besuch haben? Wie oft dürfen wir kommen?"

„Langsam, Nina", sagten David und Mia gleichzeitig, „langsam!"

Die Ereignisse der letzten Monate hatten Mia verändert, denn sie war gezwungen gewesen, der Realität ins Auge zu sehen und sich mit ihrer Vergangenheit auseinanderzusetzen. Dabei hatte sie erkannt, wie sehr sich diese Vergangenheit auf die Gegenwart auswirkte und sie war keineswegs gewillt, an den alten hinderlichen Mustern festzuhalten.

Ein Gespräch mit dem Kommissar war ihr besonders deutlich in Erinnerung geblieben. Sie hatte sich bei einer Vernehmung über die egoistischen Männer beklagt und er hatte sie gefragt, warum sie nicht die anständigen, netten Kerle attraktiv gefunden habe. Darüber hatte sie lange nachgedacht und sie hatte erkannt, dass sie mit Jake unbewusst einen Mann gewählt hatte, der ihrer egozentrischen Mutter ähnlich war, um dann erfolglos zu versuchen, ihn durch viel Liebe und Opferbereitschaft von sich zu überzeugen. Damit hatte sie das Beziehungsmuster ihrer Eltern perfekt kopiert.

Nach dem Besuch bei David in Berlin hatte sie sich entschlossen, am Samstag wieder tanzen zu gehen. Dass Stefan Mangold genau an diesem Abend auch im CLASH auftauchte, beruhte nicht auf einem Zufall. Den entscheidenden Hinweis erhielt er von Mias Tochter Nina. Wozu war er Ermittler?

Sie tanzte gerade mit einem anderen Mann, als sie ihn erblickte. An Stefans Gesicht konnte sie ablesen, dass er nur wegen ihr gekommen war, und so ließ sie den anderen einfach stehen. Sie tanzten den ganzen Abend miteinander.

Mia spürte, wie die Schmetterlinge in ihrem Bauch Kapriolen schlugen. Stefan war vollkommen anders als Jake: zuverlässig, freundlich, einfühlsam und gleichzeitig stark und unabhängig. Sie verspürte eine unbändige Lust, mit ihm einen neuen Versuch zu wagen und wieder einen Mann ganz nah an sich heranzulassen.

Und auch Stefan ließ die Vergangenheit hinter sich. Seine verstorbene Frau würde immer einen Platz in seinem Herzen behalten, doch wie er Lene kannte, hätte sie nie von ihm verlangt, allein zu bleiben. Mit Mia wagte er ein ähnliches Abenteuer wie diese mit ihm: Vertrauen, Nähe und Liebe zu einem anderen Menschen.

Er brachte sie in seinem Wagen nach Hause. Zum Abschied küsste sie ihn und er erwiderte ihren Kuss.

„Ich möchte dich wiedersehen, Stefan", sagte sie.

„Worauf du dich verlassen kannst, Mia", antwortete er.

Sie würden es ruhig angehen lassen und dann würde sich zeigen, ob sie als Paar glücklich werden konnten.

Danksagung

Dies ist mein erster systemischer Krimi. Viele Menschen haben mich mit ihrem Wissen unterstützt. Wenn ich Fehler gemacht habe, gehen diese allein auf mein Konto.

Mein Mann Alexander begleitete mich klaglos viele Wochen lang bei meinem Krieg gegen die Unterwelt. Er stellte mir kluge Fragen, die mich im Text weiterbrachten, und übersetzte mein Hochdeutsch in verständliches Schwäbisch.

Mein Sohn Marian machte mich auf logische Brüche im Text aufmerksam und verhinderte oberlehrerhafte Entgleisungen.

Der erste Hauptkommissar Karl-Heinz-Wey und die Kommissarin Nadine Bahr unterstützen mich mit sachdienlichen Hinweisen zur Polizeiarbeit.

Der Sozialpädagoge Frank Kaltenbach führte mich einen halben Tag lang durch die JVA Hinzistobel und ermöglichte mir damit, mich ins Gefängnisleben einzufühlen.

Johan Hansen, schwedischer Meister im Präzisionsschießen, erklärte mir, wie, mit welcher Waffe und mit welcher Munition ein Ziel aus 800 m Entfernung getroffen werden kann. Johan schießt übrigens ausschließlich auf Schießscheiben. Er würde nie auf ein Tier, geschweige denn auf einen Menschen zielen. Tack skall du ha, Johan!

Mein Wissen über Punks habe ich aus dem Buch „A typical girl" von Viv Albertine, einem Gründungsmitglied der britischen Punkrockband „The slits". Die Songtexte der Bands fand ich im Internet.

Der Krimi spielt in Ravensburg. Ich wählte diese Stadt, weil ich dort lebe und arbeite und weil Oberschwaben seit über dreißig Jahren meine Heimat ist. Es lebt sich dort vorzüglich und sehr sicher.

Dass Ravensburg das marodeste Polizeirevier Baden-Württembergs hat, ist allerdings Fakt: Eine Plakette neben der Eingangstür verleiht dem Revier diese zweifelhafte Auszeichnung. Es besteht jedoch Hoffnung, dass die Polizei in den nächsten Jahren ein neues Gebäude bekommt.

Die Pizzeria „Kalabrese" existiert nicht. Und obwohl es einen türkischen Imbiss in der Grüner-Turm-Straße gibt, wird er nicht von Abdullah betrieben. Das Essen dort ist allerdings wirklich sehr lecker.

Auch das Dorf Borkenweiler habe ich erfunden. Liebe Allgäuer: Ihr habt mich in dem Dorf, in dem ich wohne, sehr herzlich aufgenommen. Das Dorf, in dem der reale Junge gemobbt wurde, liegt ganz woanders. Ich weiß auch, dass der Dialekt, den die Schwaben in meinem Buch sprechen, kein Allgäuerisch ist. Wir haben es ausprobiert! Allgäuerisch versteht niemand nördlich der Donau.

Liebe türkische Mitbürger, nehmt es mir nicht übel, dass ich eure Nationalität für meinen Drogendealerring gewählt habe. Ich mag die Türken und die Türkei und bin in den achtziger Jahren oft dort gewesen. Auf einer meiner Reisen besuchte ich das Dorf Sultanhani und das, was ich darüber schreibe, habe ich dort selbst erlebt.

Mein Wissen über die organisierte Kriminalität in Oberschwaben stammt dagegen aus der Presse. Den Bandenkrieg habe ich erfunden.

Natürlich ist mein systemisch therapeutisches Wissen eingeflossen, denn dieses Wissen hat auch in der Realität jene Brücken gebaut, die nötig waren, um den betroffenen Menschen die Möglichkeit zu geben, die Auswirkungen von Missbrauch und Gewalt gut zu verarbeiten.